Biera ond Zelta

Schwäbische Mundartgedichte
aus zwei Jahrhunderten

Mit einem Geleitwort
von Arthur Maximilian Miller

Herausgegeben und mit
einer Betrachtung über
Schwabens Mundartdichter versehen
von Adolf Layer

Buchschmuck und Umschlag
von Heinz Schubert

Anton H. Konrad Verlag

© 1977   Anton H. Konrad Verlag   7912 Weißenhorn
Herstellung   Graph. Werkstätten Kösel   Kempten
ISBN   3 87437 129 8

Inhalt

Zum Geleit *Arthur Maximilian Miller*   9
Vorwort *Adolf Layer*   13

Donautal   33
Franz Keller   35
Hyazinth Wäckerle   51
Adolf Paul   63
Georg Wagner   69
Andreas Dirr   77
Hermann Josef Seitz   81
Karl Fackler   85

Ries und Schwäbische Alb   91
Johannes Kähn   93
Michael Karl Wild   97
Gottfried Jakob   102
Michel Eberhardt   113

Augsburg   125
Heinrich Unsin   127
Adam Rauh   132
Wilhelm Wörle   137
Lili Knauss-Weinberger   152

Zusamtal und Staudenländle   157
Georg Mader   159
Max Gropp   175
Alois Sailer   176

Zwischen Mindel und Günz   181
Hans Seitz   183
Hugo Kittinger   190
Karl Dietmann   203
Martin Egg   207

Mindelheim und Umgebung   213
Johann Georg Scheifele   215

Joseph Bernhart 236
Arthur Maximilian Miller 240
Maria Hefele 273
Luitpold Schuhwerk 276

Memmingen und sein Umland 285
Jakob F. Schmidt 287
Hugo Maser 289
Friedrich Wilhelm Hermann 295
Hermann Sandtner 300

Stadt Kempten 313
Georg Weixler 315
Alfred Weitnauer 320
Otmar Wirth 323

Um Füssen und Kaufbeuren 329
Maximilian von Lingg 331
Scholza Vere 336
Clara Rothärmel 340

Sonthofen und Ostrachtal 351
Toni Gaßner-Wechs und Josef Gaßner 353
P. Ägidius Rudolf Kolb 362

Westallgäu 367
Fridolin Holzer 369
Albert Baldauf 377
Ludwig Scheller 384
Tone Haslach 389
Heinrich Wiedemann 393

Lindau und Bodensee 403
Heinrich Götzger 405

Biographien der Dichter – zusammen-
gestellt von Adolf Layer 417

INHALT

Nachwort – Mundartdichter aus dem bayerischen Schwaben seit Sebastian Sailer, von Adolf Layer   449

Alphabetisches Inhaltsverzeichnis nach Gedichttiteln und Gedichtanfängen   480

Literaturnachweis   495

Register der Mundartautoren   499

»Jedes Tal scheint zu warten, bis ihm sein Dichter kommt. Denn kein zweites ist ihm gleich auf aller Welt und seine Bäume und Wässer, seine Glocken, Herden und Menschen schweigen und reden auf ihre nirgend sonst vorhandene Weise.«　　　　　　　　　　　　　　Joseph Bernhart
(Aus: A. M. Miller, Schwäbische Gedichte, o. J., S. 3)

»Jede Provinz liebt ihren Dialekt, denn er ist doch eigentlich das Element, in welchem die Seele ihren Atem schöpft.«
Johann Wolfgang von Goethe

Zum Geleit

Wenn schon das Heimweh den Dichter macht, das Heimweh nach einer lichten, wahren Welt, nach einer bleibenden Heimat, so vor allem den Dichter der Mundart. Ich spreche von dem echten Dichter, nicht von den Vielen, die sich in der Mundart etwas zusammenreimen oder Späße machen. Diese echten Dichter der Mundart sind Beauftragte, das Leben und Raunen der Mundart selber hat sie beauftragt. Dazu beauftragt, das nur Gefühlte und Geahnte des heimatlichen Wesens anschaubar, hörbar, dem Herzen bewußt zu machen.
Ich habe gesagt, daß das Heimweh die Mutter der Mundartdichtung ist. Denn keiner weiß wahrhaft um seine Heimat, der ihr nicht in irgendeinem Sinne entnommen wurde. Es mag sein, daß er in eine andere, ihm fremde Landschaft oder aus der webenden Weite des bäuerlichen Landes in das enge Getriebe der Stadt versetzt wurde oder daß er durch eine gehobene Berufsausbildung und Berufsausübung aus den Armen der ihn umhüllenden Mutter weggehoben worden ist. Die Fälle, wo dies nicht so ist, sind selten.
Man muß das von Natur Gegebene verlieren, um es dann neu im Innern zu besitzen. Das Wort des Evangeliums drängt sich einem dabei auf: »Wer sein Leben hingibt, wird es gewinnen.«
Johann Peter Hebel, der große Ahne der alemannisch-schwäbischen Mundartdichtung, hat seine unvergleichlichen Gedichte in der Heimwehnot der Verbannung geschrieben. Aus seinem geliebten Schwarzwald in die flache Weite des Rheintals nach Karlsruhe versetzt, blickte er sehnsuchtsvoll nach den dunkelblauen Zügen des Schwarzwalds hinüber und schuf sich in seinen Dichtungen eine neue, von Wärme strahlende Heimat, eine Heimat des Herzens. Und Sebastian Sailer, der geborene Weißenhorner und spätere Prämonstratenserchorherr von Obermarchtal, war aus der Welt gegangen und trug den Habit des Klostermannes, und hier, in der Enge der Klostermauern, entsprang ihm mit ursprünglicher Stärke der Quell der

mundartlichen Rede. Desgleichen war unser lechschwäbischer Hyazinth Wäckerle, der Lauinger Seminarlehrer Fischer, eben weil er dem Weilen in den heimatlichen Gefilden entrückt und in eine neue Bildungswelt eingegangen und dadurch sehend geworden war, zum Dichter geworden. Das Herz muß gepreßt werden, wenn ihm der innere Quell entspringen soll.

Die schwäbische Mundartdichtung wurzelt im schwäbischen Boden und sprießt auf den schwäbischen Wiesen und Äckern als ihre wilden, duftenden Blumen, sie blüht aber auch in den Bauerngärten und quillt aus den Fenstern der Bauernhöfe. Sie ist an das Leben und Wesen des Bauerntums gebunden, sie wohnt in den Dörfern und Märkten, tritt auch zuweilen in die schwäbischen Landstädtchen ein, wagt sich aber kaum in die großen Städte. Schon Goethe hat von dem Werk Johann Peter Hebels als von einer »Verbauerung des Universums« gesprochen, und in der Tat wird diesem Dichter das Landleben zum Gleichnis für alles, selbst für den großen und bitteren Tag des Weltenuntergangs.

Und so lebt auch unsere schwäbische Mundartdichtung von der Landschaft, die durch ganz Schwaben hindurch vom Ries, von den Donauauen, von den munteren Tälern Mittelschwabens bis hinauf zum herben, großartigen Allgäu ihre hundert Stimmen erhebt. Es ist der genius loci, den Joseph Bernhart so schön als den »Engel des Tales« übersetzt hat. Ja, jedes Tal, sei es das sich zur breiten Ebene ausweitende des Rieses, sei es der mächtige Zug des Donauflusses, seien es die offenen, heiteren Täler und Tälchen Mittelschwabens oder die von Fels und Tannendunkel beengten Talschluchten des höchsten Allgäus, jedes Tal hat seinen Engel, der in der ihm eigenen Herzenssprache redet und eines aus seinen Kindern erwählt, diese Sprache seinen Landsleuten im Gedicht und in der Erzählung in ihrer wesenhaften Art zu verkünden. Und so entsteht die unendliche Vielfalt dieser einen Muttersprache, die von Hügel zu Hügel, von Senke zu Senke neu auflebt. In diesem Buche sind sie für unser Schwaben gesammelt. Sie sprechen bald ernst, bald heiter, bald tiefsinnig, bald schalkhaft zu uns.

So groß aber ihre Vielfalt ist, es ist immer der eine, einzige Sprachbaum, der seine knorrigen Wurzeln im herben, urwüchsigen Alemannisch der Allgäuer Mundart zeigt, der als Stamm- und Kronengeflecht in der lebhafter entfalteten, mitteilungsfreudigeren mittelschwäbischen hervortritt und in den Mundarten des Unterlandes seine Blätterfülle entbreitet.
Seine Blüten und Früchte sind in diesem Buche wie auf einer Tafel für jedermann aufgedeckt. Mögen alle kommen, die sich Schwaben heißen, und alle, die Freunde dieses unseres geliebten Schwabens sind, sich niederlassen an dieser Tafel und von dem Aufgetischten genießen! Es ist Zeit dazu. Denn auch dieser reiche, schöne Sprachbaum steht wie alles in unserer Zeit in Gefahr. Tier- und Pflanzenarten sind vom Tode bedroht oder sind schon im Aussterben begriffen, die lebendigen Weide- und Ackerflächen machen Industrieanlagen Platz, das Bauernwerk selber wird zur Industrie – die Sense in der Hand des Bauern sang noch und der Flegel schlug den Takt, den menschlichen Takt – statt dessen zieht in Reihen die Maschine auf. Halten wir fest, was wir noch besitzen!

Kornau, im November 1977

Arthur M. Miller

Vorwort

Das bayerische Schwaben ist seinen Mundartdichtern längst einen Sammelband schuldig. Diese Anthologie trägt nun viel Kostbares und Köstliches, zudem manch Unbekanntes, Nichtveröffentlichtes aus dem reichen Schatz schwäbischer Mundartdichtung zusammen. Eine Vorläuferin dieser »Blumenlese« gab es schon einmal, nämlich Walter Leipzigers »Dahoim isch am schönschte« (Augsburg 1936). Aber dieses Buch ist längst vergriffen und nannte sich im Untertitel »Ein heiterer Schwabenspiegel«, womit seine inhaltliche Beschränkung auf meist heitere und humorvolle Gedichte angedeutet war.

Dieser Band erscheint nun eben in dem Jahre, in dem seit dem Todestag von Sebastian Sailer 200 Jahre vergangen sind. Man pflegt ihn – nicht ganz zutreffend – gerne den Vater der schwäbischen Mundartdichtung zu nennen. Er soll am Anfang der stattlichen Zahl schwäbischer Mundartdichter stehen, die jeweils in einem biographischen Abriß und mit einer Auswahl ihrer Gedichte vorgestellt sind. Autoren aus dem nördlichen, mittleren und südlichen Teil von Bayerisch-Schwaben folgen, solche aus der hochalemannischen Mundartlandschaft im Süden und Südwesten bilden den Abschluß. Auf diese Weise wird der unterschiedliche Anteil am dichterischen Schaffen deutlich. Gute Mundartautoren gab und gibt es im schwäbischen Land auffallend viele. Allerdings kennt man sie oftmals nur in einem engbegrenzten lokalen oder regionalen Bereich, obwohl sie es teilweise verdienen, im gesamten Schwabenland und zuweilen darüber hinaus bekanntgemacht zu werden.

Feststehende Regeln für die Schreibweise der schwäbischen Mundart, einen schwäbischen »Duden« sozusagen, gibt es nicht. Eine Reglementierung brauchen wir auch nicht. Wer nicht mit der Mundart aufgewachsen, wer kein Schwabe ist, der hätte auch mit einheitlichen Schreibregeln bei der Aussprache seine Schwierigkeiten. Ein ausführliches Verzeichnis von Worterklärungen hülfe ihm ebenfalls nicht. Die lokalen Schattierungen, die Eigenarten verschiedener

Laute, besonders die nasalierten Selbstlaute, lassen sich, wie schon mancher Mundartdichter betont hat, schwerlich klangentsprechend zu Papier bringen. So bleibt die phonetische Schreibweise der Dialektautoren recht verschieden: die einen bemühten und bemühen sich um eine möglichst getreue Wiedergabe ihrer Artikulation, andere bevorzugen eine für die Allgemeinheit der Leser verständlichere, abgeschliffene Schreibung, die sich stärker am Schriftdeutschen orientiert. Diese Unterschiede entscheiden letztlich nicht über Wert oder Unwert einer Dialektdichtung. Objektive Wertmaßstäbe gibt es dafür ohnehin nicht, jedoch gelten wohl auch für Mundartgedichte Anforderungen, die man bei jeglicher Literatur hinsichtlich der Sprache, des Inhaltes und der formalen Gestaltung stellt, und man darf bei ihnen weiterhin eine gewisse Mundartechtheit erwarten, die eine verhältnismäßige Reinheit, Sauberkeit und Natürlichkeit des Dialektes einschließt.

Der Herausgeber ließ sich bei seiner Sammeltätigkeit hauptsächlich von zwei Gesichtspunkten leiten: Qualität oder Originalität sollte für die Aufnahme in die Anthologie entscheidend sein. Beiden Kriterien stand freilich mitunter das Bestreben entgegen, möglichst viele Autoren und viele Teillandschaften Ostschwabens zu berücksichtigen. Zur unterschiedlichen Entwicklung der Mundart im schwäbisch und hochalemannisch sprechenden Teil von Ostschwaben enthält die zusammenfassende Würdigung der Mundartdichter im Anhang einige Bemerkungen. Es wäre ein Wunsch des Herausgebers, diese Gedichtsammlung als Vorarbeit für eine zukünftige Literaturgeschichte Schwabens betrachten zu können. Zugleich erhofft er sich von ihr eine Förderung des weiteren Schrifttums in seiner schwäbischen Heimat.

Da es sich um einen Auswahlband handelt, war es von vorneherein nicht möglich, die oft nur schwer erreichbaren Dichtungen vollständig zu erfassen und von all jenen Autoren, die im Überblick des Anhangs genannt sind, Beispiele ihres schriftstellerischen Schaffens zu bringen. Von Hyazinth Wäckerle ist eine größere Sammlung seiner Gedichte in dem Band »Hei, grüeß di Gott, Ländle« (Weißenhorn 1975) verfügbar. Bei anderen Autoren (etwa bei Gottfried Jakob, Georg Mader, Wilhelm Wörle, Arthur M. Miller, Alfred Weitnauer, Karl Fackler, Poldl Schuhwerk, Clara Rothärmel, Leo Jäger) sei auf die in jüngerer Zeit erschienenen und im Buchhandel oder privat vorrätigen Gedichtbände hingewiesen.

Noch eine Bemerkung zum Titel »Biera ond Zelta«! Ihn hat der Verleger Anton H. Konrad geprägt. Birnen und Zelten waren einstmals echt schwäbische Kost, die einen Gewachsenes, die anderen Gebackenes, beide wohlschmeckend, nahrhaft und bekömmlich. Wir meinen, der Titel passe nicht schlecht für diese schwäbische Gedichtsammlung. Möge sie vielen Lesern Freude bereiten!

Das Erscheinen dieses Buches hat der Heimatpfleger von Schwaben, Dr. Hans Frei, mit Rat und Tat wesentlich gefördert. Wertvolle Hilfe leistete die Staats- und Stadtbibliothek Augsburg bei der Materialsammlung. Freundliches Entgegenkommen zeigten die Autoren, die ihre Texte ohne Honorar zur Verfügung gestellt haben. Der weit über Schwaben hinaus bekannte Künstler Heinz Schubert hat mit aussagekräftigen und doch einfühlsamen Illustrationen die Sammlung bereichert. Der Bezirk Schwaben gewährte einen Druckkostenzuschuß. Der Anton H. Konrad Verlag hat in bewährter Weise die Drucklegung besorgt. Für die mannigfache Hilfe sei allen Dank ausgesprochen.

Dillingen, im Herbst 1977 *Dr. Adolf Layer*

Sebastian Sailer aus Weißenhorn

Peter als Gottvater

Peter hoat a moal uf Erda
wölla Gott Vater werda;
glei doa hoat dar Gischpel wölla
Moischter sai voar älle G'sella,
daß ar dua könnt, was ar wött.
Gealt a so hoascht's Peter g'hett!

Flugs dar Peter hochgeboara
ischt schier zum a Narra woara.
Sait: ih dua schau eabbas schpüra,
ganz verändert ischt mei Hira.
Will a reachter Herrgatt sai,
ällas riicht ih anderscht ai.

Äpfel, Biera und Zitrona
sollat wacksa wia dia Bohna.
Allas wollfel, niea noitz duir
soll maih sai in euser Schuir.
Butter, Zieger, Mill und Schmalz
Soll ma g'nua hau neabam Salz.

Muskaziela und Zibeba
soll ma mier itt so aufheba.
ällas muaß sai überflüssig,
suscht wear ih glei überdrüssig.
Ällz sei noah meim Abbadit,
wär joa suscht koi Herrgatt itt.

Mit di schöaschte Bomeranza
will ih älle Zäu verschanza.
Mit di Feiga, mit di Dattla
will ih älle Gääta sattla.
Zucker mach ih ussam Schnai,
Neckar ussam Bodasai.

Ih will Moßler uß di Lacha,
ussam Meer Burgunder macha.
Draubabeer wia d'Schtraußaoier
laß ih wachsa zum Dokoyer.
Uß dar Doana schaff ih mier
lauter Karmaliterbier.

Mit am Saiwei duats mih kränka,
was ih soll mit deam ausdenka.
Zwoar dea laß ih glaubi bleiba,
ka da Duifel mit vertreiba,
und schpreng mitam noh entzwoi
Oicha, Buacha, Felsa, Schtoi.

Dauba, Endta, Gäus und Henna
müassat dausatfach rum renna.
Jeda Henn muaß uralt wäara,
wenn sui will a Jungs gebäara;
legat älle Schtund a Oi,
oder wenns mih g'luschtat, zwoi.

Vögel, dia reacht guat zum Drinka,
Waachtla, Schneapfa, Lercha, Finka,
dia schaff ih am ällermoischta
an dar Graiße, an dar Foischta
wia dar graischt Ocks in dar Schweitz:
noah isch wacker, noah vergeits.

Aber ois voar älle Dinga
will ih, wills Gott, huit abringa.
Dhierla mit so viele Füeaßa
mir krebiera huit noh müaßa.
Schnoacka, Mucka, Weapsa, Mäus
mit di Wanza, mit di Läus.

Dees verduiflat Beißa, Naga,
Schteacha, Rupfa, Zupfa, Zwaga
ka an Baura, wia an Herra
fascht gar zum Verzweifla scheara.
Aber dia verfluachte Flaih
deand am ällerärgschta waih.

D'Weiber müaßat auh krebiera,
dia noitz deand, as d'Leut verfüahra;
dia nu bochat, zankat, hadrat,
d'Leut ausrüchtat, sauffat, schnadrat.
D'Noppla müassat zaischta dra,
wenn ih's nu verbaschga ka.

Koizi Weiber, koizi Föhla
will zum Nutza frommer Seela
werfa uf a graußa Kräxa,
und verbrenna mit di Hexa.
Doch di brave laß ih schtau,
und will etli wacksa lau.

Kinder muaß as koine geaba,
ällas komm glei grauß zum Leaba;
denn dees wieaga, pflenna haira,
füahra, butza, schmoichla, waihra
ischt di E'ltra oimoal z'viel:
ih woiß vo dar Peternill.

Ällas will ih schöa geschtalta,
ällas will ih g'sund erhalta.
Älle Dokter und Balbierer,
Apotheker und Krischtierer
machat nu deam Beutel hoiß,
bis ma schwitzt da Daudtaschwoiß.

D'Projektanta laß ih henka,
dia mit Lischt, mit Ränk und Schwänka
ällas um und um weand kehra.
Hanga müassets, wills verschwöra!
Will doch seaha für dees G'sind,
ob ih Schtrick und Böm g'nua find.

D'Schneider ka ma sieada, broata,
gilt mar gleich, ih ka's wohl groata.
Ma muaß aber oh versauma
äll ihar Floisch uf d'Seita rauma;
denn dear wilde Schneiderg'schmack
leidt koi G'wüüz und koin Dubak.

Ih will d'Leut schau sealber kloida:
Hansel, Gretel, älle boida
müäßat schöane Wammas krieaga,
will kois b'scheißa, kois betrüaga.
Handla will ih, wiah ih ka,
as a braver Biederma.

Mit am Geald will's ih auh schliichta,
und in beßre Ordnung riichta.
D'Baura müäßat äll verarma,
deand mih in dar Sail verbarma;
denn im lieaba Schwoabaland
ischt a lautrer Duranand.

G'sandte kommat wohl zuasama
z'Ulm vielleicht in Gottes Nama,
für dar Länder Wohl beflissa.
Ih deaf aber bei meim G'wissa
schwöra, das ih seall itt woiß,
was se machat uffam Kroiß.

D'Simonie hoat auh eig'rissa;
doh, ih will sei reacht beflissa,
das as muaß a anders weara
bei deam nuia Euserheara,
suscht krieagt Neamad in dar Wealt
maih a Ämtle auhne Geald.

Kuuz, ih will ällz eba macha,
daß oim s'Heatz im Leib soll lacha.
Ih will auh da Duifel schnüara,
daß ar Neamad ka verfüahra,
hack am boide Hoara a,
daß ar nimma schteacha ka.

So hauh hoat dar Peter g'schprocha,
wia ar an dar Gotthoit g'rocha,
Lieaß se weiter nix maih kränka,
und dät nimma weiter denka,
daß ar nu a halba Schtund
euser Herrgatt bleiba kundt.

SEBASTIAN SAILER

Arien Gott Vaters
Aus: Die Schöpfung

Ohne Hamer, ohne Schlegel,
ohne Bretter, ohne Negel,
ohne Schaufel, ohne Kella,
ohne Buaba, ohne G'sella,
   ohne Schifer, ohne Schtoi,
   i sealbar alloi.
Ohne Ziagel, ohne Blatta,
ohne Sparra, ohne Latta,
ohne Kalch und ohne Meatel,
freili mit ganz b'sondere Veatel;
   ohne Hobel, ohne Seaga
   haun i älles brocht so z'wega.
Ohne Feila, ohne Zanga,
ohne Raitel, ohne Stanga,
ohne Zirkel, ohne Schnüera,
ohne Riß, und oh Probiera,
   ohne Richtscheit und Lingier
   ischt's glei g'rota mier.
Ohne Foara, ohne Danna,
ohne Diegel, ohne Pfanna,
ohne Klammer, ohne Winda,
ohne Nepper haun is kinda.
   ohne Menscha, ohne Goischter
   bin i seall dar Zimmermoischter.

Komm Odam, komm hutig, komm laß di verschaffa,
da weascht mi ganz freudig bald leabig agaffa;
da muescht a Mensch weara, und hau was da witt,
höb nu a klois Weili, und reg di fei itt.
So lang i beym Häfner dös Handwerk hau triba,
ischt mier nia koi Leatta im Finger so bliba.
geduldig, liebs Odamle! glei ischt as g'schea,
bald sollescht du eassa, und schwätza und g'sea.

Gugg, hoscht jo a Härle as wie a Parocka,
a wackers Schnautzbätla, a G'säß au zum Hocka,
du hoscht scheane Wada und Schenkala dra,
da muescht mar halt weara a sauberer Ma.
A kugelrunds Bäuchle, an Rucka dahinda,
a Hälsle, ma soll jo koi netters itt finda.
A Goscha, zwoi Auga, zwoi Aura, a Nas,
a Schoitel, a Blessa, gelt Odam! i kas.

Ariette des Adam
Aus: Die Schöpfung

Ihr kleinere Vögala merkat wohl auf!
Was sitza will, fluig uf dös Bömle do nauf;
di andere bleibat do hunda;
i hau uire Näma schau g'funda.
Schneapfa, und Lercha, und Enta, und Hätza,
au Nachtigalla, und Gimpel, dia schwätza.
Spatza, Zauschlupferla, Wachtla und Schwana,
Rappa und Kräha, und Dauba, Fasana,
Henna und Hahna und Moisa, Giwitza,
Pfaua und Storka und Gäus, Emaritza,
Finka und Guggu, wie au dar Nußjäck,
Amsla und Stara, dar Wiedhopf im Dräck.
und suscht noh ällerhand,

gaund, toilats mitanand.
Ihr g'schueppete G'sella in Weiher und Flüssa!
ihr sollat au uire Näma wissa.
Barba, Karpfa, und Forella,
Häring, Bricka, und Sardella,
Ahla, Salma, Laxa, Schneider
haun ih schwimma g'seah ieseider.
Grundla, Groppa, und Stoibeisser,
Und dia sealli Maulaufreißer
Taugat uf da Faschtatisch;
und dar Nächst, dear hoißt Stockfisch.
Aber jetz hot as Hitz;
Ih will gugga, wia ih mei Maul spitz.
Sui deand mih in Forcht und Zittera setza.
Löa, Bäara, Digerdier,
wilde Saue, wilde Stier,
Mäus und Ratza,
Igel, Katza.
Elafanta mit am Zah,
Hiasch, wo graußhe Hoara dra.
Dös Kameel, und dea Latschari
soll ma hoissa Dromadari.
Oicherla, Wisala, Dax und Raih,
Iltis und Marder, und Läus und Flaih,
Hasa, Otter, Wolf und Lux
und da rauter Schelm hoischt Fux.
Jetzt gand nu zum Freassa!

Adam
Aus: Die Schöpfung

So viel ih woiß,
bischt du a Goiß.
Los a bitzli!
dei Kind hoißt Gitzli,
Bock hoißt dei Ma, dea da hoscht bey dar;
dees ischt a reachte Waar für d'Schneidar.
   muh, muh, muh!
Ih woiß schau, was ih tua,
Da bischt halt a Kuah.
Dei Kind hoißt Kälble, dei Ma hoißt Stier,
Ox heißt dei Brueder, seand uier vier.
   ihi, ihi, ihi!
Dih kenn ih schau längscht,
da bischt halt a Hengscht.
Dei Weib hoißt Märra, dei Bua hoißt Fülli;
jetz bi ih fetig mit deiner ganza Familli.
   wu, wu, wu!
Nu g'mach, du Hund! und auhna Schada;
beiß mih itt in meine scheane Wada.
Narr! beiß und bill,
wenn ma mier eibreacha will.
   ya, ya, ya!
Sei Diener, Hearr Esel mit Nama!
wia komma mar boide do z'sama?
am G'schroi noah, eh ih dih hau g'seah,
voar altam a Esel bischt gwea.
Daß da zwor noh am Maul
seiascht a Froind zum Gaul
und a Verwandter, ma muits;
da bist halt a Esel, suscht nuits.

Klagegesang der Eva
Aus: Die Schöpfung

O Jeggerle! was fällt ui ei,
was fanget ar noh a,
daß ih soll untergeaba sei,
und diena gar meim Ma.
Suppa, Knöpfla, Spatza kocha,
schpüala, schaffa ganze Wocha,
und darnoh zum Lau
d'Moisterschaft itt hau.

Ih schtirb voar Kummar und voar Wai,
Wenns itt ka anderscht sei:
voar ih dees Ding tua, will ih ai
in Doana springa nei.
Wäscha, Bögla, Näha, Schtricka,
Schtrümpf und alte Hosa flicka,
und darnoh zum Lau
d'Moischterschaft itt hau.

As ischt mar g'sei, as kommt so raus,
s'gang ällz nu über mih:
der Odam hot si g'loga naus,
hot dänischt tau, was ih.
Liacha, hächla, riffla, bolla,
schwinga, breacha, Wasser holla,
und darnoh zum Lau
d'Moischterschaft itt hau.

Daß d'Auschuld denn halt ällamohl
da Hund nu heba muaß,
dees ischt für mih beim Hundertschtrohl
a grauße, heete Buaß.
Fada zwirna, Haschpla, Schpinna,
d'Schtiaga auf und abi rinna,
und darnoh zum Lau
d'Moischterschaft itt hau.

Liabs Herrgettle! dier seis klagt,
und eisar Fraua au,
daß ih soll diena wia Magd,
hau g'moit, ih sei a Frau.
Rohm aneamma, Butter rüahra,
d'Schlüsselballa a mar füahra,
und darnoh zum Lau
d'Moischterschaft itt hau.

A anders Mittel schaffat doch,
und machat's itt so herb.
Deand mih doh itt gar unters Joch,
daß ih itt ganz verderb.
Henna greifa, Heala koppa,
Enta, Gäus und Dauba schoppa,
und darnoh zum Lau
d'Moischterschaft itt hau.

Dees macht mar angscht, dees macht mar
                                     bang,
was ischt dees für a Pei?
daß ih meim Ma mei Leabalang
soll untergeaba sei.
Schnittla macha, Nudla schupfa,
Erbes und Fasola schtupfa,
und darnoh zum Lau
d'Moischterschaft itt hau.

Ih hätt schier g'sait, dar Tuifel holl!
bin ih denn gar so schleacht?
daß ih meim Ma nu diana soll,
dar Odam sei mei Kneacht!
Mealka, kneatta, Braud eischiaßa,
Schmalz aussiada, Keeza giaßa,
und darnoh zum Lau
d'Moischterschaft itt hau.

O g'wies, ih will schau braucha Lischt,
ih wehr mih, wia ih ka;
as ischt jo gnua, wenn Odam ischt
am Nama noh der Ma.
S'Häusle mischta, d'Wöscha schterka,
Schneider, Bloicher, Weaber ferka,
und darnoh zum Lau
d'Moischterschaft itt hau.

Jo wohl, tua, was der Odam will,
und diena, ei so schla!
zua ällem schweiga mäusle schtill,
dees gieng mar au noh a.
D'Kinder wiaga, butza, traga,
d'Rufa salba, lausa, zwaga,
und itt saga: Mau!
d'Moischterschaft itt hau.

Goht Odam uf da Acker naus,
ka ear dett Moischter sei;
da hoimat aber und im Haus
kairt d'Moischterschaft noh mei.
Orna, schaffa und befeahla
kairt dar Frau zua, und im sealla
b'schtoht ihr ganzer Lau
und dees will ih hau.

Lied des Schultheiß
Aus: Die sieben Schwaben

A, e, i, o, u,
denn d'Oxa schreiat: Mu.
a braver Kerl, wia ih doa bi,
dear hot noh älle sieba Si,
bleibt ällzeit noh a braver Ma,
wenn ar nu dapfer saufa ka,
und schreit noh wacker Juh.

E, i, o, u, a,
mei Zäpfle fellt itt na,
so lang as brav ag'feuchtat wird,
wenn schau mei Haus und Hof verdirbt:
s'ischt bessar s'Gealt di Wiata gea,
as unter fremde Hända seah.
sing luschtig hopsasa.

J, o, u, a, e,
wia tuat mar d'Gurgel weh!
sie ischt a Trückne, s'ischt a Graus,
ih sauf gau noh a Mäßle aus:
und wenn itt eina klecka ma,
so schütt ma noh die ander dra,
sie tuat noah g'wis itt weh.

O, u, a, e, i,
moa haun ih meine Si?
ih glaub, sie schwimmat in deam Wei,
mei Güatle muaß verlumpat sei:
dar Beutel ischt bald leer,
dar Kopf, dar ischt vom Saufa schwer,
s'Gimnasi dees ischt hi.

U, a, e, i, o,
wia beißt mih doa a Floh!
as däucht mih, ih häb Haberschtroh
ganz Buschla g'freassa asa roh.
sauf Schultas, bis da weascht knischtbloa,
noah bischt du aufgromt, so!

Arie des Bannwart
Aus: Die sieben Schwaben

Schwäbisches Bluat!
zieah tapfer in Schtreit hin,
nimm z'samm die sieba Sinn:
faß frischen Muat,
schwäbisches Bluat!

Sieh dort den Feind!
guck, wia er schtrotzet sich,
er lauret zwar auf dich,
Helden wir seind.
Sieh dort den Feind!

Was fürchscht den Haas?
Nur keck auf ihn marschier,
zum Deufel jag das Dier:
s'sitzt dort im Gras,
was fürchscht den Haas?

Nun schwäbisch Bluat!
zeig, daß du ein Soldat,
der brav Gurasche hat.
Faß neuen Muat,
schwäbisches Bluat!
Allo Masch, futt a Gotts Nama!

Donautal

Franz Keller

Sueviade

Hearet, ihr schwäbische Mand! Ihr schwäbische
                                     Fraua', iez loset!
Loset, ihr wackere Burscht! Ihr Jungferla', land ui
                                     v'rzähla',
Was im Reich, im schwäbische Land für Stückla'
                                     passiert sind.
Sell bin i nit d'rbei g'wea', doch hat 's mei' Ähnle
                                     versich'ret,
Häfeles Jörg und Doigeles Lenz, dia häbe dös Plätzle
Sell a' maul g'seah und öft'r v'rzählt, wia grausig as
                                     döt sei.
Doch iez fang' i halt a', und es wert m'r ja doch it
                                     mißlinga'!
Wert ja d'r Chrischtoph mir von Weisa'hoara' so
                                     beischtau',
Wia ner voar alt'r Zeit dia sieba' Schwauba'
                                     beschützt hat.

Doba' am Sea, dau ischt maul a' Has, a' Has üb'r
                                     Grenz rum,
Gaut spaziera' im Klea für hofrecht, brocket si
                                     Blättla'.
Neama' hat 'n dau kennt, was dös für a' fürchterlis
                                     Tier ischt.
Groaß wär 's wägerle nit, doch ka's scho' fei'tele
                                     laufa',
Beissa' ka's 's au, hat giftige Zäh' wia schneidige
                                     Mess'r.
Guck' nu' da' grimmiga' Bart, scho' grad wia spitzige
                                     Dräutla',
Nau dean Blick, dia Auga' im Grind wia fuirige
                                     Kugla',

Über dös alles no num zwoi groaße langmächtige
                              Oahra'.
Herkules! Wenn 'r dia stellt und macht am Sitza' a'
                              Mändle,
Gucket so rum und num, dau mächtescht v'rzwazla'
                              voar Ängschta'.
(Wisset, es ischt – dös sag' i nu' ui – von oba' a'
                              Strauf g'wea',
Dös ischt koi' g'wöhnlicher Has, dös ischt leibhaftig
                              d'r Tuifl,

Aber in Hasa'-G'schtalt; denn d' Schwauba' dia hand
                              si maul proglet,
Neama' sei stark als sie, sie reiße sogar mit 'm Tuifl
Glei im offena' Feld. Jez ischt 'r halt sell a' maul
                              komma'.
Gellet, verrautet mi nit, i will mit 'm Schwarza' nix
                              z' teand hau',
Ab'r 's ischt g'wiß und wauhr, i hau' 's vom
                              Spiegale-Schwauba';
Wenn dear luigt, nau luig i halt au, doch moini, 's
                              sott wauhr sei'.
Z' Konschtanz hat 'r 's v'rzählt beim Bockwirt, därfet
                              'n frauga'.)
Kaum ischt also dös Tier im Reich, dau hat ma' halt
                              Sorga',
Woiß ma' ja nit wau aus, wau a', was soll ma'
                              tendiera',
Oi' Toil moint, dös sei so a' Lö, dear holl si a'
                              Fuett'r,
Freß gau' Kälb'r und Leut'. Die andere hoißet 's 'n
                              Dracha',
Moinet, ear häb si verirrt, weithear vom andera'
                              Welttoil.

Alle bemerket dia G'fauhr, dia all' mita nand'r
                              bevoarschtat.
D'rum soll aber au alz zuer Abwehr oardale helfa',
Alle dia rüschtige' Mand im groaßa' mächtiga'
                              Deutschland,
Alle dia Mand vom Rhoi', vom Mai' und dia von d'r
                              Elba',
Dia an Iller und Lech, und dia an d'r Doana' na
                              hauset.

Währle, sie kommet d'rhear, Weschtfala' und
                              Sachsa' und Franka',
Kommet os Elsaß und Schweiz, und kommet au
                              kropfete Tiroler,
Kommet vom Taub'rgrund, vom Neckar und rauf
                              von d'r Doana',
Au dia trutzige Boyr, und d' Lechler und d' Mand os
                              'm Algoi,
Alle sind dau und wend 'n iez glei v'rschtecha',
                              v'rreissa',
Brennet voar Muet und hoiss'r Begier, wend 's
                              Vaterland retta',
Tretet in 's Glied, mit Sabel und Spieß, mit Stiefl
                              und Spoara'.

Näher und näher gat 's na' zum u'heildräuenda'
                              Schauplatz.
Hui! wia glitzget dia Spieß, wia dräuet dia spitzige
                              Zau'-Pfäuhl!
Au'! wia sprechet dia Mand, dia kecke, a'nand'r no
                              Muet ei'!

Ab'r d'r Has, kaum hat 'r s' v'rblickt, dau ruicht 'r
                              da' Lunta',
Stampft fuchsteuflswild mit 'm hintera' Fueß of da'
                              Boda',

Richtet in d' Höah seine Oahra' und guckt, und
                                           gucket und loset,
Wetzt seine Zäh' und streichlet da' Bart und zeiget
                                           na' Klaua'.

Ab'r d'r Frank – kaum hat d'r dös g'seah – hat
                                         fürchtige Schroi tau':
Noi, dau bleib i fei' nit, dear Platz ischt gar a so
                                         g'fährle.
Mand! O weichet do z'ruck, o laufet, sonscht sind r'
                                         v'rloara'.
Glei d'rauf lauft 'r d'rvo', ihm nauch de tapfre
                                       Weschtfala';
Schreiet nach Schunka' und Floisch, hoißhungerig
                                     wend sie 'n Schunka'.
Nauche vom Elsaß dia, dia mächtet halt gearan a'
                                         Broatle,
Springet em Wei'berg zue und zitteret alle für's
                                         Leaba'.
Earscht nau d' Schweiz'r, o dia, dia denket an 's
                                       Geutr und Dutta',
Hoimweh hand sie ja glei, gand hoi' und melket ihr'
                                         Küehle.
D' Sachsa', dia denket an's Bier und d' Boyr an
                                       schweinene Würschtla',

Packet halt auf, und Öschtreichs Mand, dia nimmet
                                         ihr Fläschle,
Trinket a' Bißla Kurasch, nau könnet sie muetig
                                         v'rtlaufa'.
Aber d' Tiroller! Ach mei'! Am koi'ze'schta' sind ja
                                         doch dia dra';
Könnt' ja der Has im wüetiga' Jascht in 's Kröpfle
                                         sie beissa';

Lauf, wear 's Laufa' v'rmag, sie schlenzet da' Kropf
                              of da' Buckel',
Wanderet nei' in 's Gebirg, am sicherschta' wär ja 's
                              Daham sei'.

Wear, wear bleibt is no dau, wau alle die andre
                              drvo' sind? –
D' Schwauban alloing, dia tapfere Mand, de junge
                              und alte.
Sieba' wählet sie aus, was g'wiß a' hoiliga' Zahl
                              ischt,
Sieba' von all, dia müesset voara', dia passet am
                              Earschta',
Hand recht guet scho' d' Wada' v'rseah' mit
                              mächtige Stiefl,
D' Hosan am Knui mit Bändala' knüpft und
                              zierliche Mäschla'.
Baumschtark sind se allsand, scho' groaße und
                              fürchtige Lalle,
Ab'r no gröaß'r ischt d' Schneid, und jed'r will
                              Eahra' d'rvo'tra,
Nimmt da' spitziga' Spieß und paßt of 's Zoiche
                              zum A'griff.
Jackl – nach Alt'r und Bart d'r Öbrescht – hält no a'
                              A'red:
»Mand! Jez packemer a', nu' keck! nu' muetig und
                              wack'r!«
»Veitle, o! Du muescht voraus, nau i, und naucha'
                              d'r Michl.«

Jedem weist 'r sein' Platz, und jedem spricht 'r no
                              Muet ei.
»Und ihr andere Mand!« sait ear, »ihr machet uns
                              d' Nauchhuet.
Ja! nau werr m'r scho' Herr, deam Viech, dau werre
                              mer's saga'!

O dös geit 'n Triumph, wia 's Algoi selta' no g'seah
                                                 hat!«
Spricht 's und kehrt si zum Feind, und zielet of ihn
                                     mit 'm Wurfschpieß,
Glei die andere au ihm nauch, wia fuirige Dracha',
Und »Has Has« schreit alz, »Has Has« so lautet ihr
                                          Feldg'schroi.
Ab'r d'r Has, vom fürchtiga' G'schroi v'schrocka'
                                       und ängschtle,
Findet dös nimma recht juscht. Weit weg, so moint
                                        'r, sei sich'rer,
Und wia nomaul a' Has – dear Leichtfueß! – lauft 'r
                                         in Hoah-Wald.
D' Schwauba' ihm nauch, im volla' Gallop, dia
                                   wackere Streit'r!
Ab'r d'r Has, no flinker als sie, ischt nimma' zum
                                              Finda'.

D' Arbet ischt g'scheah, iez keahrt ma' halt um, vom
                                      Laufa' v'rmüedet.
Aber dia Mand, bei deane Kurasch in d' Hosa' ischt
                                            g'falla',
Au'! wia werret iez dia von deane Schwauba'
                                    verschpöttlet!
D' Franka' werret iez roat, und wüetig werret de
                                              andre,
Sind voar Neid ganz gelblet und grea' und mächte
                                       v'rschlupfa'.
D'Schwauba' alloing hand Eahr und Ruahm, dia
                                tapfere Schwauba'!
Eahr und Ruahm für öbiga' Zeit voar Kind'r und
                                              Enkla'.
D'rum 'lauf! und bewundert all' dia wackere
                                        Schwauba',
Ihr, dia rings um 's Schwauba'land rum uir Leaba'
                                          v'rzehret!

Singet a' Helda'-Gedicht von deane so herrliche
                                    Stückla',
Schreibet 's in Marmor und Erz, daß 's hebt für
                                    öbige Zeita':
»Helda' im Feld und rüschtige Mand sind d'
                                    Schwauba' voar alle!«

D'r Müllerhanns von Knoringa'

D'r Müllerhanns von Knoringa',
– Viel sölle sind it g'wachsa', –
Dös ischt a' munt'rer Kerle g'wea,
Dean hat ma' gar nie anderscht g'seah
Als volla' Schwänk und Faxa'.

Und was 'r sait, hat Hand und Fueß,
Dean macht ma' it leicht z' Schanda';
Er woiß 'n Raut für alle Fäll,
Den oigna' Voart'l find't 'r schnell,
Dös hat 'r guet v'rstanda'.

Dau kommt 'r maul of Greana'boi'
Um Beatläut rum als Reit'r:
Es rengnet duß, daß 's Blautra' geit,
Und ischt so kalt, daß schiergar schneit,
Dau kann ear nimma' weit'r.

Doch z' Greana'boi' sind d' Mand beim Bier
All um da' Ofa' g'hocket:
Dau schwätzt ma' nau von Feld und Haus,
De oine teand a Schnäpsle aus,
De and're hand terrocket.

Mein Hansa' fruit 's, sei' Häs ischt naß,
Ear hat zum Ofa gucket:
Doch koiner hat a' Hira' g'hett
Und hat v'rrauta', was er wött,
Und koiner ischt ihm g'rucket.

Dau schreit d'r Hanns d'r Kellere:
»Jez, Mädle! laß D'r saga':
Dau schneid'scht a' Staud Antive auf,
Nimmscht Essi, Öl und Oier d'rauf
Und tuesch mei'm Gaul naustraga'!«

Dös fährt de Baura' dur da' Grind,
Dös könnet sie nit glauba':
'N Gaul – dös hätt no koiner g'wüßt –
Dear hörte Oir zum Salet frißt,
Dean wend sie alle g'schauba'.

Jez wert 's dau hinter 'm Ofa leer,
D'r Hanns hat s' füre g'locket:
Und bis sie hand da' Gaul a'g'seah',
Ischt Hanns scho' hinter 'm Ofa' g'wea
Und broit an Tisch na' g'hocket.

Doch 's Gäule frißt da' Salet it
Und loibt da ganza Scherba.
»Dear frißt ja nit, dös Luedersvieh!«
»Nit?« sait d'r Hanns, »nau friß'n i,
Dau laß i nix v'rderba'.«

Und Hanns v'rzehrt am Ofa'tisch,
Und 's hat 'm g'schmeckt, sei Essa;
Bedankt sie schea bei deane Mand,
Wöll s' alle ihm so Platz g'macht hand,
Und ischt of 's Roß nauf g'sessa.

Jez merken s' earscht, daß g'foppet ischt,
Und brauchet ihre Goscha':
Und wear recht laut 'n Salet b'stellt
Mit Oir drof, wia d'r Hanns hat g'wöllt,
Wert z' Greana'boi' fei' droscha'.

D' Brautwahl

Gold'ne Schneckla', blaue Auga',
Roate Bäckla' – Milch und Bluet:
O da därf i g'wiß it frauga',
Gelt, dia g'fallet dir scho' guet?

Und a' Mäule wia a' Häsle,
Zäh'la', weiß wia frisch'r Schnea':
Nu', was saischt zue so 'nem Bäsle?
Ja, dia mueß ma geara' seah.

Ab'r guck in etle Jäuhrla'
Nach dem G'sichtle, wau sie hat:
O dau bloichet scho' dia Häurla',
Und dia Auga' gucket matt.

Und dia Haut ischt volla Falta',
D' Lefzga' schuif und oft ganz blau:
Und koi' Zah' will nimma' halta',
Siegscht a' Lucke dört und dau.

O wia bischt du iez betroga',
O du arm'r, arm'r Ma'!
All dia Scheane ischt v'rfloga',
Wia ma' nu so werra' ka'!

Hat a' Mädle sonscht nix oiga'
Als nu grad a' saubr's G'sicht:
O dös wert si gar bald zoiga',
's ischt a' Fada', dear mal bricht.

Ab'r d' Tuget tuet it bloicha',
Ischt so schea' und bleibt au so:
Tät's au hundert Jauhr v'rroicha',
Wert si allweil schean'r no.

Soll's d'rum mal zum Heirega' komma',
Wähl du als a' recht'r Chrischt:
Wähl a brava', wähl a' fromma',
Dia im Herz d'rinn saub'r ischt!

Deaner gib dei' guldes Ringle!
Füehr's mit Eahra' in dei' Haus!
Isch au sonscht a' saub'r's Dingle,
Nu, nau han i au nix aus.

G'späßiger Troascht

Es heinet a' Kätzle: »Miau', Miau',
Jetz hat ma' de Junge mir g'nomma';
O, was i scho g'heinet und g'jaumeret hau';
Und koina, ja koina ischt komma'!
   Miau', Miau',
   Was hat ma' 'n wohl tau'?
Denn koina, ja koina ischt komma'.«

Drum heinet sie wieder: »Miau', Miau'!«
Und tuet unt'r 's Stadeltoar hocka';
Doch hat si koi Junga' v'rlükerla' lau',
Da hilft halt koi Jaum'r, koi Locka'.
   »Miau', Miau',
   Jez bin i v'rlau',
Es hilft mi koi Jaum'r, koi Locka'.«

A' Baule, dear höart dös Miau', Miau'
Und tuet se zum Stad'l num schleicha';
Ear hat se sei' Toilnahm recht a'merka' lau',
Tuet nimma vom Kätzle meah weicha',
   Hat grad a' so tau':
   Miau' und Miau'!
Will nimma vom Kätzla meah weicha'.

Jez schreit ma' selband'r: Miau', Miau'!
Und hocket of Hecka' und Maura';
Doch manchmaul, da moin i – i ka's it v'rstau' –
Es sei nimma arg mit 'm Traura'.
   »Miau', Miau'«
   Hat anderscht iez tau';
I moi', es sei rum mit 'm Traura.

So heinet manch's Weible am Ma' seiner Leicht,
Ma' höart sie dur d' Gäßla' und Gassa,
Bis endle os Mitleid a' Tröascht't na' schleicht,
Dau ka' sie a' bißle si fassa'.
   Und trait 'r si a':
   »I werd jez dei' Ma',«
Nau ka' sie si endle meah fassa.

Ma' gat mit anand'r an's Gräble zum Ma',
Setzt Bleamla nei', wia in 'n Garta';
Am Hoimweag gat's Tröaschta' und 's Liabela' a',
Und ka' ma' dia Zeit kaum v'rwarta',
   Und 's Weible sait: »Ja«;
   Wia sott sie denn sa?
Sie ka' ja dia Zeit kaum v'rwarta'.

A' nuier Salomo

Frau Zett hat Stiefela' nag'lnui
Und will's of d' Kirweih 's earschtmal traga'.
Jez sind's 'r z' kloi, dös macht's ganz schui:
»Nu wart, deam Schuescht'r will i's saga'!«
Jez wia sie dau da' Schuescht'r trifft,
Da werd dear au glei volla' Gift,
Will of dia Schueh nix komma' lau',
Da soll se nu zum Klaga' gau'.

Und richteg, richteg, klaget isch,
Es werret g'lada' allaboida';
Ma' stellt dia Stiefela' of da' Tisch,
D'r Burgamoist'r soll entschoida'.
Dear siehcht die Füeß und d' Stiefela' a'
So g'nau, als ebber a'seah ka;
Nau kommt d'r Spruch: »I moi' halt bloaß,
D' Schueh seie recht, nu d' Füeß sind z' groaß.«

»Jez wäsch Du d'Füeß, schneid d' Näg'l a!
Wenn's nau it gat, nau tuescht m'r's sa!«
So hat dear Streit sein Ausgang g'nomma',
Frau Zett ischt nauche nimma' komma'.

FRANZ KELLER

Trompeata' oder d'rum beata'

»Kind'r, mueß i's nomal saga'?
Teand im Kirchle rüehbig sei'!
's Schwätza' kan i nit v'rtraga',
Seahnd nit um und beatet fei'!
O wear gläubig beata' wott,
Dear krug viel vom liaba' Gott!
Kind'r, teand d'rum beata'!

Folga' mueß ma', liaba' Kind'r!
Wär's au manchmal hört und schwer
Wear it folget, deam gat's mind'r
Bei de Eltra', beim Herr Lehr'.
Sind d'rum it so frech und keck!
Noi, dear Oiga'si' mueß weck!
Kind'r, teand d'rum beata'!

Learna' mueß ma', lieba' Kind'r,
Sitzet rüehbig nei' in d' Bank!
Ab'r mei', wia goischtloas sind 'r,
Ob i guet bi, ob i zank!
Oft vom achtgea' gar koi Schpur,
Wenn 's nu' oimaul anderscht wur!
Kind'r teand d'rum beata'!«

So tuet's Herrle mahna', bitta'.
O dös Ding wär ja so schea'!
Doch dia Kind'r loset itta',
Möget halt it obacht gea';
Heu't doch ischt a' Ausnahmsfall,
Ja, dös Heutig mörket all:
Kind'r teand d'rum beata'!

Seahnd do, wia si hoimwärts laufet,
Teand zum Vat'r beattla' gau':
»Vat'r, a' Trompeatla' kaufet!
Eus'r Herr will's ja so hau'.«
Und iez höarscht im ganza' Oart
Nu' mit Müeh dei' oiges Woart;
D' Kind'r teand – trompeata'!

D' Uhra'

A' Händler bringt a' mal a' Uhr
Und sait, dia sott i kaufa';
Dia gang sogar vier Wucha' dur,
Tea' Tag und Nacht furt laufa'.
A' netta' Sach,
Dia Uhr bleibt wach,
Tät au d'r Herr v'rschlaufa'.

Wohl hat dia Uhr a' prächtig's Haus,
Siech neana' koine Lucka';
Doch zuig i maul a' Türle raus
Und sieg 'n Schtaub raus gucka':
Hah, denk i mir,
Nu raus mit dir,
Sonscht könnt's im Ührle schpucka'!

Und in dir sell hascht au a' Uhr,
Doch hasch it därfa' kaufa';
Dia picket wohl 's ganz Leaba' dur,
Tuet Tag und Nacht furt laufa':
A' netta' Sach,
Dia Uhr bleibt wach
Sogar au unter'm Schlaufa'.

Und wenn s' a' maul wött nimma' gau',
Wia tätescht du glei schtutza'!
Und wurescht groaße Sorga' hau'
Und ließescht 's Ührla' putza':
Denn wenn sie schtat
Und nimma gat,
Was tät si di denn nutza'?

Du hascht au no a' andra' Uhr,
Dei' Gwissa', – laß dir saga'! –
Und wenn dös Ührle schtaubig wur,
Tät's nimma richtig schlaga':
I bitt di, gell,
Gang of d'r Schtell,
Tue's au zum Putza' traga'!

Schwäbischer Seufzer aus Amerika

O Hoimetland, o Hoimetland
Am bluama'reicha' Doanastrand!
O Schwauba'land, wia liab, wia schea!
Ka's wohl a' schean'r's Ländle gea?
Und höar i nu dei' liaba' Sprauch,
So hallt's in Herz und Oahra' nauch.

Ihr Bergala', ihr Täler all,
Wia duftet ihr im Sonnastrahl!
Ihr Bächla', Weiher, Flüß und Sea,
Wia bin i döt so glückle g'wea!
Du schattareicher Buechawald,
Du fruchtbelad'na' Sommerhald,

Du Kirchatura' mit dei'm G'läut,
Wia höart ma' dös so weit, so weit!
O Kirchle, feschtle schea v'rziert,
Mit scheane Bilder ausstaffiert!
I woiß no heu't mein Kirchastuehl
Und au mei' Plätzle in d'r Schuel.

I hau' im Traum so mancha' Nacht
Dia Weagla' alle wieder g'macht
Und bin nau hoim in's Vat'rhaus,
– Wear gat wohl iez dau ei' und aus? –
Hau' d' Muett'r, o, so herzle grüeßt,
Wia hat m'r dös mein Traum v'rsüeßt!
O dürft i do – ka's denn it g'scheah? –
No oimal all dös wied'r seah!

Hyazinth Wäckerle
(Josef Fischer)

Schwabeland

Hei! grüeß di Gott Ländle,
Gott grüeß ui, ihr Leut!
Ma trifft gar nix sottigs
Und geht ma' au weit;
Grad recht ist dös Ländle,
It z'mager, it z'fett,
So lieble, so g'schmächle,
Mit oim Wort – halt nett.

A silberes Bächle,
A bluemiga Wies',
En Schatta im Hölzle,
Dös findt ma' ganz g'wiß:
Und zwischa de Gärtla
Sind Dörfla verstreut,
Und in dene Dörfla
Geits lustige Leut.

Därfst gar it weit laufa,
Triffst Bergla grad gnua,
Brauchst kräftige Wada
Und g'naglete Schueh;
Willst bada im Sommer,
Der See ist it weit, –
Paß auf, daß di koiner
In Gumpa nei keit!

Suechst kräftige Bueba,
Gang nu it lang um,
Sie stand an de Hecka
Glei dutzedweis 'rum;
Und brüchtest a Schätzle,
Da hast nu grad d' Wahl,
Denn kreuzbrave Mädla
Dös geits überall.

Hei! grüeß di Gott Ländle,
Gott grüeß ui, ihr Leut!
Die über uns schimpfet
Sind sel it recht g'scheit;
Die moiste hand selta
Ins Schwabeland guckt,
Und die 's konntet wissa,
Die lüget wie druckt.

Mir sind scho' so z'frieda,
Mir wöllet it mehr,
Wer furt mueß aus Schwaba,
Kommt bald wieder her;
Im Leba a Plätzle,
Im Sterba a Ruah
Im schwäbischa Boda, –
Dös ist für uns gnua.

Ma' soll da Tag it voarm Aubad loba

Ma' soll da Tag it voarm Aubad loba,
Und 's Glück, dös ist wia 's Weatter im Aprila;
Du hoffst, a Wunsch, dear müaß si' heut' erfülla,
Nau weard ear g'wiß no' manchen Tag verschoba.

Geit dir a guater Fruind no' so viel Proba,
Und glaubst du gar, ear hab da besta Willa,
Ear seah nauch dir it mit der g'färbta Brilla,
Ear helf zu dir, sei's drunta oder droba –

Dia Zeit ist rum! Heut fraugt ma' nach'm Nutza!
So lang ma' di' no' braucht, haut ma' di' geara,
Und hintanauch, dau dürftest d' Stiefel putza!

D'rum muaßt du auf d' Natur, auf d' Kunst muaßt
                                           höara,
De' schlechte guate Fruind ka'st nau wohl trutza,
Und hoffa därf ma' doch – 's weard besser weara!

Es staut so schöa

Es staut so schöa und fett im Feld huir 's Koara,
Es rauschat voll und schwer im Wind dia Ähra,
Ma' haut, Gott Lob! scho' wieder was zum Zehra,
Und därf it ängstli' sorga heut für moara.

Koi Schwoiß, koi Müah, koi Arbat ist verloara,
Ma' ka' si' gega manches U'glück wehra
Und därf it alle Köarnla z'sämmakehra,
Es gaut scho' naus, 's gaut ohna Zank und Zoara.

Dös ist a rechter Seaga in deam Jährle,
Doch trauri' isch, wenn ma's alloi muaß g'nießa,
Wenn ma' it ka' mit liabe Leutla toila.

Hätt' i' it Weib und liabe Kinder, währle!
Mir tät der Bach it halb so lustig fließa
Und alte Wunda tätat it glei' hoila.

HYAZINTH WÄCKERLE (JOSEF FISCHER)

A Kinderaug

A Kinderaug ist wia a tiafer Bronna;
Ma' schöpft iahn gar it aus, so viel Vertraua
Und Kinderliab leit drin; du därfst d'rauf baua
Und wetta d'rauf, a jeda Wett ist g'wonna.

Sie strahlt so schöa am Himmel, unser Sonna,
Doch ist mir's liaber, i' ka' tägli' schaua
Ins Kinderaug; dau därf mir's gar it graua,
Dau wearat ja nu' Liabesfäda g'sponna.

Sitzt d' Muatter nau am Bettle döt und lachat
Zum Büable 'nei' in lauter Muatterfreuda,
Und spielat sie so hearzli' mitanander:

I' woiß nix, was en bess'ra Ei'druck machat;
Und 's Kinderaug und 's Muatteraug, aus beida
Dau fliaßt a Meer von Liabe ineinander.

Christkindlesbrief

Lieb's Christkind im Himmel,
Verdrießt es di it,
Wenn so a groß's Mannsbild
No kommt mit e'r Bitt?
I bi gar bald z'frieda,
Will it übernum,
Und jag di it lang
In de Kramläda rum.
Vergoldete Nussa,
Verzuck'rete Waar,
Dös macht mir nu Zah'weh
Und schmeckt au it rar;

Um Bilder und Büecher
I au it fast bitt,
Und Kloider und Schuehwerk
Dös brauch i grad it.
Lieb's Christkind im Himmel,
I bitt Di' um oins,
Du kannst mir's ja geba,
Für Di' ist's a Kloins:
O knüpf an den Fada,
Mit dem 's Leba schnellt,
Nu so a lang's Trümmle,
Dös 20 Jahr no hält!

Am 6. Jänner

Wie i so vor em Krippele stand –
Drei König kommet aus Morgeland,
Drei König kommet mit Reiterei,
A schwarzer König ist au derbei.
Auf Roß und Kameeler, da bringet's de Sold
Von Myrrha und lauter Silber und Gold,
Sie bringet's und traget's zum Christkind 'na',
Dös lachet und hat seine Freuda d'ra'. –

Kaum bin i dahoim und häng d' Kappa auf,
Da polterts bei mir scho d' Stiega 'rauf; –
Nu! denk i, dös wär a Ehr und a Fest,
Wenn alle drei König kämet als Gäst,
A Freud wär's für Kind und Kindeskind,
Daß sölla Herra da ei'kehrt sind;
Und wären au d' Truha scho ziemli leer,
Wenn's nu von jedem a A'denka wär!

Es stat it lang a, da merk i bald,
Daß auf meiner Stiega koi König halt;
So oft als Tür gat, da bringt ma zur Pei'
Scho wieder a andre Nuijahrsrechnung rei';
Die König, die reitet nach *ihrem* Stern,
Und ich mueß zahla, g'schieht's au it gern;
Da sieht ma, was zwischa-em heilige Christ
Und mir no für a Unterschied ist.

Faſtnacht

Ritsche, ratsche, rumpumpum!
D' Faßinacht gat um, gat um,
Sei's um d' Stiefel, sei's um d' Schueh,
Tanze tue i nu g'rad g'nue.

Ritsche, ratsche hopsasa!
's Hemd gat über d' Hose na,
Jetzt kehr i no de Kittel um
Und lauf im ganza Dörfle 'rum.

Ritsche, ratsche, hopsasa!
D' Mädla machet's au a so,
Streichet 's G'sicht mit Kierueß a',
Daß ma's gar i kenna ka.

Ritsche, ratsche, he, juchhe!
Komm mei liebe Salome!
Ist die Sach au no so dumm,
's dauret doch bis Viera rum.

's Gretle sait:

Was i für en Schatz möcht?
Ja wisset, ihr Leut!
I mag it en Jeda,
Will oin, der mi freut:
A Schuester ist z'trauri,
A Schneider ist z'leicht,
A Metzger ist z'blueti,
A Bruiknecht ist z'feucht;
A Weber ist z'mager,
A Schmied ist mir z'rauh,
A Gärtner ist bucklig,
A Färber ist blau;
Beim Sattler ist's schmieri,
Beim Bäcker ist mir's z'warm,
A Bau'r ist mir z'knickig,
A Söldner ist z'arm;
A Spengler, a Maurer,
Die fallet vom Dach,
A Fuahrma' vom Waga,
A Müller in Bach;
Dös Hobla, dös Feila,
Dös stand i it aus,
Drum gang i koim Schreiner,
Koim Schlosser in's Haus.
Und mueß i glei warta
Bis Zwanzga i bi,
I nimm it en Jeda,
De Rechta will i! –

Wenn i beim Schätzle bi'

Regale, Regale,
Gib koi Rueh;
Wägale, Wägale,
Fahr nu zue;
Rädale, Rädale,
Dreh di um;
Städale, Städale,
Fall nu um;
Sichele, Sichele,
Schneidt mi it;
Michele, Michele,
's reut mi it;
Wässerle, Wässerle,
Fließ nu hi,
Wenn i bei mei'm
Schätzle bi'.

's Tonele

Engelwirts Tonele
Wächst doch koin Ruck,
's wär a nett's Mädele,
Bliebs it so z'ruck.
's ärgert sie fürchterli,
Wenn ma' si neckt,
's bleibt halt e Pumpele,
Wie sie si streckt.
Wer's emal heira tuet,
Hat en Profit,
Viel z'essa, viel z'kloida,
Viel Platz braucht sie it.

U'glückli

Mei Vater guckt mi nimma a',
Mei Muetter heinet, was sie ka',
Mei Brueder dankt it für de Grueß, –
O, daß i no alleweil leba muaß! –
I trau mir it in der Kircha z'sei,
I schliefet lieber in Boda nei, –
Und wo i gang und wo i stand, –
I hör und sieh nix als – mei Schand!
Jetzt bin i Muetter und hab a Kind,
Jetzt woiß i, wie brav d' Menscha sind; –
Mi brennts im Herz, – der Kopf, der surrt, –
Denn er, der Vater, der Lump, ist furt!
I woiß koi Zeit it, i woiß koi Frist,
I trag halt, was menschamögli ist; –
Am besta wärs halt, 's wär vorbei, –
Bei mir, beim Kind und beim – Lump – –
                        bei all drei! –

Der Hennagreifer

Es ist im ganza Dorf koi Ma'
No' hausiger und g'nauer,
Und mehr auf d' Sach und mehr auf's Geld
Als grad der Feilahauer.

It daß er nu sei' G'schäft regiert
Und kennt bis auf a Häckle,
Der garstig Ma' woiß nebazue
Im Haus au jedes Dreckle.

HYAZINTH WÄCKERLE (JOSEF FISCHER)

Im Stadel wiegt er Heu und Stroeh,
Mißt's Koera in de Metza,
Zählt in der Kammer d' Äpfel 'nei'
In alle alte Kretza.

Er woiß im Garta jeda Rüeb
Und kennt fast alle Kräutla,
Und an der Holzbeug in sei'm Hof
Da zählt er alle Scheitla.

Er guckt in d' Truha nach'm Mehl
Und fürcht' scho', 's könnt verderba,
Und wenn sei' Weible g'molka hat,
Na guißt er d' Mil in d' Scherba.

Er hat de ganza Tag im Sack
De Kuchekastaschlüssel,
Zählt d' Nudla fleißig in der Pfann'
Und d' Schnittla in der Schüssel.

Am moista aber ist auf d' Oir
Der g'spässig Ma' versessa,
Und zwar nu wega'm Zähla grad,
Koi bißle wega'm Essa.

A Henna, die verlega will,
Laßt er it aus de Auga,
Er mueß si' in de Winkel 'rum
Scho öfters fürchtig plauga.

Wenn ma' vom Feilahauer redt
Und von sei'm groeßa Eifer,
Na saget d' Leut: »Den kennt ma' scho',
Dös ist der Hennagreifer.«

HYAZINTH WÄCKERLE (JOSEF FISCHER)

Der Schmied von Durach

Der Sonntegmorga wär' so still,
Kaum daß im Tal a Lüftle geht,
Wenn nu der Schmied von Durach it
In aller Früeh scho' dengla tät.

Die oine Leut sind all in d' Kirch,
Im ganze Dörfle ist a Rueh,
Der Schmied woiß von der Andacht nix,
Gat it in d' Kirch und denglat zue.

Da kommet sei' Kind in d' Schmiede 'rei'
Und sait: »O Vater, höret auf!
Es hört sonst d' Muetter Gottes ja
Dös Dengla bis in Himmel 'nauf.«

Der Schmied macht glei' a fürchtig's G'sicht, –
Sei' Kind schier nimma schnaufa ka', –
Und denglat furt und schreit im Zoern:
»Was gat mi' d' Muetter Gottes a'?«

Da kommt a Engel 'rei' zum Schmied
Und fragt, ob's heut it Sonnteg wär,
Er sait: »Schmied, laß die Arbet sei',
Es schickt mi' unser Herrgott her!«

Es keucht der Schmied, der Hammer fällt,
Es zitteret voer Wuet der Ma',
Er denglet furt und fluecht und schreit:
»Was gat mi' unser Herrgott a'?«

Da kommt kohlschwarz der Teufel 'rei'
Und sait: »Nu, Vetter Schmied! was tuest?
Wills Du denn gradweg's Teufels sei,
Weil D' au am Sonnteg dengla mueßt?«

HYAZINTH WÄCKERLE (JOSEF FISCHER)

»Ja Kruzifix und Sakerment...!«
Der Schmied haut auf sein' Ambos 'nei',
»Und dengla tue i, denglat wird
Und müeßt i heut no' 's Teufels sei'!«

Da tuet's en Schlag, da tuet's en Krach,
Und 's Fuir fliegt in der Schmiede 'rum, –
Ma' denglet nimma an dem Platz,
Es wisset d' Leut recht wohl, warum.

Adolf Paul

D' Fahnaweih'

Z' Greanahag im Zusem-Tal
Sind etle sex Vet'rana,
Dia krieget au, weil's Mode ischt,
An nuia, g'schtickta Fahna.

Dös geit a Fescht – dia Fahnaweih –
Ma sieht's glei' an de Häus'r!
Vom Keller bis zum Taubaschlag
Send Kränz' scho' dra' und Reis'r.

Und Fähna pfludret lustig ra
Von wiesbaumlange Schtanga,
A Schtund scho' voar'm Örtle duß
Dau sieht ma's prächtig hanga.

Am schea'schta hat von allsand ziert
Em Jacklabaur sei Chrischte:
Am Häusle ischt a Lorbeer-Kranz
Und Fähna auf d'r Mischte.

Um d'Schtalltür sind Girrlanda rum,
Mit Mäschla schea' verziert,
Germania ischt als Gipsfigur
Aufs Lachafaß poschtiert.

Und d' Feschtred hält d'r Voarschtand sell,
Es freut se drauf 's ganz Örtle!
D'r Schualg'hilf hat'm's aufnotiert,
Ma' lobet jödes Wöertle.

D'r Feschtzug aber, sag' i ui,
Dear werd doch no, am scheaschta!
Ihr werret seah, dear g'fällt de Leut
Von all' deam Zuig am measchta.

Denn d' Feuerwöhr mit nuie Helm,
Im gleicha Schritt und Tritt,
D'r Schullehr' mit sei'm Schüelerzug,
Se trappet allsand mit.

Und ganz voraus kommt's Musig-Choar,
Klarneat und vier Trompeater –
Sein Bomberdo' blaust wunderschea'
Em Bäckafranz sei Peater.

Und G'moads-Verwaltung Ma' für Ma'
Begleitet au d' Vet'rana,
D'r Forschtwart und d'r Pfarrvikar
Schtolzieret hinterm Fahna.

Zwölf Ehrajungf'ra sieht ma' au
Im Feschtzug mitmaschiera,
Und oina, wau bald vierz'ga ischt,
Werd' ebbes deklamiera.

Und g'schossa werd's und Musig geit's
Da ganza lieba Tag;
Von weit und broit kommt alles her
Zum Fescht auf Greanahag.

Und ohne Zweuf'l sait a jed's
Dös z' Greanahag ischt g'wea:
Nix scheaner's wia die Fahnaweih'
Hau' i no neaneds g'seah!

A hörta Wahl

Dia Burgamoischterwahl dau moara morga,
Dia macht mer Kopfweah, macht mer Sorga,
Denn Gmoi'd, dia braucht an rechta Ma',
Dear ebbes woiß und ebbes ka';
Dear überall 's A'seah hat und au a G'wicht,
Dear schwätza ka' voar G'moid und G'richt,
Dear Schtreit und Händ'l woiß zum schlichta
Und allz ins richtig G'lois tuat richta;
Dear G'setz'r kennt, – deam 's Leasa gat,
Mit oi'm Woart: oin der allz verschtat!
Ja nu a sölcher kriegt mei' Schtimm,
Doch sölche Mannd, dia sind fei' klimm!
I such jetz heut scho' Haus für Haus
Und bring halt bloß an gotz'ga raus.
Drum wenn me fraug: Wean wöhl i schnell?
Nau geit's bloß oi's: I wöhl' mi sell!

Dös hoißt a Schneid!

Bauer:

»Dös hoißt a Schneid! – i muaß mi' selber loba!
Wia haun i heut' dia Herra g'schimpft im G'richt
                                               dau doba!
Glei' Lumpa haun i's g'hoißa, Schergaknecht!
Se seiet zum Verschiaßa z'schlecht!
Und g'fluacht und tobat haun i voar mi' na',
I hätt' net glaubt, daß i so wettra ka'!«

Bäuerin:
»Ja bischt denn narrat, Ma', ja ka' dös sei'!
Dau schperrt ma Di' ja no' maul ei', –
Und was dös koscht, dia Affakata!
Wia werre mir in d' Schulda g'rata!
Ja hearscht denn nemme auf, Du dummer Ma' –
So bringscht scho' no' Dei Sächle a'!«

Bauer:
»Sei doch no' z'frieda, Weib, und laß Dr's saga:
Dau ka' mi' doch koi Mensch verklaga!
Paß auf! – Du muascht mi recht verschtau:
Wia'n i so g'schimpft und g'wettrat hau'
Hat's neama g'heart und neama g'seah –
I bi' scho voar d'r Schtadt duß g'wea'«.

Se wisset net warum!

1. D'r luschtig Jackl

Heut bin i doch scho' kreuzfidöl,
In oimfurt muaß i lacha,
I mächt voar lauter Hopsasa
Glei' Burzaschteng'l macha!

Heut freit mi' allz, grad was i sieh,
Jed's Gräsle, jeder Roi',
Mi' freit a jeder Baum im Oart,
Im Garta duß d'r Schtoi'.

Mi freut d'r Schpatz im Koara dinn,
Am Haus d'r glumpat Zau',
Es freit mi' mei' verflickta Hos' –
Ja d'Schulda, die'n i hau!

Am moischta aber freit mi' dös'
Es ischt scho schiergar z'dumm:
Daß i heut gar so luschtig bi' – –
Und woiß earscht net warum!

2. D'r grätig Hans

Heut bin i scho' fuxteufelswild,
I mächt mi sell' schier fressa
Voar lauter Zoara, lauter Wuat, –
I bi' scho' grad wia b'sessa!

Denn was i' a'guck, ärg'rat mi'
Und bringt mi' osanand,
Mi' ärgrat Taub' im Höfle duß
Und d' Fluig dau an d'r Wand.

Mi' ärgrat heut' scho' Haus und Hof,
Mei' Gaul, mei scheaschter Waga,
D'r Sonnaschei' am Häusle dra', –
Dear leit mer au im Maga!

Am moischta aber fuxt mi' dös,
Es bringt mi schiergar um:
Daß i heut gar so wüetig bi' –
Und woiß earscht net warum!

ADOLF PAUL

's Trio

D'r Earscht ischt d'r Dokt'r, a grundg'scheidter Herr,
Ganz wirblig von lauter Schtudiera;
Dia Krankata, dia schier von selber vergand,
Dia ka'ner am beschta kuriera.

's Apatheagerle hoißt ma' da Zwoita dervo',
Macht Salba und Pilla, Mixtura,
Dia helfat de Leut von de Krankata schnell,
Ganz b'sonders de schtarka Natura.

D'r Dritt' ischt d'r Ma' auf'm Kirchhöfle duß,
Dear g'heart zua de earschte zwoi Herra;
Denn was dia verpfuscht und verkuahwedlet hant,
Dös muaß dear vergraba – verscherra!

Georg Wagner

Voarfrüehleng

Scho wehet d' Lüftla milder ietzt
Und 's Firmament weard blau
Und auf de Felder dussa hairscht d'
A Lerchle iemaul au.

's Braunelle dront in 's Müllers Heck
Singt au sei monters Lied;
A Wonder, daß des schnurrig Ding
Bis Aubeds weard net müed.

's Rautbrüschtle, guck, ischt au scho dau
Und putzt sei rauta Weascht,
Und d' Bachschtelz zwitschert scho am Bach
Und suecht en Platz zom Neascht.

Z' haichscht auf'm Lindabaum dau hockt
A Star fidel und singt;
Ear freut se, daß der morgig Tag
Sei herzigs Schätzle bringt.

Doch onterm Baum sitzt mäuslesschtill
A Mädle, wie verschtommt;
Sie zittert hoimle, weil ietz bald
D'r Schtorch ins Ländle kommt.

Z' viel verlangt

»Du, Maj*! Was hau-n-e müeßa seah
Voar an d'r Brenz dau dussa?
Des ischt fei scho a Schand und Schpot,
Wann ma se so loßt kussa!«

»O, Mueter, i ka' nex d'rfür!
I bin am Brückla g'schtanda
Und hau, wie sonscht, mei Wäsch ausg'flaißt
Und nex Bais' denkt – verschtanda!

Dau kommt d'r Fritz und schtellt se na'
Voar mi und huescht't a bißle
Und sait: ›Jetzt kommscht m'r nemmer 'raus,
Voar i net krieg a Küßle!‹

Was will i toa? Denn reachts und links
Und voarn ischt lauter Wasser;
Und hinta, wau i 'naus hätt' könnt,
Dau schtat d'r Fritz als Passer.«

»Maj, woißscht! viel ka' ma, wann ma will!
Du hoscht sonst au a Hiera!
Dau mueß ma 'naus halt wie's grad gat;
Ma mueß 's aufs mindscht probiera.

Doch kurz und guet: A so a Sach,
Dui därf m'r nemmer g'scheacha!
I sag d'r's: Wann's nomaul passiert,
Nau wearscht, was g'schiecht, scho seacha!«

»O, Mueterle, wie kan dui Sach
Nor so in Jescht Ui bringa!
Ma ka' doch weaga a paar Küss'
Net glei ins Wasser schpringa!«

* Marie

GEORG WAGNER

Übertrumpft

»Du, Hansl, geschtig hau im Schtädtle
I ebbes g'seah, wie gar no nie;
Dau hant s' probiert an Gealdschrank eaba
Und onterg'fuiret und des wie!

In Kaschta hot ma nei sechs Heahla.
Noi! zwölfa, daß i's reacht au sa'!
Und fufzeah' Klaufter Holz a'zonda
Und brenna lau da ganza Ta'.

Und wie ma d's Aubeds nauch hot g'seacha,
– Des Ding ischt g'wea scho wonderschöa! –
Dau sind – i haun's kaum glauba könna –
Die Heahla äll no leabig g'wea.«

»Ja«, sait d'r Hans, »der Schrank ischt freile
Ganz ausgezeichnet g'wea und guet;
Doch wearscht vor deam, was i haun g'seacha,
Airscht lupfa reacht dein graußa Huet.

I bin amaul g'wea z' Schtuegert dronta;
Dau hot ma au an Schrank probiert
Und nor glei mit zwoihundert Klaufter
Deam kalta Kerle onterg'schüert.

Halt! D' Hauptsach hätt' i bald vergeaßa!
Dau hot ma voar a Goiß neitau
Und hot natüerle voar des Viechle
Fescht freaßa und fescht saufa lau;

Denn fascht vier Täg hot brennt und g'loschtet
Der Haufa Holz – und drenna d' Goiß!
Gelt, Michele, ietz wearscht wohl denka,
Deam Tier wär's waura zemle hoiß?

Doch noi! Dear Schrank ischt g'wea no besser
Als dear, wau du hoscht letzschthi' g'seah;
Denn, wie ma aufmacht – los' nor Michel! –
Dau ischt dui Goiß – v'rfraura g'wea.«

Au a Nachtraubtier

D'r Leahr'r, dear tuet grad seine Büeble
V'rzähla von de Nachtraubtier.
Guck no! die passet auf wie d' Mecke;
A jedes Wöartle freaßen s' schier.

»Jetzt, Büebla, mueß m'r aber saga
A jeder so a Raubtier au.
Die moischte von deam schleachta Ziefer
Die kennet iehr ja so scho g'nau.«

»D'r Mader!« sait d'r Beckazacher;
»So!« sait d'r Leahrer, »so ischt's reacht!«
»Ond d' N–n–acht–eu–eu–eul«, gackst d'r
          Hirtafrieder,
»Ghairt au no' zu deam saubra G'schleacht!«

»Und d' Wiesala und d' Iltesratza!«
Schreit kuraschiert d'r Schueschtersklaus,
»Die gant, des hann i seal scho g'seacha,
Au bei d'r Nacht zom Schteahla 'naus!«

So woiß d'r Hansjörg und d' Melcher
Von deane baise Raubtier oins;
Nor 's Hafnermichels kloiner Toane,
Der woiß om älle Teufel koins.

»Komm«, sait d'r Leahrer, »b'senn de, Toane!
Du woißscht ganz g'wiß au so a Tier,
Wau nachts zom Rauba gat und Schteahla;
Du siechscht's d'rhoim äll Täg ja schier!

's leit oftmals auf'm Ofabänkle
Und schnurrt so, woißscht, und guckt so hear
Und d's Aubeds dau gat's aus zum Schteahla –«
»Des ischt mei Vater ja, Herr Leahr'r!«

D' Konferenz

»So, Kind'r meinetweag könnet iehr
Zom Bada gau ietzt 'naus in d' Brenz,
D' Schuel ischt ietzt aus; denn i mueß gau
Ins Schtädtle 'nei zuer Konferenz.«

Wie jublet älle Kinder dau!
Nor 's Müllers Zenz, dui brommt ganz laut:
»Des sag i meiner Schweschter glei;
Dui ischt deam doch scho lang sei Braut!«

Ond drauf rennt se fuchsteufelswild
Im Trabb durch d' Wies' am Mühlbach 'na;
Vo' weitem winkt se scho' und schreit:
»Du, Ann! I mueß d'r ebbes sa!

Dein Schuelleahr'r, dean kannscht fahra lau
Äll Schtond, ja äll Minut ganz keck;
Dear gat ietz zu 'ra *andra* fei
Und du hockst dau, wie 's Kind beim Dreck!«

»Red net so domm und halt dei Maul!
Du schwätzscht da reinschta Mischt dau, Zenz!«
»Jawohl!« schreit dui, »ear hot's doch g'sait,
Ear gäng ietzt zu d'r *Jongfer Renz!*«

Aus d'r Leaseschtond

»Die Mädchen flohen in der Nacht
Hinaus durch's offne Tor – –«
So liest am Hirtahans sei Ann
Grad in d'r Schuel drenn voar.

Dau sieht d'r Leahrer, wie d'r Fritz
Scho wieder merkt net auf.
»Fritz!« sait 'r drom, »du mueßscht halt hau
Wie älle Tag dei Schtrauf!

Wann flohen, Fritz, die Mädchen? He?
Gelt, des hoscht überhairt!
Wart! Mit mei'm Raihrle zoig d'r ietzt,
Was so 'ma Tagdieb g'hairt!«

Jetzt guck nor! wia dear glompet Bua
Sei Gosch voar Schreack aufreißt
Und schreit: »Herr Leahr'r, die *flohen* halt,
Wenn se's reacht fuirig beißt!«

GEORG WAGNER

Am Hannesle sei' Hearz

Huit passet d' Bueba anderscht auf;
Huit mueß d'r Leahr'r net pruddla;
Denn huit v'rzählt 'r 'na vom Hearz,
Von Leaber, Long und Kuttla.

»So!« sait 'r, »ietzt weard jeder wohl
Des Zuig loshau dau drenna;
Denn *die* Organ, die soll d'r Mensch
D'r G'sondheit weaga kenna.

Du, wo ischt d' Long?« fraugt er da Klaus.
Der zoigt glei schöa des Tätzle.
»Du, Franz, ond d' Leaber?« Guck der Bue
Woiß au glei 's richtig Plätzle!

Sogar d'r Toane find't ganz fei
Sei Niera – ei, d'r Donter! –
Des macht ja nex, wenn au dear Bue
A bißle z' weit zoigt 'nonter.

»Jetzt aber, wau ischt's Hearz?« so fraugt
D'r Leahrer ietz da Hannes. – – –
Jawohl! Dear Luederbue, dear brücht
Scho wieder Hosaschpannes!

»Guck, Hannes, dau, wo' ällweil klopft,
Ischt's Hearz! Jetzt wearscht's wohl finda!«
Dau langt d'r Bue ans F..... 'nom
Und sait: »Herr Leahr'r, dau hinta!«

's grea Mückle

Im Hof duss' schtatt a Hüttle
Als wie von alters hear;
's ischt reachts und links a Brittle
Und drauf a Prügel quear.

Durch d' Glomsa und durch d' Ritza
Guckt 'rei d'r Himel blau.
Und reachts und links beim Sitza
Siehscht d' Helle onta au.

Grad sitz i dau ganz glückle
In philosoph'scher Rueh
Und guck reachts dront a'm Mückle
So ganz gemüetle zue.

Guck zue, wie dau des Tierle
Grad a Kamräde neckt,
Und wie's nau ganz manierle
An deane Sächla schleckt.

Wie nett putzt's doch iehr Füeßla
Und 's Rüeßele d'rbei!
Sie schreckt grad wie zwoi Schpießla
Die hintre Füeß in d' Haih.

Guck nor, wie schöa durch d' Flügel
Schöa blaugrea blitzt d'r Grond –
O je! Jetzt bricht d'r Prügel
Und i – schtrack bei-nem dront!

Andreas Dirr

Im Schtadtmagischtrat von Günzburg

Heut isch dia Welt voll lauter Schwung,
im Hurraxdax, s'ischt bloß a Schprung,
gat's über's Meer, und Hopsassa,
im Nu bischt in Amerika.

Voar hundert Jauhr ischt's anderscht gwea,
für d'Rois hat's Gäul und Schäsa gea.
Kaum hat a Zügle scho verkehrt,
kaum hascht a Pfiffle von oim g'heart.
Dia Welt, so weit, so ausanand,
ischt oim a groaßes fremdes Land.

Zu deara Zeit in uns'rer Schtadt
dr Lehrer Heimbach d'Schuala hat;
ear plaugt se viel, s'will gar net sei,
Europa gat in d'Grend net nei
von seine Buaba, s'hebt so schwer,
es sollt halt au a Landkart her.

Ear hockt se na und schreibt an d' Schtadt,
dia Plaug, dia ear de ganz Zeit hat;
scho oft nimmt ear Europa dra,
net *oi* Bua nimmt a bißle a.
Ear müaß und d' Schtadt mög dös verschtau,
a Landkart von Europa hau.

Im Magischtrat gat's hi und hear,
s'wär schliaßlich recht, wenn's Geld net wär.
Oi Schtadtrat schtat jetzt wuchtig auf,
ear schtammt vom Bach dau dussa rauf,
sei Woart hat G'wicht, sei Woart hat Kraft,
ear ischt d'r Ma' dr Bauraschaft.

»Jetzt Mannd, jetzt losat bloß mir zua!
Dr Lehrer soll uns lau in Ruah,
mir geant, s'wär schad und s'wär a Graus,
koin Pfennig für *Europa* aus.
In *dös Land* kommt, und dös ischt wauhr,
koi Kend von uns in hundert Jauhr!«

Am Firmungstag

Auf'm G'sicht von meiner Schwester
leit a ganza Seligkeit,
weil ihr Bua, ihr liabes Hänsle,
wird vom Bischof g'firmat heut.

Scho voar Wucha kriag an Briaf i
mit ma ganz a b'sondra Gruaß:
an deam Fescht derf i net fehla,
weil i s'Dotle macha muaß.

Nobel schtat mei Firmling voar mir:
Eigschloift in a ganz nuis Gwand.
Und so brav und schickle trait er
s'groaß Laudate in dr Hand.

»Gell, mei Buale«, sait sei Muatter,
»Schtell di heut in Gottes Huat,
komm, i gib dir no mein Seaga,
daß Dir's gat im Leaba guat.«

Ganz ergriffa von deam Schtündle,
bobberlat's iahr Backa ra;
was doch so a Muatter sorgat!
Was möcht sia net alles sa!

Glei drauf gangat auf da Weag mir,
s'ischt mir fascht a bißle schwer.
Und mei Firmling, ganz sinnierig,
geit von se koi Wörtle mehr.

An dr Kirchtür bleibt ear schtanda:

»Onkel, hear! Sobald se's schickt,
muaß i gucka, daß i hoimkomm,
weil mei Häse Junge kriegt!«

Beim Schneider

Vom Mäxle seiner Hos, o weh,
hängt s'halbe Fidla weg.
Ear kriagt a nagelnuia Hos
vom Schneidermeister Meck.

Bei'r Anprob zwickt dia nuia Hos
dean Bua in Grattl nei.
»Dia nuia Hos, Herr Schneider Meck,
ka net in Ordnung sei.

Dia Hosafall am Fidla hint
ischt net am rechta Fleck!«
»Koi Angscht, durch s'Bügla geit se's scho!«
sait drauf dr Schneider Meck.

ANDREAS DIRR

In am schwäbischa Städtle

Schtat an am Eck d'Frau Nägele,
schtoaßt bald zu iahr d'Frau Hägele.
Jetzt send's beinand, jetzt wird dischkriert
und schtundalang se nemme g'rührt;
jetzt geit's nix Guats mehr auf der Welt,
bloß froah, daß ma se selber g'fällt.

Dös wär net schlimm, wenn's bloß so blieb,
wenn mit der Gaß' ma nähm vorlieb;
schtatt deam wirds d'Schwätza o'scheniert
oft in dr Kirch no weiterg'führt.

An Oaschtra hat d'Frau Nägele
an ihrer Seit d'Frau Hägele,
weil d'Frauakirch, sia wissat's g'nau,
ischt heut für sie a Modeschau.
Drum kommt von sell d'Frau Nägele
ins Schwätza mit Frau Hägele.

Dia Orgel braust, daß bloß so hallt,
von alle Wänd laut widerschallt;
sie braust mit vollem Klang aus Freud,
weil jeder Chrischt hat Oaschtra heut.

D'Frau Nägele, daß ma's verschtat,
mit ihrer Schtimm in d'Höhe gat.
Dau plötzle setzt dia Orgel aus
und mäusleschtill ischt s'Gotteshaus,
bloß oi Schtimm schrillt:
»Jetzt des isch guat,
dia Leni hat an nuia Huat!«

Hermann Josef Seitz

Bildla

Dös sind so Bildla aus dr Buabazeit,
kloiwinzig, aber häbig und drum o'vergessa:
Dau bin i aufm Sa'dberg überm Wasser gsessa –
Eisvögel, grad wia Edelschtoi! Im Holz a Nußjäck
                                        schreit.

Blau blühat Schuaschternägela im Hexaring..
i sieh en Voglzug im Aubedroat verschwimma..
um bloiche Hörbschtzeitloasa sumset müade Imma
und auf dr Sonnabloam, schea farbig, hockt a
                                       Schmetterling.

Es gaut im blaue Kloid a Mädle über d'Wies –
lang guck i nauch vom hoimeliga Plätzle,
verschtöckt am Voglberg im junga Fichtawald.

A recht liabs Bildle! – Aber mei: im Leaba isch nix
                                        gwiiß!
A Bildle blieba isch dös earschte Schätzle..
Wia hoah sind doch dia Beim, wia sind se alt! –

                  *

Es fliaget Spinnafäda silbrig in dr Luft,
a müada Hörbschtsonn leit auf leere Wiesa,
a Neabl, dünn wia Glas, kommt aufm Wasser kriesa
und rundrum in dr Weite hangt a blauer Duft.

A Hirtafuirle gloschtet, raucht so voar se na
und Küah und Kalbela drum rum so friedle grasa,
bloß diamaul hebet se da Kopf vom Wasa,
als ob se ebbes frauga möchtet, gucket se oin a.

I hock am Steag, sinnier so überm Buach,
guck in da Rauch, verloara wia im Traum –
wia Hoimweah kommts mi a', a oignes Blanga –

i woiß net, was i will und was i suach ...
Zmaul bin i wach: A Mädle lauft beim Felberbaum,
als käm dr Früahling über Hörbschtzeitloasa ganga.

*

I wär mit ihr so geara bloß a oizigsmaule ganga
ganz stät zum Häldele und über d'Wiesa num,
wenn Schlüsselbloama blüha um und um
und an dr Hasel gelbe Kätzla hanga.

Und nauchert weiter aufm schmala Weagle
am Fuaß vom Sa'dberg unterm steila Hang,
gnäh hintranander überm Wasser lang ...
Es hockt vielleicht dr blaue Vogl aufm Steagle

und Veigela blühat unter alle Höcka
und alles tuat scho nachm Früahling schmöcka ..
So hätt es könna sei, hau i mir denkt ...

Doch isch im Mörza no net an dr Zeit,
es grauplet im April, oft hats no gschneit –
de richtig Bluah kriagscht earscht im Moia gschenkt.

*

Dös isch no alleweil dr alte Weag am Hang:
Schea gmächle lauft'r a, steigt nauf zum Berg im
              Boga.
Es hat mi jedesmaul no zua eahm zoga,
koi Hoimkeahr wärs, führt net zu eahm mei Gang.

I bsuach zwoi alte Freund, i kenn se guat
und ebbes länger als a halbs Jauhrhundert.
Wia oft verschnitta, leabet se, daß es oin wundert:
dr bucklig Meahlbörbaum, dr lustig Pfaffahuat.

Doch 's Birkahölzle fehlt, und 's Häldele,
          's Bildstöckle au
mitsamt de Arme Seala und dr liaba Frau,
im Roahr isch 's lustig Brünnele verschwunda.

So viel isch anderscht! Und 's isch fast it wauhr,
daß i amaul so voar 'm a halba Hundert Jauhr
auf sellem Weag hau ebbes gsuacht – und halt net
           gfunda.

*

Was hant se aus meim Hoimetflüßle gmacht!
Mei alta hella, schnella Günz – i kenn se nimma!
Ma sieht koin Kiesel aufm Grund, sieht au koi
         Fischle schwimma,
a trüaber Stausea ischt se woara übernacht.

Verschwunda isch de alte Bruck aus Holz.
Dr Vater hat se gmacht mit seine Gsölla:
Drei Oichajoch und eschene Träger, Balka, Schwölla.
Sein Nama auf'm Mitteljoch hat er mir zoigt mit
           Stolz.

Als Kinder ham'r gspielt mit Muschla, Sa'd und Kies,
als Buaba sind mr von dr Bruck nab in da Gumpa
         gsprunga,
hant Gäns und Küah und Gäul in d'Schwemme
          trieba ...

De nui zementne Bruck, dös sell ischt gwiiß,
hält länger als a Holzbruck, ischt au recht guat
                                      glunga –
bloß ischt vom alta liaba Bildle nix, au gar nix
                                      blieba!

Advent

Dr Wald leit diaf im Schnea vergraba
und Reifa hangt wia Silber auf de Zweiga.
Es ischt so still, so oiga feierle; bloß etle Raba
schreiet gäh und hoiser in dös groaße Schweiga.

A bsondrer Zauber ischt im junga K'hau verfanga,
's isch grad, als wartet jeder Fichtabaum
auf ebbes, dös bald komma könnt, als täts eahm
                                      banga
voar helle Stuba, voar'm Körzaliachtertraum.

I gang so ane dur' da Schnea scho stundalang,
i ka net saga, was mi führt und was mi treibt.
In meine Oahra klingt von inna hear a Gsang...
Ischt es wohl dös, was aus de Kinderdäg no bleibt?

Karl Fackler

D'r Politik'r

Für d' Politik
braucht oin'r G'schick.
Dös muaß'r hau,
so'scht sott er's lau.
Schlau muaß 'r sei', schlau wia d'r Fuchs,
dazua no g'rissa wia a Luchs.
Er braucht V'rschtand wia zeah Profess'r
ond scharf ond g'schliffa wia a Mess'r.
Nau ka er au sein' Ma erscht schtella,
so, daß'n et dö andre schnella.
Mit Schpiag'lfechterei alloi
erzielt ma koin' Erfolg, noi noi.
Denn was 'r sät, dös sott au schtemma,
so'scht ka er glei sein' Abschied nehma.
Zo Luga derf 'r dau bloß langa,
wo's d' Omschtänd' o'bedengt v'rlanga,
doch üb'rlegt ond mit Verschtand,
auf daß 's au wirklich koin'r schpannt.
Natürle muaß ma schwätza könna,
daß oi'm schier Zung' ond Lippa brenna,
ond wenn dö Gegn'r Treff'r landa,
so toa, als wur ma s' et v'rschtanda.
Für sotte onerwünschte Fäll'
isch emm'r 's Bescht' a recht dicks Fell.
A Gsondheit muaß 'r hau aus Eisa.
Dia braucht 'r für dia viele Reisa.
Mei', Opf'r derfa net v'rdriaßa,
wo's nöate send, Kontakte z'schließa.
Ond werd au 's guate Geld v'rputzt,
isch d' Hauptsach' doch, daß d' Rois' was nutzt;
denn d' Mark, dia isch beschtemmt zum Rolla,
ka ma s' aus fremde Täscha hola.

Für was send s' dau, die Schtuierzahler?
Dia liefera dia blanke Taler.
D'r G'halt isch au no a Malör.
Ma briecht halt Poschta neabaher.
So laßt se ja kaum richte leaba.
Doch fette Pöschtla solls gnua geaba.
Zom Beischpiel ku't oin' arg v'rlocka,
so irgandwo no d'enna z' hocka.
A Aufsichtsratsbeschäftigong,
dia gi't d'r Kasse Kräftigong.
Kurz g'sät: A G'schick
für d' Politik
muaß oin'r hau,
so'scht sott er's lau.

Ja, d'r Moi

Moi isch, Moi em ganza Land!
Ond vo dem isch doch bekannt,
daß 'r, so ma'n recht betracht',
oin' vo Herza glückle macht.

Als wollta s' schwätza mitanand',
's Baromet'r gaht en d' Höah.
D' Vög'l senga froah ihr Liad
ond d'r Birabaum, der blüaht.

Luschte pfeifa G'sell' ond Schtift
ond 'n Moischt'r packt d'r Gift,
weil an sotte Moiatag'
koin'r richte schaffa mag.

Au aus jed'r Dicht'rbruscht
drenga Schroi voll Glück ond Luscht,
daß d'r Moi gar wonnig wär
ond dergloicha Schprüch' no mehr.

Pärla sieht ma Arm en Arm;
denn d'r Moi macht deane warm,
ja net selta siadig hoiß,
wia ma aus Erfahrong woiß.

Ond zo all deam klapp'rt fescht
oin'r ra vom Schtorchanescht.
Schpät'r erscht zoigt se oft klar,
daß d'r Moi a Schpitzbua war.

Nuie Modna

Bärbl, hascht ja d' Härla g'schnitta.
Hascht an Zöpf' ond Schloifla gnua?
Hat denn dös Dei' Muatt'r g'litta?
Siehscht grad aus wia so a Bua.

Wia, so Zuig, dös häb' ma nemm'r?
Zöpf', dia wära alt'r Kitt
ond i häb' scho gar koin' Schemm'r,
scheints, vom nuischta Modeschnitt.

Auß'rdeam, so lange Zöpfla,
säscht Du no, Du kloine Krot',
macha koine schöane Köpfla,
was i schier gar wissa sott.

No, was tätscht nau mir empfehla?
Was, moi'scht, wär' bei mir am Platz?
Härla han i koi' zom Schtella;
denn, wia D' siehscht, han i a Glatz'.
Wia säscht: Schliaßle gäbs Perucka
au für 'n all'rdümmschta Grend
ond i sott om oina gucka,
wenn mir Haur' so wichte send.

Zwingender Schluß

Em Tierpark isch ma nächte gwea
ond hat viel' fremde Viech'r g'seah
wia Löwa, Tig'r, Affa, Bära,
dia älle d'enna g'halta wera.
Bei jed'm Viech schtaunt 's Büable mehr:
Dös mit deam Buck'l? Was dös wär?
Dös groaße hent'rm Zau' dau düba?
»Kamel« schtünd' an sei'm Gitt'r g'schrieba.

No ja, so sät ma halt dazua,
moint drauf d'r Vat'r, domm'r Bua.
Dös Vieh v'langt koi' Wass'r z' saufa,
muaß 's no so weite Schtrecka laufa.
Koi' Wass'r, fraugt dau's Büable schnell,
hoißt Di drom d' Muatt'r oft Kamel?

D'r rüschtig' Großvat'r

Beim Moischt'r fraugt d'r Lehrbua a,
ob er heit' glei meah ganga ka.
Sei' Oma häb se so v'rdorba
ond sei am früaha Morga g'schtorba.

D'r Moischt'r, sowiaso schlecht g'launt,
sät drauf zom Bua net weng erschtaunt:
Mit Dir ku't oi's au Jonge kriaga.
So kloi' no ond scho derart lüaga!

Dei' Oma, daß dia g'schtorba wär,
a knapps halbs Jährle ischs erscht her.
Dau hascht da gleicha Schwend'l trieba
ond bischt drui Täg' dahoita blieba.

Ond d' Lehr' kaum a'g'fangt, hascht doch au
dös Nämle g'sät. I woiß 's genau.
I wer' D'r d' Oahra recht v'rschlaga,
wenn s' nomal schtirbt. Dös laß D'r saga!

Dau ka i wirkle nix dazua,
verehrt'r Moischt'r, grei't d'r Bua,
ond ischs mir en d'r Seel' au z'wid'r:
Mei' Opa heirat' äbbl wied'r.

Der billige Wachhund

A Schtückle daußda voar d'r Schtadt
han i a Bäs, dia Geld gnua hat.
Bloß isch s' a fürchtig geizigs Tromm.
A Fenf'rle dreht s' zeahmal om.
Ond weil sia ganz alloinigs haust,
wia g'sät, a Schtuck voarm Schtädtle daußd,
drom briecht sia au an Hu'd, wo bellt
ond jeda Lompa glei v'rmeld't.
Weil ab'r so a Vieh was koscht'
– sia möcht halt älles omaso'scht –,
schprengt 's nachts so viermal aus 'm Bett,
tuat 's Halsba'd om, legt se an d' Kett'
ond bellt ond wüatet, k'urrt ond scharrt,
mei' Bäs, lei daß s' an Hu'd v'rschpart.

Ries und Schwäbische Alb

Johannes Kähn

Sorget nicht!

D's Landleba ischt doch ebbes Prächtings!
Moit mancher gscheidte Städter wohl,
Und mancher Bauer muaße bsinna,
Was er do Schöas dra haba soll.

I bin a so d'rzwischa drinna,
Es fret me d's Leba auf'm Land,
Doch bine in d'r Schtadt oh geara
Und drin mit viele Leut bekannt.

Und net bekannt aloi, gar mancher,
Dears treu mit Gott und Menscha moit,
Und d'Welt wohl kennt mit ihrem Wesa,
Ischt mir, i woiß, a treuer Froid.

Der kleine Roßdieb

A Baurabüable, no ganz kloi,
Ischt zo seim Pfarrer komma,
Will mit'm reda nor allei,
Und tuats oh ganz beklomma:
»Herr Pfarrer, i hab ebbes to,
Sia wäara me drum schtrofa,
Doch muaßes saga, weile schoa,
Ka vierzeah Täg net schlofa.«

»No«, sagt d'r Pfarrer froidle drauf,
So sag, was des ischt gwesa,
Du bischt soscht brav und merkscht recht auf,
Und kascht schoa wacker lesa,
Drum moine, 'swurd so böas net sei,
Doch will de iaz zearscht höara,
Sag nor dia ganza Wohret fei,
Nocht wäar'mer ferting wäara.«

»Herr Pfarrer ja, des tua ne schoa,
Wär's mir o net befohla,
I ha, des bringt m'r böasa Loah
Ja ha' a Rößle gschtohla.
Wia bös i bi, des seahas do,
Doch muaß es ihna saga,
Und wanns me auf dr Stell iaz o
Glei mit'm Stecka schlaga.«

Do guckt d'r Pfarrer bsonder drei,
Dear Bua a Rößle stehla,
Des ka ja wärle schiar net sei,
Deam muaß wo anderscht fehla.
Er bsinnt se, was'r iaz doch wohl
Soll mit deam Büable macha,
Und woißt kaum, was'r saga soll,
Es ischt'm fascht zum Lacha.

Nocht sagt'r: »Ei du kloiner Strol,
Wia käscht de so v'rirra?
Ha gmoit, du könntest net amol
A Roß zum Saufa füahra;
Und iaz bischt du schoa gar so weit,
Und hoscht a Rößle gschtohla?
Woischt du denn net, daß sotte Leut,
Dr böase Feid tuat holla?«

»Herr Pfarrer ja, des woißc wohl,
Des tuat me ja o quäla;
I woiß o, daß ma neama soll
Nex nemma oder stehla.
Drum daße d's Rößle gstohla ha,
Ka i schiar net begreifa,
Doch isch a sotts nor, wo ma ka
So schöa am Schwänzle pfeifa.«

Der treffende Vergleich

»O Hearle, halte's doch a weng,
I hätt a schöana Bitt,
O nemme's mer des Päckle Wäsch
Doch für mein Buaba mit,
Er ischt bei Ihna drüba iaz,
Sie wisses ja, Kapla,
I kan's selber bringa net,
Weil i net lofa ka!«

So sagt a Weible zu am Pfarr,
Dear grad vom Wirtshaus kommt,
Und deam a guats Glas ällweil schmeckt
Und wärle oh guat frommt;
Er hot a Bäuchle rund und dick,
Und ischt oh soscht brav fett,
Drbei a gmoiner, braver Hear,
Dear nia an Stolz hot ghätt.

Drom sagt'r oh zum Weible iaz
Ganz froidle: »O ja wohl,
Des tue ui earscht geara no,
Wann's soscht grad nex sei soll.
Uir Bua ischt brav und mir recht liab,
Drum kan'm wärle schoa,
Wann's mir a kloina Müah oh macht,
A Bisle z'Gfalla toa.«

Und weil dear Hear so froidle ischt,
Wurd keck mei Weible oh,
Hot ganz vertraule mit'm gredt,
Und frogt'n z'letzscht oh no:
»O Hearle, sages doch, warum
So feindle stark Sie sind,
Sia essa wohl recht viel und guat?
Wann is nor oh so könnt!«

»O«, sagt d's Hearle, »wärle noi,
Viel essa tua ne net,
Doch mit'm Trinka halt es wohl,
Und wann's m'r recht hot gschmeckt,
Und d' Köche frogt me: was m'r denn
No z'essa geba soll,
Do sage oft: ich brauch nex mea,
I bi a so schoa vol.«

»Do sind Sia ja«, sagt d's Weible drauf,
»Grad wia mei Säule sind,
Dia kriaga z'fressa oh ne viel,
Doch z'saufa, wann ses went;
I gib'ns freile oh recht guat,
Und spar koi Bisle net,
Drum sind sia aber wärle oh
Wie Sia so dick und fett.«

Michael Karl Wild

Friahleng

Sich, guck, wia isch der Friahleng schea,
Jatz weara d'Wiesa widder grea,
Ond d's Somfeld guck – des ischt a Pracht,
Daß Jedam d's Hearz em Leib dren lacht.

Voll Knepf send en da Gärta d'Bemm,
Der Wenter dear isch furt em Gremm,
Es grei't am wärle neama'ds noch,
Ma' hot lang gnuag huir ghet sei' Plog.

Drom isch iatz o jed's Wirmle froah,
Ond wo n ois kra'k ligt auf seim Schtroah,
Do sagt's: »Jatz isch dia Kelt doch furt.
Ka 'sei', daß widder besser wurd.«

Ond d'Lemmla guck – dia machat Schpreng
Ond d'Fresch' dia glotzat o net weng
Ond schtemmat scho' da Dudelsack,
Jatz got's bald a' nocht: Quoak ond Quak!

Der Fenk ond d'Drossel, moischt doch glei,
Sia weara zahlt fir d'Sengerei,
Ond was älls sonscht fir Vegl send,
Dia jubalira – 's nemmt koi End.

Ond d'Lerch, dia duat no älle ra!
Do guckscht, daß d'schier da Hals brichscht a,
Ond sichsch doch net, so hoach isch furt, –
Wann s' nor net gar no schwendleng wurd!

Ond o dia Emmla – sieh, guck na'! –
Wo nor a Beerbusch z'bliah n a'! –
fangt, somma s' gar vergnigt dra' rom,
Do kommt koi Trepfle Honeng om.

Der Bauer nemmt vergniagt sein Pfluag,
Der Schtetter loßt sei' Gschäft, sei' Buach,
Es will a jeder frischa Luft
Ond Sonnaschei' ond Bloamaduft.

So isch a Lewa iberall,
Ond ällas, ällas ohna Zahl,
Des dankt seim Gott ond isch beglickt,
Daß dear da Friahleng widder schickt.

Warneng

Willscht an Acker kofa,
Guck net nor an d' Gwand,
Gschob o weiter nei'
Noch am gwießa Schtand.

Willscht a Mädla freia,
Guck auf meaner, wann's
Di net ruia soll,
Gschob s' net nor beim Danz.

Kofsch der Gwand noch d'Äcker,
D's Mädle noch am Danz,
Gwieß bischt a'gfihrt halb,
Leicht ka's o sei' – ganz!

D'Maurer

Der Sepp hot d'Maurer auf'm Dach; –
Ma' woiß, wia d'Maurer send,
A Kell no noch'm Sechsaschlag,
Des hielta s' fir a Send.

Heit macha s' om halb sechsan iatz
Scho Feierobad gar.
»No – segt der Sepp – was isch denn heit? –
Des isch mer doch schier z'rar!«

»Send z'frieda, Sepp, heit dirscht's o's gar,
Do dob brennt d'Sonn gar na,
Was heit o's früher aufghäart hont,
Got's morga schpäter a'!«

Bauraweis'

Schtot d's Koara schea ond kriagt ma's guat,
Nocht blost der Bauer d' Backa n auf
Ond schtellt sein Huat
Ond prangt ond prahlt wohl iberlaut:
»Des Koara guck, wo n i hab baut!«

Fellt aber d'Ährat mager aus,
Nocht hängt er d'Schluap ond macht a
                              Gsicht:
»So hot 's halt gricht
Dear dob, was hilft do all mei' Fleiß!« – –
Ja, ja, so isch der Baura Weis'!

Auf Gott vertrau!

Schickt dir der Hemel Traurigkeit,
Schickt dir der Hemel Noat,
Auf Traurigkeit do reimt se Freid,
Auf d'Noat do reimt se Broat.

Dear ällas hot en seiner Huat,
Dem isch niamol nix z'viel,
Deam trau', dear macht no ällas guat
Ond fihrt's zom rechta Ziel!

D'Beicht

A Bettelweible kommt ällbot
Zom Pfarr an Beichtschtuahl na,
Ond hot doch nia nix extras ghet,
Was d's Gwissa n ihr ficht a.

Sia segt, so oft s' o komma mag,
Ällmol di alta Sach,
Wia jedes, wo aus seiner Beicht
Nor grad a Gwohnat macht.

Des fellt doch z'letscht em Pfarrer auf
Ond hot er's driber bredt,
Sia soll am saga, was ihr Beicht
Doch fir a n Ursach hätt?

Sia will net raus – er redt 'r zua,
Zletscht faßt sa se an Muat:
»O Herr, des Wei'le, wo er trenkt,
Des schmeckt halt gar so guat!«

MICHAEL KARL WILD

Der Kirchaschlof

Di fleißengschta isch en der Kirch,
Des muasch der Käther lossa,
Zwor schloft s' vom A'fang bis zom End
Ond schnarcht ganz o'verdrossa;

Ond ob a manchs o driber lacht,
No woisch, sia denkt halt eba:
Es ka's der Herr noch seiner Macht
Da Seina schlofad geba!

*

Bal trucka, bald naß,
Bald Earnscht ond bal Gschpaß,
Nor ällas zur Zeit,
Daß de 's net keit (reut)!

Gottfried Jakob

D's Vergessa

O du so segareichs, hoilsams Vergessa
Legscht de so mulle und lind um mein Hearz,
Bischt, wanns verspringt schier voar Jomer und
                              Schmearz,
Moos um an Schtamm, von da Würma verfressa!

Tuat mer oh d's Hearzloid oft Zähra n auspressa,
Milder wia Früahleswiid schmoichelscht: »Mir
                              ghöarts,
Daß e des Tob nemm und daß e zum Schearz
Tränabäch trucken hat Gott mir zuagmessa.«
Blieb awel liega in all deana Taga
Haufaweis Elend und Drangsal und Weah,
Des oim von Juged auf alles ischt gscheah',
Könnt man dia Massalascht nimme vertraga;
D' Seeal müßt verkomma, kääm nia meah in
                              d' Höah,
Wärscht du, o Wohltat, net, müaßt ma verzaga!

Verzag nor net

Ja jomer net, wann of der Welt
Koi n oi'zia Seeal die recht verschtoht,
Wann du alloi 'rumwandla muaßscht,
Wo awel ois mit'm andra goht!

An jedes Hälmle hängt se doch
A Tröpfle Tob als Pearle aa
Und jeder Vogel suacht an Busch,
Wo er sei Neschtle baua kaa;

Koi Fels ischt, deam net o a Wolk
Sei alts gro's Hira kussa tuat
Und jeder Fluß dear loft und suacht,
Bis er amol im Meer drin ruaht.

O hoff du nor! es kommt scho o
A liabs guats Wesa dir in Quer;
Es kommt ganz gwiiß und wanns earscht gar
No voar deim letschta Stündle wär.

Bevoars der nocht no d's Og zuadrückt,
Hots doch a Kränzle für de ghet,
Des legts mit Greina dir of d's Grab –
Es kommt ganz gwiiß, verzag nor net!

D's Gräble

Für d's Kindle hot ma d's letzschtmol gwacht;
Denn voar ma ses verseah,
Hot ma 'm im Gräble d's Bettle gmacht;
Sei Decke ischt der Schneea.

So weiß, wia dear, ischt d' Muater oh,
So bloich voar Gram und Schmearz;
Es liegt, wia of em Gräble do,
A Kreuz of ihrem Hearz.

Ihr oi'zes Kind, dia schöaschta Blüah
Am Bom von ihrer Liab,
Dia muaß dear kalte Eiswiid brüah,
Furt nimmts der Toad, dear Diab!

Doch tröaschta, Weib! wann o net hia,
Wurd in der andra Welt
Des Blüamle no viel schöaner blüah,
Wo gar koi Schneea meah fällt!

D'r Mo'

'S ischt liable, wann so sanft der Mo'
Vom silberg'schtickta Himelsthro
Sein milda Schtrahl
Schtill schickt ins Tal,
Wo alles schloft im Frieda;
Wann lind der Wiid voarüberschroift
Und Wella über d's Koara schloift,
Des d' Sonnagluat
In Gottes Huat
Em Baurafleiß hot bschieda.

D'r Hä-et

Zwua Wucha voar Johanne
Fangt moischt der Hä-et a';
D's ganz Dorf schwärmt do of d'Wiesa;
So weit s' nor lofa ka'.

Sobal der Tag nor a'bricht,
Do ruckt der Bauer aus;
Mit'm Knecht und kräftga Burschta
Verloßt er Hof und Haus.

'S sind lauter g'sunde G'schtalta;
Wohl brau' hat s' d'Sonn scho brennt;
Dia könna' ebbes leischta,
Des sichscht an ihra Händ'.

Wann s' hintranander mäha,
Herrgott, hot des an Schwu'g!
Wia dia im Takt 'rumziacha,
Hont s' anderwärts koin Fu'g.

D'Sonn' schpiagelt se in Pearla
Vom Tob und d'Seges blitzt,
Bis alles, Gras und Bluama,
In 'groihte Mahda sitzt. –

So oh'gfähr noch zwua Schtunda,
Do komma d'Mädla 'raus,
Mit'm Kretza of da Köpfa
Und drin da Mahderschmaus.

Mit'm Recha in der Linka
Und rechts oft no an Kruag,
Mit runda bloasa Ärma,
Roat Backa 'unterm Tuach. –

Sia schtellt ins Gras da Biarkruag,
Daß er bleit awel friesch;
Nocht trägt s' an Haufa Gras z'samm
Und macht do draus an Tiesch.

Sia broit't o drauf a Tüachle
Und legt da Eßzuig na',
Daß jeder von da Mahder
Dernoch glei langa ka'.

Drum 'rum legt s' jedem Mahder
D' blo Hemmed oder d'Jupp,
Und wia des alles g'richt't ischt,
Do schreit s' zur Mahdersupp. –

Was ischt wohl in der Schüssel,
Weil's alla so guat schmeckt? –
A foister Rumanum isch
Und gwiiß gnuag, daß o kleckt.

Manchmol git's z'earscht an Käs oh,
Drauf Küachla mit Kaffee;
Ma muaß an deam net schpara,
Des kommt oim rei am Hä. –

Jatz gschobet nor des Mädle,
Wia's d'Mahda broit't in d'Sonn'!
Rechts, links schlägt's mit em Recha;
Es ischt a wahra Wonn'.

Doch platzweis liegt vom Sega
Wahrhafte gar schier z'viel,
Drum tuat's da Recha umdreah
Und broit't nor mit em Schtiel.

Sia tummelt se gar woidle,
Daß d'Mahder fangt bald ei;
Drauf richt't s' ihr Gschirr no z'samma
Und recht a Weile 'rei.

Drum ischt sia oh scho ferte,
Wia dia aufhöara z'mäah. –
Drof gohnt sia mitanander
Und täat aweil verschtreah.

Sobald ma hoimkommt, wurd no
G'schwind d's Fuahrwerk z'sammag'raumt;
Wann d's Weter net sott halta,
Daß ma doch nix versaumt.

Und noch em Essa fahra
So Groaß wia Kloi in d's Hä.
D's Heutmörge wurd z'earscht g'wunda,
Denn des isch doch no zäh.

Doch aber des von geschtert,
Des schmeckt und duft't so fei;
Es wurd so wohl da Kindra,
Daß warkla glei drinnei.

Ma braucht nix meah drin z'schaffa,
Drum recht ma glei of d'Schloh;
Noch liegt's in langa Würschta,
Net z'weit und oh net z'gno.

Do fährt der Wag' derzwischa,
Der Bau'r und d'Magd schlägt 'nauf;
Hint noch recha dia andra:
So läd't ma d'Fuader auf.

Dia schtohnt scho o im Grüana
Im Hundert noch glei 'rum;
Denn sott groaß Wiesatäler
Findscht nearda um ed um!

A g'furmta Fuahr muaß weit sei
Und hint' und voarna drauß';
Wear's net a so ka richta,
Dean lacht ma bei o's aus.

A Knecht, wo recht ka lada,
Bild't se oh ebbes ei;
Er tuat se net weng schwenka
Und füahrt's mit Knalla 'ei. –

So goht's beim schöana Weter
Und alles ischt hellauf;
Doch däf ma net recht traua,
Nocht setzt ma d's obeds auf. –

So'st sicht ma of da Wiesa
Gar oft o arme Leut'
Mit'm langa Recha ega
No z'samm, was lega bleit. –

So ischt für reich und arem
Scho gsorgt vom liaba Gott
Und koiner wurd's vergessa,
Daß er o danka sott!? –

D'r earscht Schneea

Der Bauer hot am Obed schpät
So umanandr donnert:
Kotz Höllablitz ischt des a Kält
Daß gar koi Schtal koi Wärm meah hält!
Derzua im Tal und of der Höah
Liegt net a gozes Flöckle Schneea.
Und iatz earscht no dear eise Wed,
Was dear no bringt, mei hearzes Ked,
Des wurd ma enna weara!
Du liegscht im warma Federbett
Verschteckt bis über d' Oahra,
Doch was heut Nacht net zuadeckt wurd,

Ischt morga früah verfroara.
'S goht wieder an da Soota naus,
Dia schtohnt erbärmle nacket d'aus:
Mi daura nor die Sämla!

Und glei am andra Morga schreit
Sei Büable ganz verwundert:
Guck, Väterle, zum Fe'schter 'naus!
Es liega d' Fedra schuahhoch d'aus!
I brächts, wann is wott fassa ei,
In taused Zarcha gwiiß net 'nei.
Und awel schütta 's meahner 'ra,
Es giang net of a Wagablah
Von hunderdtaused Meter! –
Do liega d' Sämla freile guat
Und schlofa wohlgeborga
im schneeablüahweißa Federbett
Bis an da sella Morga.
Doch do drauf wett e ohne Gfohr:
Wann s' wieder aufschtohnt sinds im Hoor
Net nor a bißle fus're!

Kalupp

Nix im Trabb, nix im Trabb,
Alles im Kalupp, Kalupp!
Nix im Trabb, nix im Trabb,
Alles im Kalupp!

Wann 's net im Kalupp will ganga,
Muaß e noch der Goisel langa,
Nix im Trabb, nix im Trabb,
Alles im Kalupp.

Nix im Trabb, nix im Trabb,
Loß nor heut dei Goisel hanga,
An der Kirwe muaß scho ganga,
Nix im Trabb, nix im Trabb.

Nix im Trabb, nix im Trabb,
Guck nor, wia dia Mädla pranga!
Muaß glei noch der schöaschta langa.
Nix im Trabb, nix im Trabb.

Nix im Trabb, nix im Trabb,
I will noch der schöschta langa
Und will s' zu meim Schätzla fanga.
Nix im Trabb, nix im Trabb.

Nix im Trabb, nix im Trabb,
Schätzle, loß der nor net banga;
Bal wurd 's zu der Hochzet ganga.
Nix im Trabb, nix im Trabb.

Schelmaliadla

Dia Äpfel sind zeite,
Dia Zwetschga sind blo;
Wann d's Mädle nor reich ischt,
Nocht gschobt mas net gno.

I gib jedem Mädle
An Schmatzer of Prob
Und domit verdian i
Mir d's allergröaßscht Lob.

Im Tal liegt der Nebel,
Of'm Berg d'ob isch klor;
Was d'Leut vo mer saga,
Ischt net alles wohr.

Wann i amol heirig,
Des mach e glei aus:
Wann d's Weib net derhoimt ischt,
Bin i Herr vom Haus.

Was hilft a schö'r Apfel
Wo inna ischt faul?
Was hilft a schöas Mädle,
Wann's hot a loas' Maul?

So schtädtische Mädla,
Dia wära wohl recht;
Doch ka ma oft höara,
Ihr Farb ischt net ächt.

Drei Wucha voar Oschtra,
Do goht der Schneea weg,
Do heirigt mei Schätzle
Und ich hab an Dreck.

Schelmaliadla

Schimpfscht über dei oigne Leut,
Bischt net recht b'rich't;
Denn schneide mei Nasa ra',
Bschimpfe mei Gsicht.

GOTTFRIED JAKOB

I gib der a Schmätzerle,
Engele guck!
Und wann du's net geara hoscht,
Gisch wieder z'ruck.

Voarm Kussa, do nimm i mi
Schreckle in acht;
Mei Muater hot gsagt, daß des
Schecket oin macht.

Daß d's Kussa oin schecket macht,
Des ischt verdicht't;
Soscht hätta viel Mädla a
Ganz scheckets Gsicht.

Liadla

Des ganze Rias auf und a'
Git's frische Leut;
Sia hont of em Huat Schnalla,
Sind unterm Huat gscheit.

I hab zwor koin Baurahof,
Hab nor a Söld;
Doch an Schatz muaß e haba,
Wo alla Leut gfällt.

Michel Eberhardt

Rieser Heimat

Wo dr Hesselberg en ds weite,
Offe Land ragt, broit ond stolz,
Wo dr Rennweg still sei broite
Schloifa ziagt durch Busch ond Holz,
Wo vom Hahnakamm a Glänza
Kommt, vom Härtsfeld herbe Grüaß,
Do send oser Hoimat Grenza
Ond drenn denn ischt oser Rias.

Dörfer, wo fascht biblisch mahnat:
Tausad Johr send wiana Tag.
Leit, dia wo de z'tiafscht nei ahnat:
De'scht no alter Bauraschlag,
Kraftvoll irdisch, doch net wenger
Oh voll Gmüat ond Hearz ond Seel.
Grad wia ds Herrgotts Zoigefenger
Weist en d' Höah dr Daniel.

Aus am alta, tiafa Bronna
Strömt des lautre Hoimatguat,
Nia vrsiegt ond koim vrdronna,
Schaffts em Boda, wirkts em Bluat,
Mächte, trächte, allerwega,
Oigner Kraft ond Gott vrtraut,
Hondertmol als Vätersega
Scho de Kender d' Häuser baut. –

Hoimat! Herrlichs Wort ond Wesa!
Irdisch Kloid, mim ew'ga Som!
Jedem, wo scho von dr gwesa,
Stoscht em Wachsei' ond em Trom.
Bischt em Gröaschta, wia em Grengschta,
Wo se zua dr hält mit Fleiß,
Alle Tag a mächtes Pfengschta:
Gschenk ond Botschaft, Lob ond Preis.

Mei Kesseltal

Do wo ganz kloe des Bächle fliaßt
Vom hentra Wenkel raus,
Von jedr Höah a Dörfle grüaßt
En d' stilla Gegnd naus,
Wo wia a Trom dia Hölzer schtont
Beim letschta Obadschtrahl,
Des ischt mei liabes Hoematland,
Des ischt mei Kesseltal.

Wo d's groaße Leba schui ond leis
Gar schnell en d's Weite got,
Wo allweil noch dr alta Weis'
No d's alte Wesa schtod,
Wo alles friedle lebt mitnand
Ond gmüatle überall,
Des ischt mei liabes Hoematland,
Des ischt mei Kesseltal.

Holder und Hasel

A Häusle still ond nebadom,
A Haselheckle henta
Ond vorna wohl a Holderbom –
So möcht i's geara fenda.

A Mädle freile oh drzua,
A herzigs, doschats Mäusle,
Wo saga tät: »Jawohl, mei Bua,
Mir gfallts bei dir em Häusle!«

Moischt net, do wüßt i, was i tät,
Wann do so noch dr Erat
An oserm Haselheckle stät
Dia Nüßla zeite wärat?

Do sääg i zua'r: »Iatz richt mr's na.
So paßt mei Pla', so stemmt'r.
Paß auf, iatz meld mr d' Hoagsat a',
Beim Pfarr' ond bei de Ämter.

So schöa, wia ietz gots net glei naus,
Daß alle Glöckla leitat.
Weil reife Haselnuß beim Haus
Doch Glück für os bedeitat.

Ja, Glück für Leib ond Seel ond Gmüat,
Für Käschta, Tisch ond Häfa. –
Wann ds Jährle drauf dr Holder blüaht,
Moischt net, do könnt ma täfa.«

MICHEL EBERHARDT

Urrechte

Isch, was i will, denn o'botmäße
Ond ischt des schliaßle z' viel begehrt?
A jeder Has possiert sei Häse
Ond hot sei Kurzweil, wia se's g'hört.

A jeder Tauber lockt seim Täuble,
Jeds Moisamänndle suacht sei Mois,
A jeder Igelma' sei Weible,
A jeder Goißbock kriagt sei Goiß.

A jeder Fenk hupft om sei Fenke,
An jeda Ochsa plangts noch dr Kuah.
Drom, noch'm alta Urrecht, denke,
Stot mir doch oh a Eva zua.

Bauernregeln im Frühling

Auf dia Sächla ka ma ganga
Ond do mach na gar nix vür.
Kommts diamol a bisle anderscht,
Mei, nocht liegt des net an mir. –

D'Märzanebel muaß ma gfohra,
Ärger wia dr Ga'sbua d'Schläg,
Denn es kommt dr jed als Weter
Widder zruck noch hondert Täg.

Wia am Josefstag dr Hamel
Grast sei Zuig scho redle zamm,
So nährt Ambros guat ond geara
Oh scho ds Muaterschof mim Lamm.

Aber, des kascht oh glei merka:
Was scho wachst vor Jürgatag,
Hot koin Weart, des däscht mr globa,
Weil's dr doch nix nutza mag.

Ja, do wärs am allerbeschta,
Näamscht da schwerschta Schlägel glei
Ond schlüagsch widder ällsaganza
Nomol en da Boda nei.

Meld a Stier-Nui dr Kalender,
Nocht, ui Baura, machat ds Kreiz,
Denn des git an magra Früahle
Ond wia's hoilloas ischt, so bleits.

Tua vor'm Hiobstag, i bitt di,
Ja koi Earbirr naus auf's Feld,
Soscht ischt auf da Herbscht dei Keler
Kloi beinand ond mager gstellt.

Dei Gugommra, loß dr rota,
Denn es hot sein bsondra Grond,
Sollscht am olfta Moi nor lega,
Do nor en dr olfta Stond.

Ond, bal hätt i's ganz vrgessa,
Steck am Ratzatag koi Kraut,
Denn des wurad lauter »Narra«,
Liaber hättscht glei gar koi's baut. –

Auf die Sächla däf ma ganga,
Ja, do mach na gar nix vür.
Kommts diamol a bisle anderscht,
Mei, nocht liegt des net an mir.

MICHEL EBERHARDT

Komm, ons gont en Bodabeerla

Komm ons gont en Bodabeerla,
Mädla, nemm dei Körble mit!
O wia isch em Holz so luschte,
Wann's dia roate Beerla git!

Wear me miad, no hock me zwandr
Ontrn greana Buscha na,
Essat Beerla schea mitnandr
Ond koan Menscha got's nix a.

Schliaßle trau mr ebbas woga,
Wann's em ganza Holz so schtill;
Ja i glob, haet ka de froga,
Was de lang scho froga will.

Moesch, des konnt ons net verlocka
Zo am süaßa Kuß am End? –
Bodabeerla muaß ma brocka
En dear Zeit, wo's zeite send.

Bauernsorgen im Heuet

Mei, isch dr des a Gfrettle.
Do tuascht ond machscht dr Plä.
Huir hots os am Krawättle,
Mit oserm liaba Hä.

Do tuat ma schlechte Rucker,
Wann d' moischt, iatz brächscht ois rei,
Kommt nomol so a Schucker
Ond woicht's dr nomol ei'.

Huir däscht oifach net traua,
Denn huir isch net, wia veard.
Iatz isch scho drenn em Saua,
Iatz wartscht, bis widder weard!

So ka's oim ds Gschäft vrsaura
Ond ma begreifts am End,
Warom diamol os Baura
So kähl ond o'guat send.

Ein Abend

Ond leiser weards en Dorf ond Flur
Ond ds Täle na-wat-na.
Dr Tag spannt aus seir letschta Fuhr
Ond hockt zom Obad na.

Sia ruckat zamm ond gent se d'Händ,
Als zwea, dia se vrstont,
Dia was se went ond was se send,
So ganz begriffa hont.

Es schleicht dr Nebel ond dr To'
Auf groaße, feichte Schuah.
Ond überm Holz dr Sichelmo'
Guckt bloich ond kränklat zua. –

Em Dorf hont heut zwoi Hoagsat gmacht
Ond haltat wohl ganz gwieß
Mitnander en dr easchta Nacht
Ihr Haus für ds Paradies.

Doch neberm Glück do stolpert d'Noat:
Em Hof, do drüb am Feld,
Do wart' a Alter auf da Toad –
Des ischt dr Lof dr Welt . . .

Später Sommerabend

Dr Obad sagt zom langa Tag:
Komm, du böaser Bua,
Iatz goscht hoim, es sei, wia's mag,
Iatz hoscht gläfelt gmua. –

Nix meah iatz! Was wär denn des?
Hoscht dei Sach net g'het?
Schick di, komm, tua ra dei Häs
Ond nocht marsch en ds Bett!

Reichle spät gmua bischt scho dra';
Schlof ond deck di zua.
D'Muater zend glei d' Liachter a',
Will vor dir ihr Ruah.

Herbstzeitlose

Wo hot ds Bleamle, blaß ond schmächte,
Wohl sei lommres Häs vrdliah?
Aus dr Zeit, ganz übernächte,
Ohne Hoffnong ischt sei Blüah.

Neama will's en ds Sträußle brocka,
Neama hot dra d' Fräd ond lacht.
So wia's aufblüaht, loßt ma's hocka,
Darba, kemmra, Tag ond Nacht.

Oh dr Scheck macht koi Gedanka
Ond koi Maul drwega krom,
Tuat, als stäands net do am Ranka,
Guckt' net a' ond grast drom nom.

Ohne Zeit, ond doch isch gmessa,
Koi Minut got drüber naus.
Denn dr Herbscht weards net vrgessa,
Vor er ei'packt, löscht'rs aus.

Der erste Reif

Ja, guck doch na, was ischt denn heit?
Do hoff no wonderwas!
Wia ka's denn sei', du liaba Zeit:
A Reifle hockt em Gras!

Woiß Gott, es hot ehm neama gschria
Ond kois ds Vrlanga g'het.
Sott Gäscht, dia kommat allweil z' früah
Ond ohne daß ma's lädt.

Wohl hots eascht ds Land a weng vrschreckt,
Bis iatz tuats no net weah,
Wann d' Sonn a Viertelstond dra schleckt,
Nocht moischt, es sei nix gscheah.

Ond doch gots langsam »hott vom Pfohl«,
Dr gröaschte Muat ischt küahlt.
Es hot dr Herbscht zom easchtamol
Em Johr auf ds Tischtuach trialt.

MICHEL EBERHARDT

Einsame Stunde

Sei still, ma soll net reda
An deam vrschwiegna Oart.
Denn Stillsei' hoißt do beta,
Ja, beta ohne Woart.

Des send dia bsondre Stonda,
Sia send so klemm ond rar.
Ond hoscht a sotta gfonda.
So b'halt'rs ganz ond gar.

Dia sollscht mit neama toila,
Denn es isch gwieß ond wohr:
A sotta Stond ka hoila
Dei Noat vom ganza Johr.

Advent

Am jeda Rauhreifstauda hangt a Fonka,
En jeda Kammer gibt dia Zeit an Schei'.
Denn iatz hot d' Eard vom Hemelsbronna tronka
Ond fällt en lauter leise Wonder nei.

Merk auf, nocht muascht du's en dir selber höara,
Was oser Herrgott en dear Zeit vrschenkt.
Er moit halt allweil no, dia Welt soll weara,
So wia se's er seit allem A'fang denkt.

Neige

Alle Vögel send vrzoga,
Alle Düftla send vrfloga,
Alle Blätla send vrpfludert,
Alle Gräsla send vrschudert,
Alle Blüahla send vrfroara,
Alle Holzschleah zeite woara.
Zähla kascht no d' Sonnastendla,
O'guat wearad alle Wendla,
Alle Liadla leis ond leiser,
D' Schneagä's plärrat hoach ond heiser,
Alle O'muaß got zor Ruah
Ond dr Herbscht macht d' Läda zua.

Aller Weisheit letzter Schluß

Loß dei Gezappel, dei Geschwanzel,
Dei bsondre Weg; du lofscht nix rei'.
Denn zletscht weard oh dr O'muaßhansel
Net weiter, wia dr Lamasch sei'.

Was kascht von deara Welt scho erba,
Wann d' no so schmoichelscht, no so rennsch'? –
Di roichts zom Leba ond zom Sterba,
Ond weiter net. So globs doch, Mensch!

Entfremdete Stille

Vrbei send für os Menscha heit
Dia alte, fromme Zeita.
Was os net laut en d' Oahra schreit,
des kömmer se net deita.

Wo d'Gscheitheit lärmt, do ziagts os na,
Do schrei mr alles z'schanda.
Doch rührt os ebbas Hoiles a',
So kömmer's net vrstanda.

Alle Wege führen heim

Wohin wir gehen? – Immer nach Hause.
Novalis

Dia Weg, wo's git, wear möcht se zähla?
Scho vor ma a'fangt, hätt ma gmua.
Doch merk dean Troascht: Net oin ka'scht fehla,
Denn alle gont's dr Hoimat zua.

Heinrich Unsin

Schuelprüfung

In Haselbach, deam kloina Nest,
Da ischt amaul Schuelprüfing g'west.
Und d'r Inschpekt'r hi' und her
Hat Frauga g'schtellt, scho' fürchtig schwer.
Z'letzscht kommt 'r no', – o mei', o mei',
Auf's Reima', – wia ka' dear so sei'?
»Du Jack'l, mit dei'm dicka Grind,
Steh' auf, und sag' einmal geschwind:
Was reimt sich auf das Wörtchen: Tor?«
Da sagt sei' Nauchb'r eahm ins Ohr:
»Der Herr Inschpekt'r isch a' Schauf!«

»Nichts einsagen! *Er kommt schon selber
drauf.*«

's reinlich' Büable

»Ihr Kind'r«, hat d'r Leahrer g'sait,
»Laßt Hund' und Katza gau'!
Ma' haut scho' g'seah', daß Kinderla'
Si's G'sicht hant schlecka lau'.

Da käm' gar oft a' Krankh'et raus,
Wia müaßtet iahr dös büaßa:
Iahr läget wuchalang im Bött
Und könntet sterba' müaßa!«

A Büable in der letzschta' Bank,
Des schüttelt's Lockaköpfle.
»Wie«, sait d'r Leahrer, »glaubst du's net? –
Na' wart', i' komm' dir, Tröpfle!«

»Noi, noi, Herr Leahr', 's isch' it so arg,
Mi' hant viel' Hund' a'g'schleckat.«
»Und, – « fraugt d'r Leahrer, »hat's was g'macht?«
»Jawohl, – *drui* send *verreckat*.«

a' guat'r Raut

D'r Mich'l jaumrat Tag und Nacht;
Sei' beas'r Zah' eahm z' schaffa macht.
Scho oft isch' ear zum Bad'r 'num
Und jed's maul kehrt 'r wieder um,
Denn siehgt er d' Zanga', wirds eahm schwach,
Dös Reißa' isch halt so a' Sach'!
Da sait sei' Spezi: »Sakradi,
Mach's doch akk'rat a' so wia 'i:
An letzschta' Waga' von d'r Bah'
Dau bind'scht 'n an da' Puff'r na',
Dampft nau' d'r Zug zum Bah'hof 'naus,
Nau isch' dös Luad'r glei' heraus.«

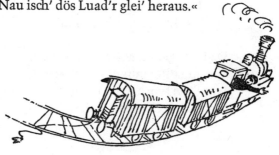

Am andra' Morga' – 's dämmrat no'
Isch' Mich'l scho' of der Statio'
Und bindet dau sei'n beasa' Zah'
Am End' vom Zug an d' Puff'r na'.
Wia's nausgeht na' im schnellsta Saus
Muaß Mich'l laufa, 's isch' a' Graus.
Auf oimal haut's 'n nei' in' Dreck –
Vom Waga isch' d'r Puff'r weg! –
Dagega haut dear guete Ma'
Im Maul drin no' sein' beasa' Zah'.

Die earſcht' Eiſe'bah'fahrt

A Büable mit d'r Muad'r fahrt
Dös erschtmaul Eise'bah',
Daß dös so fei' gaut und so lind,
Es gar net fassa' ka'.

»Ja, Muad'r«, sait's, »ah, dös gaut schnell,
Viel g'schneller als bei'r Kuah,
Dau kommet mir of Augschburg nei'
Scho' zeitig in der Fruah!«

»Gell«, sait da d' Muad'r, »gell, da schpitzscht d',
Dös macht mei'm Büable Spaß,
Jetz' g'schtell' d'r vür, wia schnell dös gauht
Earscht in der *zwoita Klass'*!«

Zur Hoachzet

Jetzt hant 'r Uire guld'ne Ring',
Teand's au' fei' eahrli trage',
Denn's Heurega' isch' a' oig'nes Ding,
Dös ka' i' Ui' scho' saga!

Die schönscht' Zeit, wisset, isch' vorbei,
Denn d' Juaged kommt it wied'r;
Do' braucht d'r Ma' it grantig sei',
Wenn's Wei' amal kommt nied'r.

Dös isch' halt in d'r Eah' so g'macht,
Z'earscht muaßt dir's überleaga',
Aus zwoi Leut' werden 's manchmal acht,
Ma' hoißt's: da' Kind'rseaga.

Und wenn 'r kommt, – Kreuzsakradi'!
Mit Stucka drui bis viara,
Und wenn's so schea' sind, als wie i',
Nau' ka' i' gratalieara!

D'r Pantofflheld

A fürchtig's Leaba hat d'r Klaus,
Schier bringt's eahn ausanand',
Es isch' a' Kreuz, wenn's Wei' im Haus
As Heft hat in d'r Hand!

Da gibt' halt all' Täg' Schimpf und Krach,
Sie pfurrt im Häusle 'rum
Als wia a' losgelass'ner Drach' –
Bua, mir wär dös fei' z' dumm!

Denn jeda Arbet, die si' g'hört
Für's Wei', muß tua' d'r Klaus,
Daß dear si' oi'mal hätt' beschwert,
Dös gibt's net, da wär's aus.

»Jetz' hock' di' na' und flick' mer glei'
Dös Loch dau in deam Kloid,
Und Wass'r gompscht in d' Kanta nei',
Und nau' schaust nach'm Troid'!

Und di' kloi' Nand'l legscht in's Bad,
Verschtanda! – Baß' mer auf!« –
D'r Klaus, dear isch' ganz mäuslestad'
Und sait zum Wei' na' drauf:

»Jawohl, i' mach' dei' Arbet all',
I' greif' ja üb'rall zu,
I' putz' Dir d' Stub' und b'sorg da' Stall,
Blos 's Wuchabött – b'sorgscht Du!«

Adam Rauh

»O Leut', dees Leba heutzutag
Isch' net grad, wia ma's gera mag!
Koi' Wunder, wenn's oim drum passiert,
Daß ma' a bisle grätig wird.
Mit Steura und mit andre Sacha
Vergoht oim so scho' ganz dees Lacha;
Und glücklich isch' doch dear nor dra',
Dear wo recht herzhaft lacha ka'.
D's bescht' Mittel gega Grantigkeit
Dees isch' die oigna Jugendzeit...«.

Schlechte Schrift

Der Toni bringt sei' Aufsatzheft
Em Lehrer 'naus ans Pult.
»Was willsch' du denn, du dommer Bua?«
Schreit der voll U'geduld.

»Sie hont beim letztschta Aufsatz mir
Was g'schrieba drunter na'.
Jatz möcht' i' wissa, wia dees hoißt,
Weil i's net lesa ka'.«

Der Lehrer sagt: »So gib halt her!«
Und hot si' hoimlich gift':
»Jatz wenn ma' dees net lesa ka'!
Dees hoißt doch: – Schlechte Schrift!«

Der g'scheide Rechner

Em Wirt sei'm kloina Hansel,
Deam fallt halt d's Rechna schwer.
Und vollends gar beim Neuner
Do woiß er gar nix mehr.

Do endlich sagt der Lehrer:
»Auf deiner Kegelbah'
Dahoim do sind neun Kegel.
Jatz fangt ma' d's Kegla a'.

Wenn ma' iatz achte wegscheibt,
Was bleibt no' übrig, Hans?«
»Dees woiß i' scho', Herr Lehrer;
Dees hoiß ma' no' an ›Kranz‹«.

Das Hauptwort

Am Tisch beim Ofa sitzt der Lenz
Und hot sei' Aufgab g'macht.
Auf oimal schreit er von sei'm Sitz:
»Du, Muatter, do gib acht:

Gell ›Vater‹ isch' a Hauptwort, gell?«
So frogt er voller Eil'.
Sei' Muatter dreht si' 'rum und schaut
Und b'sennt si' z'erscht a Weil.

No endlich aber platzt sie 'raus:
»Jatz, Lenzl, höar auf mi'!
A Hauptwort isch' der Vater scho';
Doch d' Hauptperson bin i'!«

Der nützliche Onkel

»O, Onkele, di' mag i gera!«
Sagt die kloi' Annalies,
»I' möcht', du kämescht jeda Woch',
So mag i' di'. Ganz g'wiß!«

»Wia kommt's«, sagt dear, »daß meine Maus
Mich gar so innig liebt?«
»Ja weil's, wenn uns der Onkel b'suacht,
Was Guats zum Essa gibt.«

Bruderliebe

Der Seppl fallt ins Wasser nei'.
Dees Bürschle friart's net schlecht.
Der Vater schreit: »Jatz, marsch ins Bett!
Bisch' warm, verhau di' recht!«

Sei' Bruader Max hört dees mit a',
Von Mitleid gar koi' Spur.
Er hockt si' in a Eckele
Und schaut nor nach der Uhr.

Und wia a Stündle isch' vorbei,
Zupft er des Vaters Arm:
»Du, Vaterle, guck nach'm Sepp;
I 'moin, iatz isch' er warm!«

ADAM RAUH

Der Wettstreit

Fritz und Franz, zwoi böase Buaba,
Nimmt amol der Vater voar
Und er klopft zuerscht da Fritzle
G'hörig mit 'em spanisch' Roahr.

Und dees Fritzle, wia es fertig,
Hot no' g'schriea mächtig laut;
Denn der Vater, der hot tüchtig
Auf des Buaba Oschtfront g'haut.

»Plärr' net so, du dummer Zipfel!«
Ruaft der Franzl ganz empört,
»Weil ma' vor dei'm Mordsspektakel
Mi' sonscht nimmer schreia höart!«

Vaters Aufsatz

Der Vater bei sei'm Büable sitzt
Am Schreibtisch dranna und hot g'schwitzt:
Er hilft ihm grad beim Aufsatzmacha.
Und endlich isch' dees Ziel erreicht.
'Em Vater wird's ums Herz ganz leicht.
Drum sagt er iatz zum Bua mit Lacha:

»So Hans, mei' Aufsatz, der isch fei'!
Jatz schreib ihn nor recht sauber ei',
Dann ka's dir nimmer fehla.
Da kriagsch' ganz g'wiß dann für mei' Werk
An ausgezoichneta Vermerk.
Da drauf ka'sch sicher zähla!«

Und endlich kommt der Aufsatz 'raus.
Dees Hänsle schleicht betrüabt nachhaus.
Er sagt: »O Vater, hilf mir nimmer!
Schau her! Dear Aufsatz, dear von dir,
Der tragt die Note fünf auf vier
Und als Vermerk: »Wird immer dümmer!«

Wilhelm Wörle

Augsburg im Mondschein

Schneckagiebl, Bogafeaschter,
Zwiebltüra grau ond glatt
ond d'r Perlach stat as scheaschter
z'mittlescht in d'r donkla Stadt.

Alte Denkmaul, scheane Brünna
standat goischterhaft im Mau.
Gmaulate Augsburgerinna
ka'scht an Gsims ond Örker hau.

's Maule lachat über Döcher,
weil am 's Rauthaus gar so gföllt.
Weag ond Kuppla werrad flöcher,
wenn a Stearabutza föllt.

In de Straußa ischt a Rauscha,
wenn a Bronna Wasser speit.
In de Höf a hoiles Flauscha,
wenn's im Wendle Blüata schneit.

An de Töar ond Sieba Lädla
standat Gstalta uff d'r Wacht,
saagat zon de Welsermädla:
»Geand uff's gulde Herzle Acht!«

Bloß d'r Stoinig Ma im Graaba
no' koin' Schlauf it finda will.
Om sei' Näs rom tanzat d' Schaaba
ond am Oirmarkt singt a Grill.

WILHELM WÖRLE

Der Augsburger

I wüßt koi Stadt von Rom bis Kiel,
dia miar so guat wia Augsburg gfiel.
Es will mir it in 'sHiara nei:
Wia ka ma it von Augsburg sei'!

A Mensch, wau hald von Augsburg ischt,
hat wohl da böschta Toil vrtwischt:
Hoißt man an Datschi oder Schwaub,
nau gstöllt d'r Augsburger se taub.

Ear hat sein' oigna Tiesch, baut Lauch
ond schämt se an d'r Schwaubasprauch;
a Bayer z'sei', dös föllt am schwer:
Ear ischt hald bloß a Augsburger.

Ond wärescht Gott im Glorienschei,
a Fremder ischt von dussa 'rei'!
Vom Augsburger wed allz vrdammt,
was it, wia ear, von Augsburg stammt.

Augsburger Mädchen

Hoahe Häuser, scheane Bronna,
saubre Mädla hamer au'!
Ja, dös Augsburg ischt a Plätzle,
alles Liabs ond Guats ischt dau.
Augsburgs Mädla hant an Voarzug
ond a Lob seit alter Zeit.
's hat scho' mancher Fürschta-sprößling
so a Datschi-scheaheit gfreit.

Denk' an Baaders-tochter Agnes,
Philippine Welserin!
Mei', so saubre Mädla hamer
buschla-weis no' z' Augsburg 'hinn.
Roate Bäckla, blaue Auga,
blonde Zöpf ond graade Füaß,
Locka-köpf in alle Farba,
s' Mäule roat ond hoanig-süaß.

Briesla, Rieschla an de Kloidla
all dia frische Jongfra ziart;
glockat, dockat, wuschper, knuschper,
rögig, mögig, wenn's pressiart.
Uff am Koopf a Gupfahüatle,
roate Schnüar, an Klootza dra',
duftig, luftig, schnuckrig, zuckrig. – –
Wöller Bua bieß' dau it a'?

Iahra Gang ischt Lechwell-wiaga,
Röd' ond Lacha Amsl-gsang,
iahra Blick wia Sonna-blinka,
's gold-treu Herz a guater Fang.
Sauber, sauber sind dia Mädla,
rädla-flinke, liabe Ding.
Husch'se! Hascht se? Gschaub se, fraug'se,
fang' d'r soo an Schmetterling!

Hascht oi's gfanga soo a Täuble,
wia ma' s' trifft uff Tritt ond Schritt,
kriagscht in 's Haus a herzigs Weible,
's ruit di' deiner Lebtaa' it.
Augsburgs Mädla sind so liable,
doschig, boschig, stramm ringsom.
scheaner wesch' du neanads finda.
suachscht in sieba Länder rom.

WILHELM WÖRLE

Schwäbischa Gögad

Allaweil bergauf ond -aa'
schwanzlat d' Strauß dur d' Koara-felder,
steigt am Hang in Tanna-wälder
ond füahrt drüber duß mea raa'.
Hoah ond eng stat Baum an Baum
uff de feld-dursötzte Bückl,
stoaß in Böga ond in Zwickl
fürre bis an Wiesa-saum.

D' Äcker sind am Täle zua
fuirig von de Schnöll-bloam-köpfla;
zwischa Gstäud ond Birka-schöpfla
standat d' Wiesa in d'r Blua.
In oi'm Täle tobt d'r Fluß,
im a andra rauschat 's Bächle;
's ischt a oiges, herzigs Sächle,
wenn ma's silbre sieht im Schuß.

In de Täler z'naa ond z' naa,
an de Bergla hean ond deana
standat still ond nett wia neana
Dörfer in d'r Roiha naa.
Baura wuahlat Taag für Taag
rom im letta-gmischta Booda,
schaffat 's Broat, da flächsna Looda
ond de roate Klea im Schlaag.

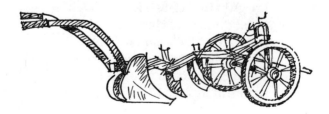

Schmaal sind d' Äcker, grea d'r Loah,
schweigsam d' Leut, wau dinna schreitat;
aber mächtig drüber gweitat,
stat d'r Heml blau ond hoah.
I ghöar au nei' in dös Zuig,
wia d'r Berg, d'r Baach ond Daxa.
Us sei'm Booda bin i gwachsa,
wia d'r Graashalm, d' Ähr ond d' Fluig.

Schtaudagögad

Hean a Bergale, dean a Bergale
mit ma Hölzle auf am Kopf;
links a Büggale, rechts a Büggale
mit ma grüana Birkaschopf.

Vorn a Tännale, hint a Förrale
üb'r Sand und Ries'lschtoi;
dau a Schtäudale, döt a Schtäudale
neaba Roasabüsch am Roi.

Dau a Zwickale, döt a Winkale
mit ma Lerchle in d'r Höah;
dau a Zipfale, döt a Flügale
volla Bluah vom Doaraschleah.

Grad a Äggerle, zwers a Äggerle,
zwischadinn a grüana Schlau;
hean a Weagale, dean a Weagale
lauft am Wiesatäle nau.

Dau a Brünnale, döt a Gräbale,
in d'r Mitt d'r klaure Bach;
dau a Wässerle, döt a Weiherle
und im Dorf dinn Krotalach.

Hint a Schtädale, voarn a Gärtale,
Sonnabloama voar am Haus;
us de glöckala-ziarte Feascht'rla
guggat saubre Mädla raus.

Dob a Käppale, dund a Türale
von deam hell a Glöckle klingt,
wenn 's blaß Sonnale hintram Bergale
müade Händ Feiraubad bringt.

Wiesatal

O, Wiesatal, im Sonnaglanz,
im Gold von Früahlingsblüata,
di' ka koi guldner Schtrahlakranz
an Schöaheit üb'rbiata.

's ganz Täle scheint und glitzt in Gold,
oi Mör von guldne Tröpfla;
es leuchtet gar so moiahold
de gelbe Bloamaköpfla.

De himmlisch Frau schwebt drüb'r hear
von Engala begloitat,
dia hand gwiß üb'rs Täle quear
Mariens Mant'l broitat.

Koi Dicht'r ka dia Herrlichkeit
vom Früahling recht beschreiba
und all'r Maul'r G'schicklichkeit
muaß weit dauhinda bleiba.

O, hätt ia doch a oizigs Woat,
da Früahling zom besinga,
dös müßt dur 's gulde Aubadroat
in alle Himm'l dringa!

I sängat in de höachschte Töa
d'r liaba Frau 's Gedichtle:
Mei Täle ischt so früahlingsschöa,
wia dei jungfräules G'sichtle!

Muattersprauch

Was d' Muattersprauch wohl sei' ma'?
A Roas in Sonn' ond Tau,
A Vögale im Singa,
A Silberglock im Klinga,
A Brünnale im Springa,
A Herz vol Liab ond Zwinga.
Komm', Schätzle, schwäble au'!

Das Herz

I bi so müad, mir isch so weah
Wia Bleamla ontram Mörzaschnea.
Mir isch im Herz so trüab ond kalt
Wia im v'rschniebna Tannawald.

's Herz macht koin Hupf, es gat so fei',
As stöll's no heut' sei' Klopfa ei'
Ond läg nau bis zom Aubadroat
Scho uff am Schraaga still ond toat.

I will's no voar spaziara traa
In Sonn ond Luft am Bächle naa:
Am End wed's nau im greana Grond
Bei Bloam ond Falter wieder g'sond.

O, Herz, sei o'bekümmrat drom,
Hascht du au z' mittlascht dur an Sprong;
Schlaag wieder frisch, klopf it so bang:
V'rsprongne Häfa höbat lang.

's Schätzle

O, wenn i it mei Schätzle hätt',
Wia blend tät i do hause.
Für mi wär 's Leaba it so nett,
I tät ganz gwieß vrlausa.

Mei Schätzle macht miar 's Hoim zur
                                      Welt,
Bringt 's Blättle früah am Morga,
Hockt wia a Bruatl uff am Geld
Ond tuat für alles sorga.

I hau mei Freid am lieba Schatz,
Beim A'blick 's hell Vergnüaga;
Ear ischt mei Kätzles-Spätzles-Fratz,
I ko't koin' bössra kriega.

Muatt'rs Leahr

Mädle, gang, laß d'r s' sa',
sei of d'r Huat!
Buaba, dia moinat's it
gar a so guat.

Schillat und blinzlat zon
    diar oin'r rom,
gang du dein grada Weag
    und gugg it om.

Lachat om Beatläutzeit
    di' oin'r a,
mach a recht grimmigs G'sicht
    an da Kerl na.

Will diar nau gar a Bua
    Busserla gea,
schpei am glei nei in Gosch –
    od'r no meah.

G'schtat diar a saubrer Buscht,
    daß ear di ma';
sag eahm glei', daß ear di'
    maschlecka ka.

Mädle, gugg, so hau 's i
mein'r Zeit g'macht –
's Mädle hat 's Köpfle dreht
und g'radnaus g'lacht.

D' Aufheit'rung

Koi Vog'l ma' singa, koi Sonn ischt it dau
Und doba am Himm'l gand d'Wolka ganz grau.
Scho tägweis tuats tröpfla und rauscha ums Haus,
I gugg scho ganz grätig beim Feaschterle naus.

Jöd's Blättle am Zweigle hat jatz grad sei Plaug
Es glitzt jödam Blüamle a Zährle im Aug
Und bobbalat hell am a andara nau.
Wenn's länger so fut tuat, nau hein i bald au.

Dau gaut voar am Feascht'r mei Schatzale vür,
Miar isch grad, als ob i a Aufheitrung gschpür.
I sieh scho voar Freida da Himm'l ganz blau
Und d'Sonna im Herzle ischt au wied'r dau.

Hoimliche Liab

Doba am Himm'l
am höachschta Rand
schtandat zwea Schteara
näh beianand.

Bald glitzat's hell'r
nau wied'r trüab;
gwiß hand se boide
von Herza liab.

Dear dau ischt's Mädle
Dear dau iahr Bua,
lachat und blinzglat
schtill anand zua.

Kommat it zäma,
s'wär doch it schöa;
kois ka am andra
Busserla gea.

Mädla, wia ham'rs?
s'Göschle schöa gschpitzt!
Was helfat d'Wöat'le,
wenn mas it nützt!

Mei Freid

Mi freiat d'Hagamoisa,
gand se au kloi und schtill,
wenn iahra g'schäftigs Roisa
koi End meah nema will.

Mi freit a schöa grüas Miasle,
dös an d'r Baumrind schlauft;
a guldes Käaf'rfüaßle,
Dös eilig drüb'r lauft.

Mi freit a Vög'lg'sängle,
dös Gott laut preisa will,
so guat wia voar am Gängle
s'Gezirp d'r schwa'za Grill.

Mi freiat d'Läus und d'Wanza,
de haurig Raup am Blatt,
wia's luschtig Muggatanza,
wenn d'Sonn am Himm'l schtat.

Mi freiat d'Spinnagaukla,
s'Heischniggale, wenn's hupft,
au Hoaraschloat'rs Haukla
und was im Gras v'rschlupft.

I frei mi hald am Oina
Dös se ganz kloi v'rbirgt;
denn Gott hat ja im Kloina
de gröaschte Wond'r g'wirkt.

Böttscheiß'r
(Löwenzahn)

Du, doschigs Blüamele auf die Moiawiesa
Brennscht wia a Schtearale im frischa Grüa;
Als Milldischt'l bischt du ja b'sond'rs priesa,
Böttscheiß'r ab'r klingt hald gar it schöa.

Dei Nama, Blüamle, derf die it v'rdriaßa,
Dean hand diar d'Mädla weags die Mausa gea;
Sie kommat, seahnd s' die guldne Knöpfla schiaßa
Und brockat ganze Händvoll, wenn it meah,

Und machat Häppa, Köttala und Ringla,
Armroif und Buddung von die Bluamaschtiel;
Aus deine Schteara mit die guldne Zingla

Dau machat s' Kränz in iahre blonde Schöpfla
Und dreihat si im Ring'lroihagschpiel,
Daß d'Füaß nausfliagat, d'Röck und d'Zöpfla.

's Chrischtkindle

Fränzle, hascht iatz au scho nauchdenkt,
Was du huir deim Bruad'r schenkscht?
Dös dät eahn doch fürchtig freia,
Wenn am Chrischtfescht an eahn denkscht.

Onk'l, noi, i woiß no ita,
Wia dös s'Chrischtkindle huir füagt;
Vorigs Jauhr am heil'ga Aubed,
Hat ear von miar d'Masra kriagt.

Dös g'höart d'rzua

Beim Schtoff'ljörg ischt d'r Notar
Und schreibt ma Töschtament;
D'r Schtoff'ljörg geut a im Bött
Wia's doilt weat nauch seim End.

D'r Schtoff'ljörg butzt 's Brillaglas
Und schreibt sein Nama na;
Nau fraugat ear da Herr Notar
Ob ear iatz aufschtau ka'.

D'r Herr Notar, dear wundrat si'
Und sät: »Warum denn nött;
Doch moin i hald, Sie sind schwer kra'k,
So'scht wäran S' it im Bött.«

»Was? – I soll kra'k sei?« sät d'r Jörg.
»I bi no 's gsündescht Leut.
Hau gmoit, daß 's Töschtament bloß gilt,
Wenn ma im Bött dinn leut!«

Schnea

Ischt a Schäf'r schtill ausg'fahra
us am Pförch in 's weite Land.
Wau dia Schaifla woida gand,
liegat d'Sauma lind und wara.

Laut'r Lämmla, weiß und floggig,
grasat 's Täle a' und auf,
bis zom Hoahholz, wirr und schtoggig,
ruggt d'r g'schlosse Haufa nauf.

Weiß sind Wiesa, Agg'rfeld'r,
Schtaudawerk und Tannawäld'r...
Weiß, soweit dia Schaufheard ziaht.

D'Lämmla in de weiße Röggla
sind d'r Schnea, dear föllt in Flöggla,
und d'r Wint'r ischt iahr Hiat.

Der alte Mann

Jatz bi i gwäscha ond frisiart
hau 's Haur bereits v'rloara.
I woiß it was heit allz passiart
ond zwoimaul it, was moara.
No also, tappt ma hald so rom
ond stolprat übran Töppig.
Noigt d' Sonn se matt om 's Hausöck rom,
nau ischt ma no it fötig.

Z'lötscht tuat ma zittrig d' Hoosa raa,
lögt 's Hemmad still uff d' Seita,
dankt eusram Herrgat für da Taa'
wia 's gscheah in Buaba-zeita.
Ma g'woahnat se manchs Laschter aa,
dös lang scho in oi'm g'sessa.
O'tugada sind leichter z' traa'
wia Weatäg nauch am Essa.

Uff oimaul fehlt's am Appatit,
am Schlaufa ond am Schnaufa,
ma kommt im Laufa nomma mit
ond bleibt so hintram Haufa.
Am Aubad möcht ma gaar nia meah,
als wia im Schtüble grüabla.
Gott mög oi'm no viel Gsondheit gea,
koin' Feahltritt z'arg v'rübla.

Wia b'schoida oi'n doch 's Leaba macht
ond a'spruchsloas 's hoah Alter.
Wenn ma bei Naacht im Schlauf v'rwacht,
nau beatet ma an Psalter.
Gott Vater, Soh' ond Heil'ger Goischt
land mi dur' nix v'rschröcka
ond lond am Morga mi wia moischt
beim Sonna-aufgang wöcka.

Nau schlupft ma in d' Hoosa nei
ond wuschtlat wieder weiter;
soll's zwar d'r lötschte Morga sei,
nau roichat für heit d' Scheiter.
Gotts Nama, nau ischt aus s'Geschaab,
's Geschnipfl mit am Dechtl.
Ruckscht ei als Toater in's küahl Graab,
nau braucht 's koin Hoosa-wechsl.

Lili Knauss-Weinberger

Schwäbisch' Häs und Herz

Unt'r meim Gäschtale
schlät 's schwäbisch Herz.
Unt'r meim Gäschtale
brennt d' Liab' wia a Kerz'.

Unt'r meim Gäschtale
tra' i mein Zoara,
d' Freid' und da Ärg'r,
d' Roasa und d' Doara.

Wia se mei Herz
a mei Gäschtale loint ...
Unt'rm schwäbischa Häs,
dau isch 's G'müat no dahoint.

D' Dorfkirch'

Wo ma dreiß'g Schtäpfala naufzua gat,
z'mittlescht im Oart unser Dorfkirch' schtat:
Wia a groaß Schmuckkäschtle sauber und fei
lacht's d'r entgega im Sonnaschei.
Kreuzle um Kreuzle schtat rengs um se rum,
drunt liegent Ähnle und Urähnle schtumm.
Beatende Händ' schpritzent Weihbrunna zua:
»Herr, gib eahna die ewig' Ruah!«

Drinna im Kirchle sel, dau isch fei'.
I wett', du gasch allawei geara dau nei,
hasch du erscht g'seaha dia schöane Altär',
d' Bild'r und d' Eng'l und allz um di her.
Guck her, dau hasch allat am Beata a Freud',
und 's isch mittlescht im Dorf und du hasch
                                        gar it weit.

Schwur

I han di und du hasch mi,
mir hand anand' in Ewigkeit.
Du bisch mei und i bi dei,
uns trenn koi Noat, uns trennt koi Schtreit.

Und bisch du toat, nau zünd' i dir
an jed'm Tag a Kerzle a.
Nau woiss i, du bisch mir so näh,
dass i di nia vergessa ka.

Kapelle zu Siefenwang

Im Herzschtuck von d'r Reischenau
leit bluamig Siefawang,
a winzig kloiner Weiler bloß,
oahne Sang und Klang.

Dear Oart, dear haut a Koschtbarkeit:
a Kirchle schtat im Blau,
voar altersgraue Zeita g'weiht
Unsrer Liaba Frau.

»Dau isch ja scho voar tausend Jauhr
a Nonnakloascht'r g'wea«,
so sät d'r Volksmund. Bloß drfür
v'rbürgt koi Urkund' meah.

Doch »Nonna-Äcker, Nonna-Mahd«
liagat in deam Gäu.
Und um's Kirchle duftet rengs
Bluama, Troid und Heu.

's isch so herb und amuatsvol
als wia a Schiestl-Bild,
a winzigs Schtückle Landschaftstraum,
dear dei Hoimweh schtillt.

Üb'r d' Feld'r pfeift d'r Wi'd.
's Kirchle schtat im Blau.
's hängt 'n goldna Mant'l um
von Unsrer Liaba Frau.

's Hölzle

Hinterm letzschta Haus im Dorf
loint a Haufa Schtanga.
Dau isch scho von eh und je
der Weag ins Wäldle ganga.

Hagabutza, Doaraschleah
wachsent in selm Hölzle
und im Winter hant dia Büsch'
allesand a Pelzle.

Aber nau, wenn's Früahjauhr kommt,
send dia Beer verhutzlat.
Unser Ahnle haut so oft
an de Schleha zutzlat:

»Schmeckent süaß als wia a Schnaps.
Glaub's, du Kuah, du domma!« –
I bi' all mei Lebtag lang
auf dean G'schmack it komma.

Doch am Sonntänochmittag
bei Heckaroas' und Doara
hau im Hölzle annamoatz
i mei Herz verloara. –

Heckaroasa, Doaraschleah,
Ähnle, Hölzle, Schtanga,
erschte Liab und Kinderzeit,
alles isch verganga.

Advent

D'r ganze Garte isch vol Schnea.
D' Fe'scht'r send vereist.
Losat, wia d'r Wentrwend
an de Tüara reißt.

Am Adventskranz in d'r Schtub'
's earschte Kerzle brennt.
Und i sieg mei Kend'rzeit –
und dau falt' i d' Händ'.

Begegnung

Es isch im Wartsaal z' Augschburg g'west.
Dös war im letschta Kriag.
Voar mir a Dünnbier fürchtig schlecht –
und an meim Glas a Fliag'.

Auf oimaul send drui Mann voar mir –
und iatz hot alles guckt:
»Gestatten sie, ist hier noch Platz?«
I bi' auf d' Seita g'ruckt.

Dia drui, dia send a seltsam's Gschpann:
D'r earscht' a Polizischt.
Sei' G'sicht isch guat, sei Blick isch guat,
sei' Schtimm' a weng v'rwischt.

Dia andre zwoi – i siehg's no heit –
hant Schträflingsanzüg' a.
a jed'r isch vol Würde g'west –
und Zoll für Zoll a Ma.

Dia warent groaß und schöa und g'scheit.
Was isch denn dau passiert?
»Politische!« – so murmelnt d' Leit'.
I merk' iatz, dass 's me friert.

I bi' a frisch's jung's Mädle g'west.
Dau gib i mir an Ruck.
I lächle hoimle, tröschtend, liab.
Dia zwoi , dia lächlent z'ruck.

Auf oimol isch dear Wartsaal hell.
('s braucht halt a bissle Muat).
Dahoim hau i mit Träna g'sät:
»Valeicht weard alles guat!«

Zusamtal und Staudenländle

Georg Mader

Unser Zusamtäle

Sag oiner a, wo isch so schea,
So hoimisch, gmüetle und so grea
Als wie bei uns im Zusamtal? –
Da zieht 's mi hi' viel tausedmal.

Wir denken z'rück an d' Jugendzeit,
An all die guete alte Leut,
Bei dene wir sind aufg'hebt gwest
Als wie im eigna warma Nest.

Und Nudla, Küechla hat 's da gea,
Und Äpfel, Hutzla und no meah,
Und Freiheit drauß in Wald und Feld,
Wie sonst halt neaneds auf der Welt.

Und 's Muetterle hat au no g'lebt –
Jetz ist sie scho in Himmel g'schwebt;
Uns Kindla ist sie d' Sonna gwest,
Sie hat 's uns g'moint auf's allerbest.

Wir Kinder all, voll Seligkeit,
Wie hant wir g'spielt voll Munterkeit,
Wie sind wir g'hupft durch Hof und Haus,
Durch Stall und Scheuna, ei' und aus!

Nix hat ma kennt von Sorg und Noat,
Mit Füeßla flink und Backa roat
Ist ma in d' Ölber naus in 's Holz,
A langa Ruet war unser Stolz.

Und jedesmal, wenn d' Schulstund aus,
Na ist ma glückli hoim nach Haus,
Hat in da Winkel g'worfa d' Schueh
Und war der freiest, lustigst Bue.

Doch Freund, die Zeita sind vorbei,
Auf dera Welt vergaht alls glei,
Wo einst mei Liebstes i han g'het,
Da blüeht ietz still a Grabesstätt'.

Und all die früeh're guete Leut
Dia ruehn au davo nit weit,
Und wo wir selmal d' Ölber brockt,
Da hat se nui a Wald scho' b'stockt.

Und wenn wir uns betrachten sel,
Sie kriegt ietz mancher a grau's Fell,
Und mancher nimmt au kloin're Schritt,
Der früeher g'macht hat üb'rall mit.

Des sind wir schuldig halt der Zeit,
Die auf uns all en Schatta keit,
Doch oins, des sei allwei bewahrt:
A froher Sinn auf jeder Fahrt!

Und jung im Herz drinn au dazue,
So hält 's in deam Tal jeder Bue,
Die Freundschaft treu, vom echta Schlag,
Verknüpf' uns bis zum letzta Tag!

A bied'rer Sinn, im Herza fromm,
Wenn au der Hennatoni komm,
Na nehm' er ruhig uns'ren Rest,
Gott Dank, bin Zusamtaler gwest!

Des bitt i di, Herr Jesu Christ,
Daß d' meiner Seel na gnädig bist,
Und daß, wenn um der lange Schlauf,
Mi weckst im Zusamtäle auf.

Ihr Leutla aber, sind so guet,
Gebt mi deam Plätzle nau in d' Huet,
Wo 's Mütterle ihr glegt hant nei,
An ihrer Seita möcht i sei!

Der Landbot'

I bin der schwäbisch' Bot,
I schnöll und fuhrwerk flott,
Oft spann i meine Rößla ei'
Und fahr fidel in's Städtle nei.

I bin der schwäbisch' Bot
Und woiß, was wist und hot,
I fürcht' kei Weater und kein Wind,
Mi kennt jed's Weib und jedes Kind.

»Hüh, Bräunle, hüh«, sag i, der Bot,
»Zieh lustig, munter, kriegst a Gsot!«
So fahr mer fürsche auf der Straß,
I pfeif a Liedle mir zum Gspaß.

Gaht's nau mit mir a maul zum End,
Na leg' i d' Goißel aus de Händ,
Nimm mei Lateara voller Rueh
Und stapf auf's Himmelspförtle zue.

Seit langem kennt mi Petrus guet,
I lupf voar ihm mein Botahuet:
»Auf schlechte Weg bin g'fahra viel,
Drum zoig' mir endle 's Himmelsziel!«

I bin der schwäbisch' Bot,
Behüet Euch alle Gott!
Daß nit verlösch Ui Freud' und Licht!
Daß auf'm Weag koi Unglück gschicht!

Der Schäfer

I bin der Schäfer drauß vom Land,
Hab Kräutla, Tränkla, allerhand;
Kurier nit bloß des kranke Vieh,
Hilf au de Leut, wenn s' holen mi.

Für jedermann a Mittale
Hab i da drinn im Kittale:
Für wunde Schädel,␣ bease Zeah,
A Sälble au für's Herzens Weah.

I hab scho g'macht so manchen Handel,
I flick ui 's Hemed und da Mantel;
Drum, wenn was fehlt im Stall, im Haus –
Da Schäfer hol, dear kennt si aus!

I hab's ja g'erbt scho von mei'm Ähle,
Wie ganga ist no gar koi Bähle,
Und manches han i selber g'funda,
Drum müeßen alle Kranke g'sunda! –

A Weartstück

Wohl mancher denkt:
A Frau mit Hof und Pferd,
Mit Geld und Guet,
Ist alles wert.

A and'rer will:
A *schöna* Frau,
Die Rädla macht
Als wie a Pfau.

Der Dritte schaut:
Auf Bildung bloß,
Wenn s' nur hoch red't,
Na ist s' scho groß.

A Frau, die brav und fromm,
Die nit soviel verkehrt,
In ihrem Häusle z'frieda ist,
Dia Frau ist alles wert.

Lobliedle auf d' Bauranudla

A Nudel, die schea bacha ist,
Ist mir die liebste Speis,
Wenn s' nu a dicka Schärre hat,
Wenn s' au net ist so weiß!

A rechta Bäure kennt ihr Meahl,
Des wo zur Nudel paßt,
Des ja koi feiner Staub bloß ist,
Des aber au nit laßt.

Was moinent uir, es sei so leicht,
Daß weard a Nudel guet?
Der Toig mueß richtig ganga sei,
Wenn ma's in's Reahrle tuet.

Doch wenn sie nachher ferti sind,
A Dutzed glei im Kahr,
Die lachent oin so lieble a,
Ma frißt s' mit Haut und Haar.

Doch mueß des au verstanda sei,
Des ist wia bei 'ra Tort,
Wenn dia nit richtig g'rauta ist,
Na lobt ma's mit koim Wort.

Dagega so a Nudel, Bue,
Wenn's dau zum essa gaht,
Da langt a jeder wuitle zue,
Da weard a jeder satt.

Wenn oina dir alloi nit gleckt,
Na nimmst halt zwua und drei,
Die Bäura gunnt s' von Herza dir,
Ihr Seaga ist dabei.

Und wenn d' a Stückle Schweinigs hast
Und no a Schüble Kraut,
Da ist a Nudel zwiefach guet,
Mei lieber Freund, des haut!

Und erst no, wenn d' am Namitta
Kommt d' Schüssel voll Kaffee,
Such i di rundest Nudel raus
Und leg mi drei, juhe!

No lieber als a Brata gar
Ist sie mir oftmals g'west,
Und wenn i han a saura Brüeh,
Na tunk i ei gar fest.

Drum sag i, so a Nüdele
Ist edle Gottesgab,
Am allermeista freut's mi drum,
Wenn i a Kahr voll hab.

Besunga hat ma vieles scho,
Des wo koin Nutza brengt,
»Drum sing i halt a Nudel a«,
Han i mir hoimle denkt. –

D' Holzstöck

Die Holzstöck machen oim fei hoiß,
Des sind scho rechte Storra,
Sie sind so härt wie lauter Boi
Und um und um voll Knorra.

Beim Raustua scho hast Müeh und Noat,
Weil s' hant ja lauter Hoara,
Da brauchst a Kraft, mei lieber Ma,
Und oft koin kloina Zoara.

Bis die schea raushackst mit der Axt,
Mueßt di scho wacker schinda,
Und bis sie g'wichtest und bis s' lupfst,
Büeßt deine meiste Sünda.

Und nachher, bis sie kloba sind,
Des kost d'r au a Schmälzle,
Und wenn da Schlegel schwingst aus Holz,
Na gaht's dir warm durch 's Pelzle.

Doch des ist wahr, mit deane Stöck
Da ist 's a anders Hoiza,
Bei soviel Gluet, bei soviel Hitz
Da ka'st a Säule boiza.

Drum merk dir au, mei lieber Bue,
Manch's Ding macht oim Beschwerda,
Doch ohne Plaug und ohne Schwoiß
Gaht nix auf Gottes Erda!

Kommt dir nau ebbes Schwer's in Weag,
Nau tue nit glei verzaga,
Pack 's keck nu bei de Hoara a,
Und tue's halt herzhaft waga!

Denn sicherle hast au dei Freud
Zum End am guata G'linga,
Und wenn der Stock verkloba ist,
Tuet er im Ofa singa.

Fasenacht

Zur Musi gaht's, kotz malefux,
Des ist koi kloina Freud!
Weil ietz zur scheana Fasenacht
Meah kommt die lustig Zeit.

Dahoimda Freund, bleib i fei net,
Des fällt mir gar net ei,
Wenn alle andre lustig sind,
Sperr i mi au net nei.

Drum richt i ietz mei Festhäß hear
Tue in da Sack nei Geld,
Ma ist ja zum Versaura nit
Bloß da auf dera Welt.

Ma möcht doch au a weng a Freud,
Ma schind't se gnue 's ganz' Jauhr;
Und schließle kannst doch nimme gau,
Wenn d' kriegst scho weiße Haur.

Ma hat ietz grad no so der Weil,
Vor 's G'wuehl gaht richtig a,
In etle Wucha ist d' Ruah rum,
Hängst an der Arbet dra.

Drum möcht ma halt zu dera Zeit
Scho au zur Musi gau;
Denn oimal därfst doch narret sei,
Na bist meah besser z' hau.

Drum müeß mer d' Narra laufa lau
Zu dear Komöde halt,
Am andra Tag sind s' blästig g'nue,
Des hant s' von ihrem G'walt.

Na hängen s' d' Augadeckel ra
Und d' Glieder teant' na weah,
Und grausa tuet 's 'n gar an alls,
Hast so an Narr scho g'seah?

Wir machen mit au d' Fasenacht,
Bloß laß mer d' Musi weg,
Wir bachen Küechla, mürb und guet,
Und essen Würst und Speck.

So hamer Unterhaltung g'nue,
Koi Unmueß bis in d' Nacht,
Es kommt nu bloß auf des grad a,
Was oim Vergnüega macht.

Vom Baurawerk

Jetz sind mir g'stellt im Baurawerk,
Huir ka ma g'wieß nit klaga;
Denn daß ma z'wenig Zuig hätt kriegt,
Kann doch koi Mensch nit saga.

Im Gegatoil, en Haufa Sach,
Die Äcker hant se boga,
Und scho beim Drescha kunnt ma's seah:
Des Troid hat wacker g'woga.

Und d' Erdäpfel, ihr liebe Leut,
Woiß nia soviel im Land –
Und wenn derzue, die Dümmste no
De allergröeßte hant!

So sind au d' Runkelrüeb und 's Kraut
Schier vürnehm übrall g'rauta,
Ma mueß bloß stätle sorga halt,
Daß 's geit dazue en Brauta.

Denn so was, Mannd, g'heart au derzue
In deane Wintertäg;
Drum tuet a Bäurle, der's verschtaht,
Au etle Suckla weg.

Da weard a Trum in Käme g'henkt,
Und nachher hat's koi G'fauhr,
Bei g'selchtem Schpeck und Nudla, Kraut,
Kommt au stät rum 's alt Jauhr.

Drum sind mir g'stellt im Baurawerk,
Huir ka ma g'wieß nit klaga,
Und der, wo ietz nit z'frieda ischt,
Dean müeßt ma recht verschlaga. –

Zur Kirchweih

Es weard aheba kalt,
Der Winter kommt mit G'walt.
Der Sommer ist ietz rum,
Im Feld weard 's still und stumm.
Ma ist voll froher Launa,
Denn 's Troid leit auf der Blauna.
Die Städel sind voll Heu
Und d' Ähret ist vorbei.
Des war a Hetz, ihr Leut,
Wenn 's rum, na ist's a Freud.
Denn auf em Feld kost 's Schweiß,
Die Arbet macht oim heiß.
Gottlob, daß 's isch vorbei
Und daß ietz kommt d' Kir'weih!

Des wär ietz alles recht,
Doch d' Bäure, die hat 's schlecht.
Mueß 's Haus no wuitle putza
Und alls schea zämastutza.
Und nau kommt 's G'schirr vom Boda,
Des sind amal so Moda:
Die Tägel und die Mödel,
's geit Kirweihknöpf und Knödel,
Es geit au Würscht und Brauta,
Denn 's Sach ist huir guet grauta.
Und Dotsche geit 's und Zelta,
Da hauen s' ei, die Helda.
Ma braucht da gar nix z'strecka,
Für Vater, Mueter, Kinder,
Für d' Knecht und Mägd nit minder.
Der Säuhirt kommt scho glei
Und schiebt en Strützel ei;
Der Küehhirt hat's vernomma
Und hat sein Toil mitg'nomma.
Sogar vom Armahaus
Gant sie au leer nit aus;
Wo alles leabt in Freuda,
Braucht neama Mangel leida.

Am Heard weard brauta, bacha,
Des Sach ist zum a'lache.
Bloß d' Köche kommt it weg,
A'gnaglet ist's am Fleck.
Und Kind' stand um sie rum,
Die U'mueß bringt s' schier um.
Bis jedes hat en Flügel,
Da zwazlen s' rum wie d' Igel;
Und nacher gaht's im Saus
Glei meah auf d' Bachbruck naus.
Koi oinzigs bleibt da hocka,
Wenn s' läuta hearn d' Glocka;
Bis kommt der Fahna ra,
Springt all's zum Kirchle na.
Dear Jubel und die Freud,
Daß d' Kirchweih weard ei'gläut!
Des Fest weard geara g'halta,
Ma bleibt beim guata Alta.

Es gaht im Dörfle draus
Der Seaga no nit aus,
Und trotz der tuira Stadt
No jeder z'essa hat.
Und trotz de hohe Steura
Went wir no Kirchweih feira;
Denn nach der Müeh und Plag
G'hört oim a froher Tag.
Doch ist dear Tag au g'west
Von je a Dankesfest.
Drum sag mer: »Gelt's Gott, Herr!«
Denn *Dir alloi* g'hört d' Ehr. –

Kathreina-Tanz

An Sankt Kathreina, schpät im Herbscht,
Da went mer nomaul hupfa,
Zur Musi springen d' junge Leut,
Weil s' tuet der Haber stupfa.

Warum au nit? Isch d' Ähret rum,
Nau därfscht dir scho was gonna,
Ma hat doch g'het a fürchtig's G'wuehl,
Der Schwoiß ischt oim rag'ronna.

Jetz aber weard ma leicht meah g'reacht,
Schea stand de junge Sauta,
Und 's Haus isch g'schtellt, der Viehstall au,
Drum mueß 's ganz Güetle grauta.

Und Sankt Kathrein, dia bringt auf's Land
No bißle a Vergnüega,
Ma tanzt, ma hupft, ma juchzt und springt,
Der Boda mueß se biega.

Denn nach deam Tag kommt meah a Zeit,
Da därf ma se nit mucka,
Um Weihnächta isch's gar so schtill,
Därfst hinter'n Ofa rucka.

Drum ladt uns heut zum Ringelreih
Kathreina mit em Rädle;
Ihr Burscha, kommet all zum Tanz!
Denn tanza will au 's Mädle. –

Sankte Klaus

Am Klausatag da kommt der Klaus,
Des ist an alte G'schicht,
Da freut se jedes Büeble drauf,
Und sei's der kloinste Wicht.
Wenn s' brav sind, kriegen s' ebbes Guets,
Wenn s' beas, a groaßa Ruet,
Drum nehmen se die Bürschla zam,
Weil d' Schläg teant gar it guet.
Au zu de Alte manchesmal
Durft komma so a Klaus,
Der wo s' a bißle strixa tät
Und treiba d' Unfürm aus.
Doch Leut, seid nu ganz mäuslestill,
Er kommt zu uns no g'wieß,
Er bringt na alles an da Tag,
Ob's Lug ist oder B'schieß.
Dei Aufgab mueß da ferti sei,
Kaum stellt er no a Frag,
Tuet jeden, ob er guet, ob schlecht,
Ganz rüehbig nei in Sack.
Drum dürfen se die Alte au
Gar nehma recht in acht,
Daß nit der strenge Niklaus kommt
Ganz unverhofft bei Nacht.
Denn nachher hilft koi Heula nix,
Koi Fleha und koi Bitt,
Wenn du dei Sach nit g'richtet hast,
Gibt's koin Pardo' – mueßt mit! –

Zum nuia Jährle

A guet's nui's Jährle wünsch i ui,
En Frühling mit viel Sunna,
Mit Schlüsselbluema, Veigala,
Mit lauter frische Brunna.

En Sommer mit viel Gras und Laub,
Mit hunderttaused Ähra,
Mit feiner Butter, süeßer Milch,
Daß ihr habt was zu zehra.

En Herbst – da sollen Bäumla all
Voll Birn und Äpfel hanga,
Und Kraut und Rueba sollen schö
Auf alle Felder pranga.

En Winter – nu was wünsch i da?
Wenn's schneibt, a warmes Stüble,
Für G'sundheit und Gedeiha au
Recht oft a kräftig's Schüble.

Für alle Tägla in dem Jahr
Des lieben Gottles Sega,
Und no derzue en froha Muet,
Ob's Sunnaschei, ob's Rega.

Daß alles gratet in dem Jahr:
Die Kälbla und die Kinder,
Und wem sei Bettle hart ist gwea,
Der leg' se heuer linder! –

Max Gropp

Zwoi Übel

Zwoi Übel geut's off deaner Welt,
daugööga hilft koi Schtompa Gelt,
dau hilft koi Kneuppkuur ond koi Pilla,
dia Leuda kah koi Baader schtilla,
dau hilft koi Schprizta ond koi Empfa,
dau hilft koi Beata ond koi Schempfa:
Dia Dommheit ond dia Altersschwächa,
dös send dia Übel ond Gebrecha!
Zwar mit d'r Dommheit bleubt ma gsond,
doch d' Altersschwöcha richt' oin z'ground!
D'r Mensch haut halt sei liaba Noat:
offoimaul schtirbt'r ond ischt toat!
Kommt oiner enn da Häml nauf,
nau heart dött gleu sei Dommsei auf,
dau kah ma tanza, derf ma schprenga
ond zwischanei a Liadla senga,
dau derf ma off ra Harpfa zupfa,
doch geut's koi Biar zom Hompalupfa!

Alois Sailer

Dr Weabschtuahl

A Weabschtuahl isch halt onser Leaba.
Dia Zeit hot ds Schiffle en dr Had,
ond duat gar schnell dia Däg zamm weaba.
Fer ds Gruaba hot sie weng Verschtad.

Arg brüche weart des Leina weara,
grad well mer sell dr Fada send.
Dr Weaber wär mer halt so geara,
noch gäng dia Weaberei et gschwend.

Doch laut muaß en de Fuaga kracha,
dear alte Weabschtuahl. Kots et sei,
daß gmiadle gäng? Do schröckt a Lacha
ond ds Schiffle fliagt en d Gegend nei.

Hausa

Hausa, hausa, ds Sächle halta.
An da Herrgott globa.
Faula Äpfel griagan Falta.
Koine griagan d Schwoba.

Hausa, Hausa, Dawerk koffa.
Ds Sächle braucht an Acker.
Dorom schpara, schneller loffa.
D Noat brengt des Geracker.

Hausa, hausa, wider baua.
D Schtäll meant greaßer weara.
Siebzg sei ond no soffel traua?
Oimol gots no geara!

Hausa, hausa, no an Rucker.
Nommel sotts halt ganga.
Heit scha weart des Loitsoil lucker?
Morga däts earscht langa!

Hausa, hausa, ibergeaba.
Romm isch, alter Scherba!
Dreifach sennt a Bauraleaba:
Wuala, schpara, schterba!

Ds Bauragärtle

Am Dill verkrattlan d Jörgaroasa.
Dr Moh, dear pflatscht se roat em Eck.
A Weaterkörz, a ganz a groaßa,
brennt gulde bei dr Holderheck.

Am Weag'le reitan Gutschergeila.
Ond Nägala mit viel Gebausch,
omsoman ds Bänkle zom verweila.
Dia Schtangaboahna hont an Rausch.

A Pfengschtroas pfludert ausanander.
Dia Fengerhiadla klenglan nauf.
Des earschte Reasle bollt am Glander.
Dr Kopfsalot schiaßt kragat auf.

D Kohlräbla hängan en dr Roia.
Bloß d Pfennala, dia schlupfan nei,
wo no a Plätzle isch. Ond zwoia,
dia bliahan sell voar glickle sei.

Friahlengsobad

Iberam
raufduslata Obad
verfranst se d Sonna
em eidirmlata Dag.

Verdrommselte Wolka
schleisan se
an schrägghächelte
Liachtfransa.

Ond a durchsichte –
gschleckts Neabele
drialt schnaufat
iber ds ausgwörgelte Riad.

Dr nahrhafte Friahleng

Dr Friahleng drappt ganz broit drhear
wia hondertdausat Mädla.
Oh d Sonn scheit ihram Nama Eahr,
so gelb, wia bachne Flädla.

Dia Vegel sengan rauf ond na
wia d Äpfel grad beim Brota.
A Wendle schmualt dia Gwanda a.
Loßt gar koi Liab vergrota.

Ond d Doaraschleah als Hecka earscht
send wia Kartoffelbauzga.
So bliahat eigmelmt, no et greascht.
Dr Maga kot oim grauzga.

ALOIS SAILER

Ds Hörbschtengale

Es hockt a guldigs Engale,
sigt aus wia a klois Bengale,
schpennt Fäda a klois wengale.

Es weabt a luftigs Schleierle
weit iber ds schtille Weiherle
ond tanzt oms Fuir so feierle.

Es molt of d Bem so Dipfala.
Blost wuidle kahl dia Gipfala
ond ziacht an Neablzipfala.

Es freht se an deam Weaterle.
Loßt falla no a Feaderle
ond hoi fliagts zom Sankt Peaterle.

Advent

Zwischa de Feichta
dusalt dr Neabel,
schtill durch dia Öschtla
ra of da Schnea.

Zwischa de Furchta
loitan dia Schpura,
iber dia Gwanda,
weit en des Feld.

Zwischa de Buscha
goischtern dia Scharta,
mit deane Zoicha,
henter de Roi.

Zwischa de Zeita
suachan dia Menscha,
nei en dia Liachter,
nei en da Dag.

Ons Schwoba

Schwoba semmer, rechte Leit.
Ons hommer jeda Gob.
Eahrle, pfiffe ond no gscheit,
so isch a jeder Schwob.

Wenn ons Schwoba neamats schtreicht,
noch megmer ons halt sell.
Selber schtreicha isch et leicht,
doch kitzalts et so schnell.

Wiamer send so megmer se.
Des isch de oifachscht Sach.
Noch am Wendle legmer se.
So bleibmer ebe wach.

Zwischen Mindel und Günz

Hans Seitz

Vierzga

»Mit vierzg Jauhr wiat der Schwaub erscht g'scheid!«
So hoißt's seit alte Zeita.
Ma sait's de Schwauba nauch zum Spott,
Und's denkt koi Mensch, daß des, bei Gott!
Koi Unglück tät bedeuta!

Denn wurd mit vierzg Jauhr jeder g'scheid,
Was gäb's dann g'scheide Schwauba!
Doch 's geit no gnua, dia alt und grau
Und no it g'scheid sind und es au
Nia wearet; dürfet's glauba!

Doch bleibt de Schwauba doch a Troscht,
Wenn andre sie verlachet;
Der Troscht, daß au bei dene oft
Vergebes ma aufs G'scheidsei hofft,
Und Schwaubastroich oft machet!

Der nui Beasa

Mei Muatter sait, ihr Beasa sei
Ganz stumpf, sie müaß en nuia hau;
Drum well sie auf da Wuchamarkt
heut selber nei ins Städtle gauh.

Und wirkle hauts en Beasa kauft
Von Birkareis, ganz nett und fei;
Der dringt au in a jedes Eck,
Sogar in alle Fuaga ei.

Dau wirbelt glei d'r Staub in d' Höh,
Maß ma schier nemma schnaufa ka;
Doch wenn's no sauber wiat im Haus –
'S kommt auf'n Huaschter grad it a!

Doch scho nauch etle Wocha leit
In alle Eck meh Staub und Gstreu;
Der Beasa ischt ganz dürr und stumpf
Und macht a schleachta Kehrerei.

Mei Muatter sait: »Beim Blitz! Ich muaß
Scho meh an andra Beasa hau!« –
Und so wiat's, so lang d' Welt no stauht,
Mit alle nuie Beasa gauh.

Der Wunderdoktor

Vom Schäfertoni z' Peterswörth,
Von dem haut g'wiß scho jeder g'hört;
Des sei halt a ganz g'schickter Ma,
Der jedes Übel hoila ka.
Drum kommet au von Näh und Weit
Zu ihm a Masse kranke Leut;
Und wer im Stall koi Glück it haut,
Nauch Peterswörth zum Schäfer gaut.
Ja Arbet haut nau oft der Ma,
Daß er schier it verzwabsla ka.
Und daß so ischt, des will i au
Ui mit ma Fall beweisa gnau:
Mei Nauchbaurs Gaul, d'r Sattelbrau,
Der ka amaul schier nemma stauh;
Es hilft koi Fuatter und koi Stecka,
Und alles sait: »Der muaß verrecka!«
Mei Nauchbaur, ('s ischt koi dummer Ma)
Der zuit amaul sein Kittel a.
I fraug'n: »Wearscht da Tierarzt holla?«
»Noi«, sait'r »Hans, dau kommscht mer g'schtohla!
Moischt, i müaß zua G'schtudierte gau,
Dau ka i's scho no besser hau!
I fahr iatz mit d'r Eisebah
Auf Peterswörth zum Schäfer na!«
Iatz wia er ischt zum Schäfer komma,
Dau haut ihn der aufs Kora g'nomma;
Der sieht's de Leut aufs eschtmaul a,
Wia weit ma's mit'n treiba ka.

Mei Nauchbaur haut ihm halt nau g'sait
Sein Jaumer und sei Heazaleid.
Der Schäfer haut no g'lacht derzua
Und sait: »Ma, hand a guata Ruah,
Weil i Ui dau a Mittel woiß!
Des hilft, so wauhr i Toni hoiß!
Drum passet auf, was i Ui sag!
Zerscht müasset 'r iatz alle Tag
Dreimaul neu Vaterunser beata
Und nau drei junge Ratza töata;
Dia grabet 'r beim Vollmondschei
Unb'schriea auf em Kreuzweag ei!
Doch daß derbei d' Hauptsach it fehlt,
Brauch i no dreierloi groß Geld:
Des muaß i hau, wenn's helfa soll!
Iatz b'hüat Ui Gott und leabat wohl!«
Mei Nauchbaur ischt ganz freudig g'wea,
Weil er iatz meh a Hilf haut g'seah,
Fährt hoim nau auf d'r Eisebah,
Verzellt seim Weib da ganza Pla;
Tuat, wia d'r Toni ihm haut g'sait.
Und wia er nau nauch kuzer Zeit
Amaul will nauch seim Brauna seaha,
Ischt der grad am Verrecka g'wea.

Mei Alterszualag

Wenn i au koi Beamter bin
In unserm Schwaubaland,
Der mit der Zeit a Zualag kriagt
Nauch seim Beamtastand,
So gang i doch ganz leer it aus:
A bisle ebbes springt doch raus!

I glaub doch: bis i fuchzga bin,
Geit's graue Haur no gnua;
Vielleicht no, wenn's a bisle will,
A Glatza gar derzua.
Bald wear i, lang wiat's it astauh,
Au auf d'r Näs a Brilla hau.

Und so wiat mir von Jauhr zu Jauhr
Zuag'legt, daß i's am End
Schier nemma meh verschleppa ka
Und zitt'ret d' Füaß und d' Händ,
Und i ganz krumm und bucklig wear
Und rumtapp wia a alter Bär.

Doch so lang 's i vertraga ka,
Wenn' au a bisle druckt,
Will i doch it unz'frieda sei,
Es wiat it g'murrt und g'muckt.
Am besta wär ma freile dra,
Ma nehmet gar koi Zualag a!

Mei Kaffeele

S' Liabscht auf d'r Welt, des ischt mir wohl,
Wenn's i ui saga derf und soll:
Mei Kaffeele.
Denn ob's au regnet oder schneit,
Ob d' Sonna scheint, ob's Neabel geit,
Bei jeder Jauhrszeit, schleacht und guat,
Nix ischt, des mir meh tauga tuat
Als mei Kaffeele.

Wenn i koin Pfennig Geld meh hau,
Tuat no im Ofaröhrle stauh
Mei Kaffeele.
Nau komm i über alles rum;
Und gaut's mir sonst au manchsmaul krumm,
Es greift mi nix so heftig a,
Weil i mi selber trösta ka
Mit meim Kaffeele.

Und wear i krank – 's ischt oft der Fall! –
Hilft mir meh als dia Dokter all
Mei Kaffeele.
I glaub, daß wenn's zum Sterba gauht –
Obwohl's bei mir no lang astauht,
Denn i bin zäh – i gang drauf ei!
Wiat no mei letzts a Schäle sei
Von meim Kaffeele.

Drum sei d'r Weltlauf, wia er sei,
I bleib als alta Jungfer treu
Meim Kaffeele!
Und wear a Stündle übrig haut
Und geara au zum Schwätza gauht,
Den lad i freundle zua miar ei;
Der kriagt a Täßle, g'schmack und fei,
Von meim Kaffeele.

HANS SEITZ

Der Kometsteara

Wear morges früah vom Bett aufstauht,
A Schrittle naus in's Freie gauht
Und gucket an da Himmel nauf,
Dem fällt g'wiß ebbes b'sonders auf;
Denn er sieht dau en Steara stauh,
Der haut 'n Schwoif als wia a Pfau!
Ja länger no, ma sieht ganz guat,
Es ischt nix anders als a Ruat.
A Ruat am Himmel! Liabe Leut,
Des deutet auf koi guata Zeit!
Ja wüßt ma no, wem's gelta soll?
Doch so isch bei der Sach koim wohl.
Natürle dürft ma viele gä';
Verdienet hättet's Weib und Mä.
Am junga wie am alta Bluat
Tät manchmal so a Fitzer guat!
Denn koiz und schlecht und gottlos sind
Iatz heutzutag viel Menschakind;
Drum wußt ma, wenn ma haua wollt,
Kaum, wo ma zerscht anfanga sollt.
Ja, wenn i dürft dia Ruat ra langa
Und dürft a Prüglerei afanga,
Zerscht hauet i – des müaßt no kracha –
Dia Wiat, dia a schleachts Bier tund macha!

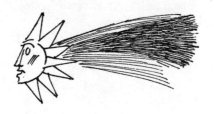

Hugo Kittinger

Erinnerunga an da Klopfersta'

»Guat's Jauhr, guat's Jauhr, daß 's Koara g'raut«
So schreiat alle Kinder,
»Öpfel und Biara, was ma' haut!«
Es staut ja im Kalender,
Daß der Klopfersta' heut ischt,
Dös weard a jöder wissa
Und wer 's it woiß, deam weard g'schwind
A' Nuß an Grind na g'schmissa.

Beim Bürgermoischter fangt mar a',
Dau kriag mar in der Rögel
An Lea'zelta, a Täfele
Und no' mürbe Vögel.
Au' d' Lerchebäuere staut scho' huß
Mit ma' groaßa Kretta,
Dia geit glei jödem viar, faif Nuß,
Und an Klaus, an netta.

Der Finkaschneider isch' der böscht,
Dear wirft glei' raus beim Gucker
Zwua dürre Biara und auf d'Lötscht
An halba Brocka Zucker.
Der Nachtwächter, dear freut mi au',
Dear laßt se' dau it lumpa,
Er wirft mer nei: – An Zwetschgastoi
Und – an Körzastumpa.

Oi Haus hau i glei' überhupft,
So bin i' narrat woara,
I' hau da Klopferschlögel glupft
Glei' in mein'm earschta Zoara.
Dau schreit zum Glück zum Feaster raus
's Spatzemichels Gore,
Ear wirft a' handvoll Sacha raus
Und sait: »Dau hauscht dia Glore!«

Zum Geywitz sind mer mitanand
Doch g'wiß of kois mea wart' i'
Als höchschtens auf da Hadubrand
Und 's Schetterhexa Marte,
Denn liaber wär' i blieba huß
Als wia dau nei mit dappat,
Jatz' los, was hau i' kriagt? – A Nuß,
Und dia hand s' z'säma pappat.

Beim Moisafranz, dös muaß i sa',
Dau hau i kriegt en Wöcka,
Drei Öpfel und an Kreuzerklaus,
Dau ka' ma fei scho' glöcka.
Und d' Rappawiarte haut mer gea
A Brezg und Nuß von Goldschaum,
An Klausavogel und no' mea
So Sacha an da Chrischtbaum.

Beim Müller ham ma Küachla kriagt,
Beim Gaustoane zwoi Oier,
Beim Nußjeck haut ma nix mea ghöt,
Nau haut ma gea en Zwoier.
Vom Pfarr' dau ham mer Bildla kriagt,
Au' scho' de kloischte Fratza,
Der Schuallehr' haut am böschta gea –
E'm jöda glei' faif Datza.

Im Hoi'garta

A: »So Nachbaur, laß Di' au mea seah,
Hau nächt scho' auf Di' g'wartat
Bischt g'wiß beim Mötzger dinna g'wea
Und hauscht a' bißle kartat?«

B: »Jatz' laß mi' nu' voar zua Dir 'rei',
Wenn's gau no' ka'scht verwarta,
Moischt i' sei au' a so wia du
Und teab nix als wia karta?
Mit deaner dumma Spielerei
Dau hauscht mi' nu' bloas halba –
Beim Wasamoischter bin i' g'wea
Um a Dägel voll Salba.«

A: »Oho! Hauscht mea im Stall Malhör?
Mei' Ma', dau lach' i' nimma,
Du siehscht au' ganz verdatt'rat hear
Als hättest selber 's Grimma.«

B: Wois sell 'it bald, was bösser wär' –
Diar därf i' 's ja verzöhla –
Mei' Weib, dia haut an off'na Fuaß,
A Jauhr isch' g'wea zu Michöla.
Und miar isch' doch vom alta Scheck,
A Sälb'le überblieba,
Mit deaner haut mei' Weib ganz keck,
Da off'ne Fuaß ei'grieba –
Und seither haut se an dia Salb
An fürchtig groaßa Glauba,
Hilft's bei der Kuah, hilft's au' beim Weib,
Dean tua i' iahr 'it rauba.«

A: »Mei' Nauchbaur, dau hauscht Du scho' recht,
Ma' woiß 'it was ischt minder –
Dös Zuig isch moischtens grad so schlecht
Vom Doktor wia vom Schinder.« –

B: »So sag', was woißt denn soscht mea nuis,
Was staut denn in der Zeitung?«

A: »O mei'! 's ischt allaweil no' gleich
Und nix ischt von Bedeutung.
Vom Russa' und vom Japanes'
Dau' mag i' nix mea leasa,
Denn dös ischt doch koi Kriegsfüahrung,
Koi' Zuig 'it und koi Weasa.«

B: »Wiaso, warum, was teand se denn?
Dear Ruß und dear Japaner?
I' moi', dau keahr i' d' Ha'd 'it um,
Dös sind zwea gleiche Planer.«

A: »Was moischt, was hand se earscht mea tau?
Dös wearscht it gli' mea finda –
Mit Erdöl hand s' of' d' Leut' neig'schpritzt,
Nau teand se 's no' a'zünda.«

B: »Ischt dös wohl au a' Völkerrecht
Und no' a' eahrles Kriaga?
Dia Welt ischt scho saumäßig schlecht,
Dau' wear i' g'wiß 'it lüaga.«

»Und nau mit dear Neutralität
Dau isch der nemli' Schwindel –
Wenn i' nu' d' Engländer betracht,
Dös ischt no' so a' G'sindel.
Dia teand 'it Muh und teant 'it Mäh,
Dia bleibat rüabig hocka
Und denkat: Haurat iahr um d' Brüah,
I' lang nau nauch de Brocka.«

»Und earscht dia Wörtla jatz im Blatt,
Die ka' koi Teufel leasa,
Mit lauter tschung und tsching und tschau,
Dau mach' i' liaber Beasa.«

A: »Ak'rat so isch' z' Weschtafrika,
Bei deana Hundsherero,
Dann heißt's: Owumbo, Otijmbik
Und Okokokorero.«

B: I' will nu' seah, was dau no weard
Mit deana Koloniea
Dös koscht ja Geld, als hätt's a Jauhr
Bloas Preußataler g'schnia.«

A: »Auf oimaul kommat se mea hoi',
Bald weard' na 's numma passa,
Denn mit 'ma solche Teufelspack,
Dau isch' fei' 'it leicht z' g'schpassa.
Und wearsch' nu' seah, in ötle Jauhr –
I' bi' koi' Übertreiber –
Dau bringat s' mit, 's isch gwiß und wauhr,
Zwoitausad schwarze Weiber.«

B: »Jatz' laß mi' aus, i' hau scho g'nua,
So'scht bricht mer 's Herz in d' Hosa,
Bua, dö's verzöhl i' glei' mei'm Weib,
Herrschaft, dau weard se losa!
Jatz pfüat di' Gott!«

A: »Ja, komm fei mea,
Es weard di' g'wiß 'it ruia.
Wearscht seah, wia's alt Jauhr aufg'heart
                                         haut,
So fangt 's mea a' im nuia!«

Untrüagliche Wetterrögla

Ischt der Januar recht kalt
Nau geit's viel Eis und Schnea,
Wenn Di' a Winterbeula beißt,
Nau g'schpürscht dös an de Zeah.

Im Februar, wenn d' Sonna scheint,
Ischt g'wöhnle rein der Himmel,
Sait oin'r »I' zahl' am dreißigschta«,
So glaub' m's it, deam Lümmel.

Rengnat's furt da ganza Mörz,
Nau geit's koin Märzastaub it,
Und ischt's derzua no' fürchteg kalt,
Nau sieht ma' au' koi' Laub it.

Der April tuat was ear will
Scho' seit viele Jauhrhundert;
Wenn 's am Charfreitag olfa läut',
Wearsch seah, daß 's alles wundert.

Ischt's Wetter scho recht schön im Moi,
So tuat ma' Bockbiar saufa,
Hat oiner aber zweaneg Geld,
Dear muaß an Scheps halt kaufa.

Am earste Juni jedes Jauhr,
Dau wearad d' Reahböck g'schossa,
Doch geit's so Leut, dia schiaßet Böck,
Lang voar der Moi verflossa.

Im Juli roisat reiche Leut
Nauch Sylt und Spaa zum Bada,
De Ärmere, dia wäschat z' Haus
Im Kübel iahre Wada.

Haut's nau a' Gwitter im Auguscht,
So ischt dös koi' Mörackel,
Und quackat z' Aubads tausad Frösch,
So geit's an Mordsspektakel.

Sind im September d' Öpfel reif
Und d' Doaraschleah und d' Bira,
Nau, wearscht koi' Veigale mea seah
Und kascht da Hörbscht scho' g'spüra.

Wear an der Kir'weih gar z' viel ißt,
Dear därf' se z'säma nemma,
Denn Datsche, Biar und baches Muas,
Dös macht a fürchteg's Gremma.

Dear November bringt a' Fescht,
's Gedächtnis: »Aller Seala!«
Dau ka oim doch 'i wött glei' drauf,
Koi' Mensch mea' Kirscha steahla.

Sei's im Dezember g'rad wia 's will,
Dös ka mi' it verdriaßa,
Denn dau läßt me' 's liab Christkindle,
An Haufa Freuda gniaßa.

Dackl's Früahlingsliad

Jatz' isch' doch mea Früahling, o guldena Zeit,
        Eff, büff!
Wau's g'wiß unterm Ofa koin Dackl mea lei't,
        Eff, büff!
Dau lauf i' mei'm Herrle glei' stundenlang weg
Und lackle und wackle und wargle im Dreck –
        Ei, Ei!
        Juchhei!
        Im Mai!

Und sieh' i' a' g'scheckate Katz auf 'm Weag,
        Eff, büff!
Nau fang i' a' billa und gang 'it vom Fleack,
        Eff, büff!
Und schpringt se am Zau' nauf, lauf i' wia der Wind
Und pack' se beim Wödel und beiß se in Grind;
        Ei, Ei!
        Juchhei!
        Im Mai!

So mach' i' 's de Henna und Gockeler au',
        Eff, büff!
Denn miar ischt koi' Vieh of' der ganza Welt z'schlau,
        Eff, büff!
Dau reiß i' und beiß' i' und laß nimma aus
Und ropf a' na d' Feadara vom Hintera raus!
        Ei, ei!
        Juchhei!
        Im Mai!

Und laßt mi' mei' Herrle mit 'naus in da Wald,
        Eff, büff!
Dau brenn' i' voar Freuda, bloas d' Näs' ischt 'no kalt,
        Eff, büff!
I' beiß' glei' in d' Bäum und in d' Doarahöck nei'
Und moi' halt es müaß alles umbrunga sei'!
        Ei, ei!
        Juchhei!
        Im Mai!

Kaum sieh i' an Fuchsbau, hopp! bin i' scho d'inn,
        Eff, büff!
Weil i' doch die Löcher von weitem scho' kenn',
        Eff, büff!
Dau mach' i' Spektakl, wia no'mal a' Dackl
Und treib'n mei'm Herrle für's G'wöhr na, dean
                                        Lack'l!
        Ei, ei!
        Juchhei!
        Im Mai!

Nau flack' mer all zwea drauf ganz g'müatle in's
                                        Gras,
        Eff, büff!
I' schtrack of d'a Rucksack, nau wear i' it naß,
        Eff, büff!
Jatz' kriag i' vom Herrle a' Zipfale Wurscht
Und ear sauft an Schnaps – dear haut allaweil
                                        Durscht!
        Ei, ei!
        Juchhei!
        Im Mai!

Des Sängers Fluach

Dau isch' a maul voar alter Zeit
A Schloß gwea of 'ma Berg,
So hoach, wenn d' dau hascht na g'luagat
Sind d' Leut gwea grad wie d' Zwerg.
Und Bluama em a Gärtle dinn'
Hand g'schmöckt scho' wunderfei:
Nach lauter Roasa, Veigela
Und Ilga zwischa nei.
Dau hockt a alter König,
A fürchtig reicher Ma,
Döt of sei'm Throa und brummlat
Und dräsgat für se' na.
Was haut gau dear? En Zoara,
Wia a Bibhenn' haut 'r a Wuat;
Und menta, ead und grätig sei
Isch alles, was er tuat. –
Dear laßt a mal a paar Sänger rei,
En alta und en junga,
Der Alt, dear hat a Harpfa g'spielt,
Der Jung hat d'rzua g'sunga.

Der Alt, der haut zum Junga g'sait:
»Heut nimm di' z'säma Bua!
Und sing di schönste Lieder,
Mir häbes ja grad gnua,
Vo luschtege und traurige
Derfscht oi's ums ander macha,
Jatz will i' seah, ob dear ead Siach
It au a mal ka lacha.«
Jatz standet se' scho' voar em Throa,
Da sitzt'r mea dear Bengel
Und neaba döt sei Könige,
A Weible wia a Engel. –
Der Alt, dear schlöcht sei Harpfa a,
Dau schpitzt scho alles d' Oahra,
Und wia d'r Jung höbt 's Singa a,
Isch' all's schier narret woara. –
Sie singat da alta Peter,
Da himmelblaua See,
Sie singat da liaba Augustei
Und singat 's Kanapee;
Sie singat alle Lieder,
Dia wo ma nu' befiehlt,
Sie singat au' dös Potpurri,
Wo z' Nuiburg d' Musik spielt. –
Dia Hofleut um da König rum
Sind all' no mäuslestill;
Die hand schiar gar ihr' Sprauch verlearnt,
So haut sie grüahrt dö's G'spiel.
Und d' Königi woiß au it was,
Soll's lacha oder heina;
Sie wirft vom Miada für dia zwea,
A Roas, a wunderfeina –––
»Ja Huarament!« so sait der König
Jatz zua sei'm Weib: »Du Loas!«
»Was geisch' denn Du deam Siacha dau,
Deam Bettelma', dia Roas?«

Er schreit und tobat fürchteg wild
Und kragat wia a Sau,
Und wirft sein Säbel körzagrad
Em Junga in den Bau. –
Die oine sind vertloffa,
S'isch'n kalt da Buckel na;
Zu so 'ma wüaschta Kerla
Ma' doch koiner nix meah sa'. –
Der Alt, dear nimmt da Junga,
(Ear isch' scho' a höba kalt)
Un trait'n furt im Mantel, –
Für dussa macht er Halt.
Zearscht tuat er a weng schnaufa,
Nau gaut'r hear, it faul,
Und schlöcht sei Harpf zu Fetza
Und Spacha an 'ra Saul.
Nau fangt er a zum Fluacha:
»Du Saustall vom a Haus,
Du Hundsbarack, du schlechta,
Du dreckats Schinderhaus.
Du ka'scht a Weile warta
Bis d' wieder hearscht 'n G'sang,
Versinka ka'scht von mir aus,
Mit samt dei'm schönste Gang.
Und Hädere soll d'r wachsa
Im Gärtle, weiß und roat,
Und Soichbluama und Pfiffera,
Von Veigala gar koi Woart. –
Und Du, Du schöaner Schnickel,
Verröcka ka'scht, wenn d' willscht,
Du wear nur Teufels Spiaßg'söll,
Weil d' gar so arg guat zielscht.
Du b'soffana Loas, Du dummer Siach,
Dös was i g'sait hau, b'halt's;
Du bisch' a recht'r Lackl,
A Saukopf, jatz woisch all's!«

So sait er und isch' ganga
Und nauch 'ma Weile d'rauf
Kommt scho d'r G'richtsvollzieher
Und schreibt beim König auf.
Sei' Schloß dös isch' verfalla,
Die ganz G'schicht hat koin Weart;
Der Teufel hat'n g'hollat,
Nau hat ma' nix mea g'heart.
Dia Bluama sind verfroara,
Koi Gräsle kommt mea auf
Und an deam Platz vom Gärtle
Staut a Wasahütte drauf. –
Dia G'schicht, dia hau i früher
Scho' glesa im a Buach;
Jatz hätt' i's bald vergessa,
Se hoißt: *Des Sängers Fluach.*

Karl Dietmann

Freundlichkeit in alter Zeit (1868)

Sait mei Muetter:
»Heunt holscht mir mei Sächle
In der Metzg' am Bächle,
Woisch, beim Wasale!«
Und ih lauf' als wia a Herm
D' Metzgerglocka macht scho(n) Lärm:
»Heunt möcht' ih a Schweines,
Aber koi so Beines!
Und mei Muetter hätt' en Gluscht...«
Fraugt der Metzger gleih: »Nach Wasale?« –
– »Nach 'r Bluat- und Leaberwuscht!« –
Und jetz sait er: »Sodale!«
Hacket gleih und wiegt und schneidt,
Schnell ischt mir mei War' bereit.
»Jetzale! 's sind grad zwoi Pfund!«
Sait er freundli, »essat's g'sund!«
Nimmt mir as s' eingwickelt Geld –
's isch a Hauptsach' in der Welt –
Legt de Gulde vor sih na,
Wechsla mueß der guete Ma(nn),
Und geit raus 'en Groscha z' *viel*,
Haut sih »g'stoaßa« bei dem Spiel:
»Hopsala! Dös wär' nit recht!«
Nimmt sei Brill': »Wie sieh i schlecht!«
Und er zieht da Groscha z'ruck:
»Buebale, magscht nit a Stuck
Vom a gueta Schwartamaga?
Wasele? Kannscht den vertraga?
Oder vom a Leaberkäs?
Buebale, gleih sag mir dös!« –
D' Antwort ischt mir gar it loid,
Ih sag': »*Ih ma(g) allaboid!*«

Ei, dau lacht der Wasele:
»Du hascht 's feinschte Nasale!«
Und er geit mir *allboid* Stück,
Und ih hupf' und spring' vor Glück:
»Jetzale und Sodale,
Geltsgott, Geltsgott, Wasale!«

Ueberradlet

A Bua, der 's Radla no it ka(nn),
Der pendlet uff der Straß sein' Bah(n);
Und voer eahm schiegg und überzwear
Schlorpt grae sin(g) alte Bäs' derhear.
Da denkt der Bua: »'s ischt doch wie g'macht!
Zum Deuxel auh! – jetz gibt ih acht!« –
Er zielt vorbei – und akkurat
Trifft er uff's Wible mit 'em Rad.

In Graba hat's allbeid' 'neikeit!
Die Bäs' die stoht meah uf und schreit:
»Was soll denn dös bedütta?
Ja, Bua, kannscht du nit lütta?

Der Bua butzt dasig d' Händ und 's Häs
Und sait nauh: »Oh min(g) liaba Bäs'
Lueg, lütta könnt ih, wie du witt,
Bloß 's Fahra, 's Fahra ka(nn) ih it!«

KARL DIETMANN

Den Bergfexen

Uff dei'm giftgrüene Hüetle
Protzt wißer *Adlerflaum!*
Ganz sicher trüg' a Adler
Sich deine »Schnorre« kaum!
 Duliöh!
Und an dei'm Schariwari –
Da hängt a großer *Zahn:*
Es isch der *Zahn der Weisheit,*
Den du da angetan!
 Duliöh!
Cylinder, Monok'l
Salonschuah und Frack:
Wer so uff'n Berg steigt,
Bricht sicher sei(n) G'nack!
 Duliöh, duliöh!

D'r schwäbisch' Fasnachtsprecher

 Rum–pumpumpum!
 Rum–pumpumpum!
Die Fasenacht gauht um, gauht um
Mit Brumm und Summ, und Summ und Brumm!
Jetzt los' nu, los', o Bubblikum:
Ih bi(n) der »*Herr vom dürre Ast*«,
Ih bettle 's Brot und schenk 's 'm Gast.
Am gumpiga Donnstäg pump ih brav,
Dau isch d'r Bettelma(nn) a Graf!
Der Bebbi dreht de Kittel um,
Der Kaschber lauft im Hemmad 'rum!
Am pfroumiga Freitäg rueßt ma(n) sich,
Am Samstäg schmotzt der Kreidestrich;
Am Sonntäg isch die Welt viereckig,

Dau gauht d'r Hanswurscht und Grödel scheckig
    Brennroat und grüe(n)
    Dunkt Narra schöe(n)!
    Und grüe(n) und blau
    Gauht Hanswurschts Frau!
De Möntäg laßt ma Möntäg sei(n),
An Fasnacht pack' brav Krapfa ei(n)!
Am äschriga Mickta lauf' zur Äscha
Und wäsch' dernauh dein' leere Täscha!
Uff'n Aubad kommat sieba Raba,
Tunt d' Fasnacht helfa schöea vergraba;
's nächst Jauhr gräbt ma(n) sie wieder aus!
    Jetzt bfüht dih Gott'
    Hüh, wist und hott!
    Nu(r) zue! Grad aus,
    Nau findscht a Haus!
    O ho! Ja so!
Was bin ih für a arma Maus,
A *Häusle* haun ih und koi Haus!
A Häusle haun ih wia a Nuß:
Gauscht vorna 'nei, bischt hinta duß!
    Wo 's Häusle leit?
    Ja weit, ja weit!
Neun Stund' weit hintr d'r Sonna,
Dau könnet ihr mir uff d' Fasnacht komma!
    Holla!

Martin Egg

Mei Hoimat

Mei Hoimat, dös isch 's Schwaubaland,
a Ländle, schea und nett.
Mit Bergla, Täl'r, all'rhand,
Bächla, Flüßla, in und usser'm Bett.

Greane Wiesa, goldane Feld'r
für uns'r täglich's Brot,
mit Buacha- und Oicha-Wäld'r
und Vog'lbeer, ganz fuirig rot.

Vom blaua Himm'l lachat,
die guata, alte Sonn
und üb'r eis'r Ländle wachat,
d'r Herrgott sell, auf sei'm Thron.

Dös Ländle isch sei schtilla Fraid
und sei hoimliches Verlanga,
Er duat a'maul, haut Er scha g'sait,
dau na in da Austrag ganga.

Dös Ländle, wo i geboara bin,
dös isch mei Oi und Allz,
a Bitt trag i zum Himm'l hin:
»Mei liab'r Gott, erhalt's«.

Mei Muatt'r

Es gibt Wört'r,
dia schpricht ma ganz and'rscht aus
wia de oine, viel innig'r und zart'r,
denn dia kommat au aus'm Herza raus.

Es gibt it viele
von deana, dia i moi.
Zom Beischpiel:
Herrgott, Weihnachta, Dauhoi.

Ma gschpürt ebbes im Herza,
wenn ma so a Wort ausschpricht.
A oinziges Wörtle bloß
und doch schean'r, wia a ganza G'schicht.

Imoin, daß zu deana Wört'r
au dös wort »Brot« d'rzua g'härt,
wer scha a'maul Hung'r g'litta haut woiß,
wia ma a Schtückle Brot verehrt.

Oin's von de schönschte,
von deane weanige dia's geit
hoißt: »*Muattr*«
dös hand scha ganz Andere g'sait.

Kaum a anderes Wort
kommt deam Wörtle gleich,
wer dös no saga ka,
der isch unendlich reich.

I ka no saga:
Grüaß de Gott Muatt'r, wia gauht's dir au,
nau lachat se und sait:
Ja guat, denn i bin ja no dau.

Wenn i dös här,
nau duat mi dau denn ebbes drucka
und i nimm mir voar,
no öft'rs nauch ihr zom gucka.

Denn sie isch scha
wohl ebbes üb'r achtz'g Jauhr,
a bißale wacklig auf de Füaß
und schneaweiß send ihre Haur.

I woiß es no guat,
wia dia no ganz schwarz g'west sind,
wia se glänzt hand in d'r Sonn
und sich kräuslat im Wind.

Wenn es irgendwie ging,
nau dät i ihr von mei'm Leaba
aus Dankbarkeit für all'z,
a paar Jährla d'rzua geaba.

No hätt i's übrig,
sie könnt's von mir hau,
denn schterba muaß i all a'maul,
ab'r i könnt no läng'r zu ihr gauh.

Doch, dös laßt se it macha,
dös isch au ihr Glück,
denn wia i mei Muatt'r kenn, gäb sie mir
dia paar Jährla »dopplat« meah z'rück.

Mei Freindin

Es isch bekannt, daß i a Freindin hau,
viel läng'r scha, als wia fünf Jauhr,
jed'n Samstag dua i zu ihr gauh
und au am Sonntag, dös isch wauhr.

Mir liabat uns von Herza fescht,
dond it geiza und it schpara,
mir umarmat uns voar alle Gäscht,
so richtig fescht und wara.

Die ganze Wuch durch denk i d'ra
und frai mi auf's Wocha-End,
weil i dau zu ihr meah ganga ka,
ganz frei und ungehemmt.

Mei Weible sait: »Gang du na zua,
zom Essa kommscht halt hoi,
so'scht hauscht du ja doch koin Ruah,
gang und laß dei Freindin it alloi.«

Dia wartat scha, dös woiß i g'wiß,
nix Falsches kommt der in da Sinn,
mei Freindin isch a Bloma-Wies
und liegt im Wald so mitta dinn.

Am scheaschta isch se in d'r Maiazeit,
wenn ringsrum alles blüaht,
wenn es von de Keschp'r Blüata schneit
und durch d' Herza d' Sehnsucht ziaht.

Wenn es duftat aus'm Tannawald,
wenn Schmett'rling gauklat in d'r Luft,
wenn es von Vog'lschtimma wid'rhallt
und zwischanei d'r Kuckuck ruft.

B'sond'rs im Somm'r bin i geara dau,
wenn d' Sonn so richtig brennt,
wenn am Himm'l doba 's Blau,
üb'rhaupt koi End it nemmt.

Wenn d' Luft so flimm'ra duat
üb'rm goldana Koarafeld
und von d'r Feldscheich ihrem Huat,
g'rad no a bißale a Schatte fällt.

I bin verliabt, dös gib i zua,
i mächt's it and'rscht hau
und i hoff, daß i lang g'nua,
zu mein'r Freindin ka no gauh.

Doch geschtern dau, wia soll i's sa,
dau war i schwer entsetzt,
mei Wiesle, dös so fescht i ma,
haut mei'n ganza Schtolz verletzt.

Meine Auga hau i kaum traut,
doch 's Wiesle haut mi innig bittat:
»Verlaß mi it, i bin dei Braut,
mei Bau'r haut mit heit frisch b'schüttat.«

Wenn ma mi so innig bitta duat
und au uns'r'r groaßa Liab weaga,
bin i halt, verschtandat mi guat,
in de frisch g'odlat Wies nei'g'leaga.

A' Gedicht

So leicht isch es wied'r au it,
a' Gedicht zum macha,
denn d'r Oi will heila,
und d'r Oi will lacha.

Für da Oina soll's
meah geischtreich sei,
d'r And'r will viel Sex
und Liebe nei.

Schpannung und Raß soll's hau,
oi'maul soll d' Sonn
und nau soll meah
d'r Mauh aufgauh.

Vögala sollat singa,
Bloma sollat blüah,
a leisa Weahmuat
soll 's Herz durchziah.

D'r Wald soll rauscha,
Reahla sollat schpringa,
Elfa sollat tanza,
Schalmaia sollat klinga.

A Wässerle soll murm'la,
a Mühlrädle sich dreha
und üb'rs goldana Koarafeld,
a ganz fein's Windle weha.

Dau fraug i mi,
ja Hermann nei,
was muaß emma Gedicht
denn no alles dinna sei?

Wissat was mitnichta:
Wenn's so isch,
nau dond doch selb'r dichta.

Mindelheim und Umgebung

Johann Georg Scheifele

Die Menschenalter

Sobald der Mensch geboara ischt,
Sei's Heid, sei's Türk, sei's Jud, sei's Chrischt,
So fangt ear z'earschta 's heina a'
Und rotzlat, was ear rotzla ka',
Zum Zeicha, daß in jödem Fall,
Dia Welt a Plaug- und Jaumer-Tal,
Und göga 's herrla Paradis,
A Winkel sei voll Fleadermäus.
Drum macht ear allaweil bebe,
Ischt oft reacht ead und ganz faschee;
Denn ischt der Noller it recht guat,
Ear keit iahn weck, daß 's pflatscha tuat;
Verstrampflat 's Bött, und nötzt drei' nei'
Als ob ear tät a Möörgott sei'.
Und kommat nau dia Jauhr derhea,
Wau learna soll ear 's A, Be, Cea,
Dau tuat ear gar oft 's Kopfweah hau',
Nu' daß ear därf in d'Schual it gau';
Bald ka' ear's buschtabiara it,
Bald bringt er mea koi Tafel mit,
Bald ka' ear nix im Oimalois,
Bald haut ear oi's, bald haut er koi's,
So daß ear Schimpf und Schualarrescht,
Sogar am heil'ge Namasfescht,
Vom Schulleahr und vom Vater kriagt,
Und au' no' Datza, wenn 's it gnüagt.
Am örgschta ischt's no mit seim Gschrieb!
Dau haut ear gar 'en koiza Trieb,
Verdolket d'Finger und's Papiar,
Und macht a miserabels Gschmiar,
So daß ma' moi't, a alta Henn
Sei rumdappt mit de Daupa denn;

Ear tuat au' auf der Gaß rumstau',
Anstatt in d'Schual und d'Kircha gau',
Macht Pfänder- und a Räubergspiel,
Denn's Learna freut iahn it reacht viel;
Und kommt die sommrig Zeit derhea,
So ka, ma'iahn beim Kluckra seah;
Im Maia fangt er Käafer ei'
Und spannt sie zum a Fuahrwerk ei';
Ear hängt' s' au' am a Fada auf,
Laut's prödiga und fliaga drauf,
Und ißt s', wenn ear koin Grausa haut,
Mit Kopf und Füaß, mit Haur und Haut.
Au Maiapfeifla macht ear viel,
Und liabt gar arg 's Soldatagspiel;
Drum haut ear von Papiar und Blei,
Infanterie und Reiterei,
Glei so a Dutzat Schachtla voll
Zum Klausa kriagt vom Vötter Stoll.
Do' Kürassiar sind it derbei,
Weil dös gar tuir und Luxus sei,
Und weil die böscht Soldatamacht,
Do' 's Naudlagwöhr und d'Lischt ausmacht.
Haut d' Schualarzeit aumaul iahr End,
Nau kommt a schörfer's Regament;
Ear muaß in d' Leahr zum Meischter gau',
Ka' statt der Supp oft Prügel hau',
Denn ischt der Meischter sell au guat,
So plaugt iahn d' Meischtra bis aufs Bluat,
Daß gwiß, bei jöder siebta Bitt,
Der Lehrbua denkt, dös Übel mit;
Drum ma' der Tuifel alles sei,
In d' Leahrzeit aber huascht't ear drei'.
Ischt endla au' dia Folter rum,
Der Kopf voll Schlög und Dachtla dumm,
So gaut ma' dau und dötta na'
Und klopfat an de Feischter a';

So gaut's a öttla Jährla futt,
Bis Geld und d'Kleider sind kaputt;
Und dur dia staubig Burschareis
Der Kopf und 's Hemmat ischt voll Läus';
Jatz endla kommt die gulda Zeit,
Wau 's Eahratittel Häufa schneit;
Wau 's Büffel, Ochs und Rindvieh! heißt,
Der Stock um Hand und Buckel kreißt,
Und d' Zimmerschur und d' Hausgangwacht
Mit Knöpflabrüah d' Menasch ausmacht.
Dös ischt a Leaba wia a Grauf!
Dau gand voll'd alla Kreuzer drauf;
Denn von dear Koscht, so kuz und nett,
Dau wead sei Lebtig koiner fett.
Und haut der Ma' sei' Zeit ausdiant,
Als Gmoiner, oder gar Bediant,
Als Vizeler und Korporal
So bleibt iahm drauf koi' andra Wahl,
Als langsam, ob der Moda schoa',
'En guata Fang und Heirat toa';
Drum suacht er si' a Mädla aus,
Mit Heiratguat und mit ma' Haus,
Und moi't und traumt 's wear alles recht,
Derweil gaut 's miserabel schlecht!
Ear sieht voar Schulda nimma meah,
Därf all sei' Geld de Juda gea;
Sei' eiga ischt koi' Stoi' vom Haus,
Es luagat d' Noat beim Feischter raus,
Und Hunger leida muaß dear Ma',
Daß jöder d' Rippa zöhla ka'!
Au ischt sei' Weib, dear ausgwöhlt Schatz!
So beas als wia a wilda Katz,
So daß der Ma' bei seiner Great,
A halbar Siach und Matrer weadt.
Und kommt a andrer bösser dra',
Und moi't ear sei a gmachter Ma',

Därf Deller sa' – so komm scho' d' Wu'scht,
Därf löscha alla Tag de Du'scht,
Därf Schnauzbart, Ring und Angschtroahr tra',
Und alla Jauhr auf Boklet na',
So haut ear mit de Kinder Schur,
Verdörbt sei' Gsundheit und Natur
Mit Zoara, und mit Lacha Gall
So groaß, wia d'Jauch im Märrastall!
Und z'löschtes weadt trotz alla Strix,
Sei' Soh' und Tochter schiar gar nix,
Denn d' Mamma dia ischt au' nix gwea,
Und haut 'ne alz dur d' Finger g'seah.
So weard ma' alt, ma' weiß it wia,
Und bricht in d'Wada und in d' Knia,
Apata wenn no 's Podagra
Oim d' Knocha sammt der Haut zuicht ra,
Und wia a Boahrer und a Zang,
Oin sticht und zwickt glei stundalang;
Dös ischt a groba Hörbschtnatur!
Vertilgat jöda Sommerspur,
Und schüttlet 's Lauba von de Öscht,
Und 's gwurmat Obscht, wia's allerböscht.
Nau kommt schöa stät der Winter drei',
Und schneibt und wittrat alles ei',
Denn jöder leabt und haust a Weil,
Nau stirbt ear und haut Boiner feil;
Dös ischt der Gwinnscht von deaner Welt,
Dös kriagt ma' um iahr Guat und Geld;
Zum Narra tuat 's de Menscha hau',
Wau tuat nauch iahra Launa gau';
Drum liaba Leutla! sind do' gscheit,
Und denkat an die öbig Zeit!

JOHANN GEORG SCHEIFELE

Die Bauernhochzeit

A sonniger Morga im Maia ischts gwea,
Dau hau' i a Hoasat in Dirlewang gseah;
Scho' z' morgas, um Drui rum, voar d' Vögel
                              verwacht,
Dau haut ma' scho' gschossa mit Böller, daß 's
                              kracht!
Und d' Henna hand gatzgat, und d' Goggeler kräht,
Und hand iahra Kräga ganz übrische dreht,
So daß ma' dean Lärma und 's Bauratralla
Haut gheart bis auf Hausa und Mindelhoi' na'.
Sobald ma' um Viara 's Gebeat gläutet ghött,
Dau haut ma' de Bräutigam aufgwöckt vom Bött
Mit türkischer Musing und Böller und Hoch!
Daß d' Oahra hand klinglat a dopplata Woch.
Um achta ischt komma die auserwöhlt Braut,
Haut öbbes verheinat, do' liabla drei' gschaut,
Und haut nauch 'em Bräutigam al'z mitanand,
Gar frui'dli und offala grüaßt bei der Hand.
A Brautfuader, ziart mit ma' dännige Reis,
Und zocha von Schimmel, ganz jung und
                              schneaweiß,
Haut alles bewundrat, sei's Jung oder Alt,
Ma' haut so a Vürnehms it gseaha glei' bald.
Denn 's Bött ischt scho' gwösa so aufgschwillt von
                              Pflaum,
Ma' sieht in iahm dinna a Brautpärla kaum!
Und d' Gunkel und 's Rädle hand Wickala ghött,
Mit seidene Bändel verziarat, wia 's Bött.
Um Neuna sind höba au' d' Göscht so schea hea,
Sind Schösa und Wägala Hunderte gwea,
Und alla so nobel nuimodischer Art,
Daß 's gwea ischt a herrische, propere Fahrt!
Wia 's Zöhna haut gschlaga, dau heart ma' 's Geläut,
Und richt't si' zur Kircha bei gheariger Zeit.

De Feschtzug eröffnet der Gmui'ds-Vogt, wia
                                              sonscht,
Nau kommat d' Musikanta und d' Buaba mit
                                              Gonscht;
Mit Hüat volla Sträuß', a Zitro' in de Händ,
Und seidana Tüachla am Inschtarament.
Drauf folgat so Burscht, und a lödige Waar,
Dia johlat und jutzgat und tanzat schiar gar!
Jatzt kommt nau earscht d' Hauptsach schöa langsam
                                              herbei:
Der Bräutigam, – d' Eahramand, und
                                            d' Burgameischterei.
Und endli', mit Jungfra in stillem Bedacht
Au d' Braut in ra schwaza und seidana Tracht.
Wie d' Kircha ischt ausgwöst, nauch christlicher
                                                Weis,
Dau ischt ma' in's Gaschthaus zum Trunk und zur
                                              Speis.
Der Pfarrer haut's Brautpaar persönla na' g'füahrt,
Und alles, was Gascht gwea, dös haut gratialiart.
Drauf haut ma' 'en Tanz gspielt, a gotzigesmaul,
Und haut si nau hi'gsötzt zum feschtliche Mauhl.
A Reissupp' mit Wüschtla ischt gwea die earscht
                                              Speis!
Ganz saffarageal nau der ländliche Weis.
Nau' haut ma' a Voarspeis von Kuttla und Kreas,
Mit Wei'bör, Ziböba von Dötterles Neas,
Au' Kräpfla von Butter, und Waffla derzua,
Und Rindfleisch und Saufleisch und Wildpret grad
                                              gnua,
Oi' Schüssel, oi' Deller um's ander' heabraucht,
Daß glei' die ganz Tafel haut dampfet und graucht.
A Schlögl in der Rauhmsoos! a Dota im Wei'!
Dia sind nauch 'em Brätla marschiart hintadrei'.
Dau hand frei' dia Baura schö' d' Nä'sana gstutzt,

Hand d Mäular und d' Deller und d' Gabla schea
butzt.
De Schluß dean haut gmachat a Sulz und Haschee,
Und Küachla und Honk mit ra Schaala Kaffee!
Nau weil ma' haut gessa und trunka ghött gnua,
Dau haut ma' mea tanzat und gjodlat derzua,
Dia Tänzla sind zearschta bloaß Knearinger gwea,
Dau haut ma' si' dreht so ganz gmüatla derhea;
Beim Schottisch, beim Polka und gar beim Galopp,
Dau ischts scho' grad ganga hopp, hopp, hopp, hopp,
hopp!
'S haut pfiffa und gstampfat, und patschat in d'Händ,
Daß zittrat der Boda mit Fei'schter und Wänd.
Wia endli der Aubad scho' a'brocha ischt,
Haut oiner schea a'dankt als eahrlicher Chrischt.
Haut gsait zua de Brautleut: »sie seia oi' Leib,
Und gheara iatz zäma als Ma' und als Weib.
Im Glück, wia im U'glück, in Freud wia in Leid,
Dau sollat sie halta, was Paulus haut gsait;
Und sollat erfülla Versprecha und Woat,
Und neama soll's trenna, als bloaßig der Toad.«
Drauf haut ear no gwunscha a dutzat paar Kind,
Und d' Stallung voll Gäul, und voll Schauf und voll
Rind!
A vivat! mit Dusch drei' für d' Brautleut und
d' Göscht,
A Schluck vom a Wei'la, dear weitaus der böscht,
Weil d' Brautleut dean sell no' zum trinka hand gea,
Denn's Brautpaar ischt gwösa gar frui'dli und schea!
Dös haut a frisch Leaba in d' Gsöllschaft nei' gmacht,
Daß alles ischt blieba, bis der Morga haut g'lacht.
Bis wieder der Gockeler gschriea haut ghött,
Dau sind earscht dia Brautleut zur Ruah und in's
Bött;
Hand z'morgas um neuna schea d' Auga ausgrieba,
Und sind so fuchzg Jährla beinander verblieba.

Drum weu'sch i zum Schluß jödem Hoachzeiter-
                                           Pärla
Dia silbarna, goldana Eahastands-Jährla!

Die Fahrt auf das Volksfest

Nu gschnell vüra'! da Molla butzt,
Em alta Hengscht da Kamma gstutzt,
Da Waga gschmiart, da Sitz nauftau'
Und frei' koi Stäubla hanga lau';
Du Jacabi'! hol d' Goisel raus,
Und bürscht mi' au a bißla aus;
I fahr in d' Stadt auf's Volksfest nei'
Ka' sei', es trait a Preißle ei'! –
Denn so en Hengscht, wia i oin hau' –
Ma' sieht iahn glei von weitem stau',
Haut bloaßig no der Pfarrer dinn,
So'scht woiß i koin so viel' mi bsinn;
Und nimm i iahn recht keif ins Aug,
So ischt's am End a groaßa Fraug:
Ob no a andrer als mei' Fuchs
Gau' haut 'en sölla stattla Wuchs?
A Bießwerk haut ear, alla Welt!
Nu schad, daß scho a Stockzah' fehlt.
Da Kamma stöllt ear wia a Sau,
De Grind und d' Ruata hinta au.
Und Füaßla haut ear wia a Reah,
Ma' ka' koi schöaners Fuaßwerk seah;
Dear kriagt auf jöden Fall 'en Preiß,
So wauhr i Batlastoffel heiß.

Und Weib! wearscht seah, i moi i schmöcks,
Daß eusar Molla und ussra Böcks
Bei deanar Gschicht it leer ausgaut,
Wenns jö koin andra Haucka haut.
Probiart ma's halt, vielleicht gauts guat;
I wollt, i hätt mei' alta Stuat! –
Nau' konnt d'rs beinah schriftla gea,
Es trait 'en Preiß, vielleicht gar zwea!
Und wemmers dösmaul gar nix tröt,
So hau' i do a Gauda ghött;
Auf so ma' Fescht, dau geits 'en Gspaß,
Dau trifft ma Leut von lust'ger Raß!
Denn d'Schwauba sind die lötschta it,
Dia machat alla Gspäßla mit.
Jatz überm Lech, dau ischt es noi'z,
Dau macht oim d' Langweil beinah koi'z;
Dau ischt der Zopf no öllalang,
Schiar länger als a Hopfastang!
Iahr greaschta Freud ischt's Kögelspiel,
Und dia ischt it gar extra viel;
Sie reißat höchstens d' Mäuler auf,
Und tund 'en Ratikopper d'rauf.
Jatzt Jacabi! laß no oi's sa:
Höb frei' da Dauma z'nammata,
Damit miar's Glück it durabrennt,
Wenn euser Hengscht da Krois rumrennt.
Jatzt, wischt a ho! und naus beim Oat,
I bring 'en Preiß, es ischt a Woat!
Und Bodabiara lög frei zua,
So'scht hau' i sammt 'em Fescht it gnua.

Der Herbst

Kotz sikerlint! Was sott i sa'?
Gaut dös a küahler Luft!
Miar hand do heunt eascht Gallata',
Und do' sind d' Bäum schoa volla Duft!
Zwar ischt die kommad Wucha Simmetjaud,
Dös hängt denn s' moischt de easchte Schnea
                                 in d' Staud.

Es sind do meine Zwetschga hund',
I hau huir öttla Bäum voll ghött;
Sie flackat wohl im Keller dunt,
Und hand im Faß a truckes Bött.
Dau kocht mei' Weib schoa öttle Krapfe draus,
Sie roichet geara bis Martini aus.

Und Biara hau' i fuchzöh Schauf!
A Faß voll Hengst und blaua Schlea;
Drei Maltersäck voll Spä'ling drauf,
Nau bi i frei no' lang it grea!
I kriag ja bei der ussre Einzäu duß,
Zum weanigst feufthalb Metza wälscha Nuß.

Jatz Äpfel hau' i meah als Stoi',
Und sag i dös, so luag i itt;
Drei Säck voll Broitling schoa alloi,
Geschweiges, was nau 's oi' no gitt.
Apatig geit's bei'r ussra Mühl
Huir Leader- und au' Klausaöpfel viel.

Wenn nu iatz 's Wetter bösser wur!
Nau wär huir älles glückli tau',
Es solt halt reagna dur und dur,
Nau konnt ma au ge saia gau',
Und brächt schea stät bis höchstens St. Lebold
Dös Sächla rei', wau öbba duß ischt volt.

Es gand so hata rauha Wind,
Dia tund de Saume fürchtig weah;
Und 's Lauba schüttlets sakrisch gschwind,
Denn d' Sonne laut si' selta seah.
Es wead do no a bissla besser gau'!
Denn's tund no Rüabe uf 'em Feld duß stau'.

Zwar gmoi'kle in der Kiarweihwoch,
I hau' no ällat Achting gea,
Ischt offa moischtens 's Reageloch,
In zöhe Jauhr kaum druimaul schea;
Und do will Mathe für sei' Roß a Heu,
Und sotts au nu a halber Viarling sei'.

Hans Schnebelin

Es ischt amaul a Mannsbild gwea,
A Burger von ra Stadt;
Haut über alle Leut nausgseah,
Als wia der Goliath.

Haut Auga ghött als wia a Luchs,
'En kehla Strobelkopf,
So roat und wief, als wia a Fuchs,
Und voarnadött 'en Schopf.

Ear ischt der Störkschst im Städtla gwea,
Und Frui'dsbergs Argatant;
Ischt nia in Streit und Kampf verlea,
Und haut de Tuifel bannt.

Und wia denn zua dear sella Zeit
Sind d' Baura rapplig gwea,
Und hand die sämmtla Obrigkeit
Halt wölla macha grea,

So daß sie au' im Schwaubaland
Vom Necker bis zum Lech,
Dia Herra-Burga mitanand,
Hand zämabronna frech,

Und scho' von Ochsahausa aus
Bei Unkariad sind glea,
Daß alles volla Schreck und Graus,
Und volla Ängschta gwea,

Dau haut mei tapfrer Argatant,
Als treuer Unterta'
Weil d' Weiber all hand zämmpflant,
Versammlat alla Ma'

Haut gsait: »iahr Burgar losat auf!
Tund d' Zippelkappa ra'!
Jatz ischt koi Zeit zum langa Schlauf,
Drum losat, was i sa:

Hand frischa Muat und Kriagerlischt,
Es braucht's, soviel i gspür;
Verrammlat d' Toar mit Stoi' und Mischt,
Und schiabat d' Riegel vür.

JOHANN GEORG SCHEIFELE

Der Betz und Malefuggerle,
Und Dägele, Böcka Franz,
Dia müassat mit 'em Kupferle
Bewacha d' Galga Schanz.

Der Kleischpa und der Feu'feler,
Der Bläsi und der Brau'
Dia müassat mit 'em Taubeler,
Beim Rautshaus Poschta stau'.

Der Häutle und der Schindele,
Der Ibele und der Reah,
Dia richtet mit 'em Gingele,
Glei d' Wasserspritza hea.

Der Pfannaflickar und sei' Bua,
Au' d' Hafner klei' und groaß,
Und d' Huaf- und d' Nagelschmid derzua,
Land d' Böllar alla loas.

Der Wauferschmid Speusippus Friaß,
Und Scheeraschleifers Veit,
Dia gend de Säbel und de Spiaß,
A nagelnuia Schneid.

Und d' Böcka machat Zwieback gnua,
Und d' Mötzger greichte Wü'scht,
Und d' Wiat gend s' Biar und Schnapps
                              derzua,
Wenn's hungrat oin und dü'scht.

Au' kocht a jöda Weibsperso'
A Schüssel voll Kaffee;
Denn dear ischt guat! i riach iahn scho'
In Burgamoischters Näh'.

Drum lant's nu' a'gau', miar sind dau,
Und gricht für alle Fäll;
A jöder weiß sein Poschta gnau,
Fürcht it de Tuifel sell.

Denn I und Frui'dsberg! wohlbekannt,
Mei' Herr, dear au' mitgaut,
Miar fressat geara mitanand,
Zwölf Baura auf 'em Kraut.

Miar hand s', 's ischt no' koi' Jäuhrle hea,
Brav gnomma bei de Grind,
Daß Alla sind capores gwea,
Als wia a gstochas Rind.

Drum hand koi Furcht, und hand koin
                              Schreck!
So sait Hans Schnebelin,
»Miar dreschats zäma zum a Dreck!
Wia d' Wälsche im Veltlin.«

Die ewig Ruah

Jatz leischt halt dinna unterm Boda,
Mei' guater Nauchbaur Valatei'.
A Kreutz hauscht nauch der nuia Moda,
'S konnt wärla it viel scheaner sei'.

Jatzt bischt vertleast und bischt vertronna,
Und hauscht de Himmel in der Tat.
Bischt volla Freud und volla Wonna,
Und hauscht a Ruah voarm Affakat.

Hauscht alla Tag recht guata Knöpfla,
A Brätla und Salat grad gnua!
Am Freitig kriagscht a Goglhöpfla,
'En Zwetschgadatscha au derzua.

Wenn's i so hät, i tät frei lacha!
I lußt miar's schmöcka, sakkermoscht!
Bei miar dahoim, dau wead nix bacha,
Dau geits a kloina, magra Koscht!

A g'hoblats Kraut und Bodabiara,
Und am a Sonntig und heilige Tag
A bissala Speck zum Gurgelschmiara,
Dös ischt mei' Mauhlzeit und mei' G'nag.

Am Morgas hau' i bloaß a Suppa,
Du hauscht all Tag derfür Kaffee,
I sieh's ganz Jauhr it Boi, no' Schuppa,
Und du hauscht Fleisch und Fisch und Tee.

I kriag it oft a Biar zum trinka,
Und du hauscht alla Ta de Wei'! –
Hauscht Käsla, Schwartamaga, Schinka,
Es ka' diar nimma wöhler sei! –

I hau' a truckes Broad von Haber,
A Gläsla Schnapps, 'en Scherba Mill;
Dös hol der Schinder und der Schaber!
Drum hear i auf, und bi' iatz still.

Eine Exklamation an den Memminger Mau'

Ei grüaß di' Gott! mei' liaber Mau'!
Tuascht heut scho' wieder Schildwacht stau'?
Bischt gar a alta, guata Haut,
Dia wau koin Schwauba it verlaut.
Denn muaß i dau und dötta sei' –
So stöllscht di du als Gsöllschaft ei'.
Hauscht gar a liablas, fruidles Gsicht!
A Nä's, als wia a Uhragwicht,
'En Grind und Kia'za kugelrund,
Als wia a Ochs mit tausad Pfund.
Do' mankmaul luagescht spöttisch drei',
Und schillascht in dia Welt so nei';
Du siehscht halt freila allerhand
So Geischter, dia im Finschtra gand,
Dia's Tagsliacht schuiat, wia bei eus,
A Nachteul' oder d' Fleadermäus.
Au' siehscht du alla Aubad schiar,
Belada schwer mit Schnapps und Biar,
De oina und de andra gau',
Und dau und dött im Winkel stau',
Wau ear, in deaner stilla Zeit,
De Ualrich um a Hilf a'schreit.
Dear it an Gott und Heilige denkt,
Und dear koin Heller neama schenkt,
Ear geit's em Baches guldaweiß!
Und seina Leut, dia fressat d'Läus.
Dau wär's koi' Wunder, liaber Mau'!
Wenn d'tätscht voar Örger schiar vergau';
Drumm lauscht di' öfters gar it seah
Und kommscht im Gwölk verstöckt derhea.

JOHANN GEORG SCHEIFELE

Euſer Recht

Im Schwaubaländla leit a Nescht,
Dött haut ma' ghött a Gricht,
Denn heu't no sieht ma' d' Überrescht,
Von deaner Galga-Gschicht;
Und au' a Zuchthaus ischt dött gwea,
Wau allerhand Calfakter glea.
All Freitig haut ma' d' Urtel gea,
Und haut a öttla ghenkt,
Denn Galga sind es gwösa zwea,
Ma' haut koi' Gnaud it gschenkt.
Der inner haut für d' Burger gheart,
De ussra haut ma alla bscheart.
Amaul, so sait der Bot von Blöckt,
Haut's soviel Lumpa gea,
Daß schiar zum Henka, hand it klöckt,
Dia Galga alla zwea,
Und daß der Richter in der Noat,
Beim Magistrat haut gsait dös Woat:
»Ma' möcht in deaner harta Zeit,
Wau oiner nimma klöckt,
Weil's Lumpa iatz grad ghaufat geit,
Dia's Zuchthaus hand verschmöckt,
Zum ussra, wau scho viar däb hau',
Da innra Galga au' no lau'.«
Dau schreit ma zäma alla Ma'
Zu deanar Galgagschicht,
Und Baschtlabaschtels Baschtia',
Und Sailers Uari spricht:
»Der inner Galga, dear gheart eus,
Miar land iahn nimma hea, mit Fleiß.«
»Ja wohl!« sait Kirchaböcka Louis,
»Miar wend bloas euser Recht;
Miar wend nix alt's und wend nix nuis«,
Sait Brantaweiner Specht;

»Am End möcht jöder Spitzbua no,
Zum Galga 's Recht schiar hau'!
Dös Ding dös gaut frei it a so«,
Sait Burgameischter Brau';
»Dear Galga gheart it jödem Gsind,
Dear gheart für eus und eusra Kind!«

Verluſt über Verluſt

Wia schläf di ei', und tua di' dommla!
I hear im Städtla allweil trommla;
I möcht do wissa, was 's denn geit?
In der spektakelreicha Zeit!

So haut amaul in Graufertshofa,
Im Roateltal bei Gannertshofa,
A Baur zu seiner Bäura gsait,
Und dia ischt gloffa wia it g'scheit.

Do wia sie ischt ins Städla komma,
Dau sieht sie untra Toarwarts Domma,
Mit Buaba und mit viela Leut,
Wia ear si' müad und heiser schreit.

»Jahr Burger, Mand und alla Weiber!
Jahr Buaba, Mädla, Küahaustreiber!
Lant liega uiren alta Mischt,
Und losat, was verloara ischt.«

»Es ischt koi' Söchser und koi' Groscha,
Dia seit 'em nuia Jauhr verloscha,
Obwohl mer so hundsnoatig sind,
Daß d'Läus verfriarat auf 'em Grind.«

»Es ischt koi' Quitting, koi' Banknotta,
Koi' Hypathek halbblauagsotta,
Koi' alta Oblagatio',
Und au koi' nuier Zei'scoupo'.«

»Es ischt koi' Haas und ischt koi' Reahla,
Koi' Tischafetla, koi' Fazeala,
Koi' Gabel und koi' Löffel it,
Wau mankmaul d'Göscht denn nimmat mit.«

»Es ischt koi' alter Hosaträger,
Es ischt koi' Aff und ischt koi' Neger,
Koi' Strumpfband und koi' Kittabarrie,
Koi' Spiel und au' koi' Feadervieh.«

»Es ischt koi' Haurwisch nauch der Moda,
Koi' Zopf vom Kopf bis na' zum Knoda,
Koi' Schuah und koi' Pantoffel it,
Koi' Kutta nach Pariserschnitt.«

»Es ischt koi' Wiaga und koi' Dutzel,
Es ischt koi' Zwetschga und koi' Hutzel,
Es ischt frei au' koi' Kindergspann'
Und ischt koi' hilzana Dogganann.«

»Es ischt, – ma' sollts bereits it glauba,
A Ding, vom Fuaß bis nauf zur Hauba;
A Stuck vom eigna Fleisch und Leib,
A Ding, zum Streit und Zeitvertreib.«

»Denn 's Jackele von Weißahoara!
Dös haut sei' Weib im Bött verloara,
Und wear sie find't und selber b'halt,
Deam weadt a richtigs Trinkgeld zahlt.«

's Schoashundla

I hau' amaul a Hundla ghött,
Und Bello haut ear g'heißa;
Dear haut von Bildung gar nix kennt,
Als 's Kanapee verreißa.

Sei' greaschta Kunscht ischt 's Bella gwea,
Und 's Fressa mit 'em Schlaufa;
Au' ischt ear volla Gift und Gall
De Handwerksbu'scht nau'glaufa.

Im Sommer haut ear alla Täg,
Als wia a Jud' und Pascha,
Ischt gwösa 's Wasser no' so kähl,
Si' in der Iller gwascha.

Ear haut a guata Hundsnä's ghött,
Haut alz' von weitem grocha,
Und wenn ear haut koi' Floisch it g'spürt
So haut ear g'suacht 'en Knocha.

A Käs' dös ischt iahm liaber gwößt,
Als blos a Broad und Wöckla,
Und haut ear gar a Wu'scht verschmöckt,
Ischt 's gwea sei' Liablingsbröckla!

Do' wenn ear haut sei' Fressa ghött,
Und Wasser haut gnua g'soffa,
Dau ischt ear zum Bedankmischöa'
Miar glei' entgöga g'loffa.

Ear haut miar schöa sei' Däpla gea'
Und au' a rotzigs Aila,
Haut munter gwödelt no' derzua,
Und grunzt als wia a Säula.

Gar gmaulat nett ischt 's Luader gwea,
Mit geala Augafleckla,
Haut ghött 'en Hintra, wia a Reah,
Und Dupfa auf de Bäckla.

Ma' haut im Ländla auf und a',
Vom Joch bis Nuiburg dunda,
Dös muaß sogar sei' Fei'd no sa',
Koi' netters Hundla g'funda.

Es haut iahn Alles geara ghött,
Trotz seina Schlifflereia,
Und Alt und Jung haut fei'dli gfreut,
Dia Wasserspringereia.

Drum ischt ear au' gar sauber gwea,
Und heagwichst wia mei' Schösa,
Und haut 's verwunschna Prinza gea,
So ischt ear oiner gwösa.

Wia Mankes könnt von so'ma Tiar
Gar Mankes profatiara;
Denn Mankes leabt in Tag so nei',
Als hätt's koi' Menschahiara.

Es learnat nix und arbet nix
Tuat schiar im Dreck versticka,
Es ißt zwar und bedankt si' it,
Und laut koi' Häs it flicka.

Es kennt koin Herra, kennt koin Gott,
Schimpft allweil über andra,
Und tuat am End aus deaner Welt,
Wia 's Unvernünftig' wandra.

Joseph Bernhart

Zwischa Felsawänd und Tanna
Schtand i hoili, ganz alloi.
Aus d'r Schlucht, aus Herrgotts Kanna
Schieaßt a Bächla übern Schtoi –
Schieaßt im Zoara, lärmat mächtig
Und in oim fut in da See.
Aber dear leit still und prächteg,
Und dr Himml isch ganz näh.
Ohna Schnaufer schtand und spinn i
Nawärts in dös Wasserg'schpiel:
Ruah und U'ruah – Seel, da bsinn di –
Hat oin Herra, hat oi Ziel.

In Ewigkeit laß i mei Schätzle net
Und wenn es der Teufel am Kettle hätt,
Am Kettle, am Schnürla, am Bändla, am Seil,
In Ewigkeit ist mir mei Schätzle net feil.

Kaiser Hadrian
Animula, vagula, blandula,
Hospes comesque corporis,
Quae nunc abibis in loca,
Pallidula, rigida, nudula.
Nec ut soles, dabis jocos.

Joseph Bernhart
Nun, Seelchen mein, Streunerin, Schmeichlerin,
Des Leibes Gast und Spielgesell,
Nun gehst du hin – in welch ein Land?
So bläßlich, nackicht, friererlich, (frieresteif)
Hast viel gespaßt! – 's ist ausgespaßt
(Und all dein Spaß ist ausgespaßt.)
(Und Späße machst du auch nicht mehr.)

Ja, Seelele, Streunerle, Schmalkerle
Lang hascht g'hausat mit deam Knocheg'stell
(Ja, sag, wo gascht denn iatz nau na)
Aber iatz, iatz gaht's dahi'
Wo alls so bläßle, g'sterr und nacket isch
He? Kommt d'r gar koi Späßle meah?

B'schaulich

>Es weard mr oft gschpässeg,
>   Wenn i dra denk:
>Iatz no a paar Früheling
>   Mit Gräsla und Fink –
>
>Na leischt in dr Truha,
>   Hascht d'Auga fescht zua,
>Und d'Welt und du sell
>   Hant voaranand Ruha.

s ischt alleweil gschpässeg,
   Bi s i oder du:
A Bäumle – a Schtoara –
   Dös gaut dr im Nu.

Für dösmal zünd i
   Mei Pfeifle no a
Und ziach, solang s gloschtet,
   Und freu mi dra na.

Fürs Fischle

Franz Xaveri – so an Fischzug
Wie er nächt bei uns da g'scheah,
Ohne Bächla, ohne Angel,
Hat ma doch no neana g'seah.

Bringt der Bot an alte Schachtel,
Reiß i glei da Schpagat ra,
Lupf da Deckel – hurament au –
Flackt a Fisch dinn, it zum sa'.

Silberweiß auf seim Papierla,
Frisch und sauber, gar it riach,
G'wampat wie die große Herra
Leit er da, der bucklet Sieach.

Bürschla, han i g'sait, so schea d'bischt,
Du bischt doch zum Fressa dau.
's Messer her und d' Wamp aufgeschnitta,
D' Flossa weg und's Köpfla au.

's Weib ischt um da Butter g'schprunga,
Und hat weitla 's Fuir g'macht –
D' Pfanna g'schmierbet, nei dermit! –
Dr Fisch hat pfutzget, mir hant g'lacht.

Auf oin Sitz nau hammer'n g'essa –
Bua, isch dös a Fressa g'wea
Von deam ganze groaße Fischla
Hascht nix meah als Gräta g'seah.

O Xaveri, sott'scht beim Petrus
Au it guat a'gschrieba sei,
La't er di für unser Fischle
G'wiß amal in Himmel nei.

Arthur Maximilian Miller

Vorspruch

Was isch dös, wo im diafa Grund
so eiga rauscht und singt und doosat,
im Hiiml dob, im Boda dund,
in miar, in diar –? I hau's verloosat.

Ma' ischt a Mensch

Ma' ischt a Mensch und haut sei' Gfrött!
I hann es au als Dichter –
Mir hangat an der Zunga dött
So etla Dutzad G'wichter.

Es geit amaul en guata Dag,
Dau däts dia G'wichter lupfa;
Wia's Wasser sprudlat hinterm Hag,
So gings dau an a Hupfa.

Ja, wenn es sei' könnt liaber Gott,
Und's wär dir it um's Drätza,
Und's wär dei' rechter Will – i wott
Nix lieber doa als schwätza!

Der echte Name

Sag, Mädla, wia heischt? –
's Zeit, daß es saischst!
Schiab numwats dein Kretza
Und laß mit der schwätza!

Heischt Nantel, heischt Line?
Heischt Guschta, heischt Mine?
Heischt Aufer, heischt Mari, heischt Agnes, heischt
                                            Senza?
Was lauscht deina Auga so luaderlig glänza?
Heischt Madli, heischt Luisel, heischt Lisbeth,
                                          heischt Balbe?
Du hausch mi zum Narra, i drau der bloß halba!
Du bisch mer beim Sagnix und Denkvil dahoi!
Du lachascht und guckascht und bleibscht wia a Stoi!

Und duasch it dergleicha und rödscht it, du Fratz,
Nau gib i dir d'Noatdauf, nau sag i: Mei' Schatz!

Liebesorakel

Nach dem Mittelhochdeutschen:
In einem zwiveliechen wan

Mei' Herz isch schwerer wia a Stoi.
Es gauht an 's Lötscht, es gauht ans Scheida. –
Si sait it Ja, si sait it Noi,
dös sott oim it amaul vertleida!

O mei, i ka' ja schiar gar it!
Mei Herz, dös ischt an iahr verhangat.
Si weißt es au und spilt dermit
und fraugt it lang, wia args mi b'langat.

I moi, i gang! Jawohl, i gang!
I ka'n es länger it verleida.
No zua, wenn d' moischt! Du laufscht it lang!
Was weiß isch, ischt und bleibt a Kreida. –

Jatz höb i gauh a Steckla auf –
(Es isch a Gspiil, hau's lang vergessa!)
und miß und miß da Finger nauf,
und will mir brav mei' Antwoat messa.

Und heißt sa: Ja! nau hilf mir Gott!
Nau danzt der Mond, nau danzat d'Steara.
Und wenn sa dausatmaul it wott,
Si miißt, si miißt di Meinig weara!

Tote Lieb

Z'aubads, wenn der Neabl kommt,
nau schreits im Wald nauch mir.
Z'aubads, wenn der Neabl kommt,
nau pfeift mei Kamerdir.

Z'aubads, wenn der Neabl kommt,
nau gauht a Liacht im Schilf.
Geit doata Liab denn gar koi Ruah? –
O heilger Jesus, hilf! –

Böse Zeit

Es ischt a Zeit, 's gauht allas drauf,
A Luaderzuig, 's isch it zum Saga!
Di Groaßa hockat oba nauf,
Da kloina Leitla gauhts an Kraga.

Zeig mir a Hitta, wo der it
der Jaumer laut in d' Oahra böllat,
Und nimm mi in a Stuba mit,
wo si zum Mauhl it 's Heina g'söllat!

Blibs bloß bei deam, 's wär mancher froah!
Der Dag weard au ahöba dunkel.
Ma siicht koi Äahra it am Stroah
und siicht da Flags it an der Gunkl.

Der Herrgott sait, er laß es gauh,
er laß da Habicht bei da Dauba
und d' Hädra bei da Ilga stauh,
und wöll es earscht am End verklauba.

Du hausch dei' Sächla wacker gmachat

Du hausch dei' Sächla wacker gmachat,
Hausch glänzt und gfunklat, blitzt und glachat
Und narrat rabrennt um Midag.
Haut mancher gmoit, eahn drifft der Schlag.

Schea gschtätla muascht au hibscher geaba.
I glaub, i ka' dei' End verleaba.
's gauht ohnaweag da Buckl na!
Jatz lammer earscht no Simna schla –

Was moisch? – nau wemmer nomaul schwätza.
I füll derweil mei' Zuig in Grätza
Und nimm mei' Äxtla untern Arm.
Verschlaga isch, daß Gott erbarm!

Dia Luaderbäum, dia miserabla,
Si miassat nix als allat gabla! –
Jatz ruckt sa, lua, ma merkt es kaum,
Und hangat scho im Weidabaum.

Und schliaft und schliaft und spinnt en Schei'
Ganz fuirig roat in d'Stauda nei.
's isch schiar, als ging der Boscha a'.
Ear glumsat, was'r glumsa ka'.

Hei, dös isch schea, hei, dös isch fei'!
Es könnt, bei Gott, it scheaner sei'.
Haut eiser Herrgott dött sei' Haus
Und luagat gschwind beim Fenschter raus?

Es iberblendt mi ganz und gar,
Und Kugla sich i, wunderbar ...
Wia lauter Baubäll danzat sa
Und gampat auf da Boda na'.

Und los, a Liftla duat si auf,
Es wischberlat vom Dobl rauf,
A Driaba fallt vom Himl ra,
Und wia i luag, isch d'Sonna na.

Säerspruch

Faß ei', wirf aus!
Wirf aus, faß ei'!
's braucht Reaga, Wind und Sonnaschei'.
's braucht alla Steara in der Nacht,
Au daß der Donner schnöllt und kracht –
(Bloß Reifa, G'frear und Hagelstoi',
Dös, liaber Herrgott, schick eis koi'!) –

's braucht alla Zaicha nauchand
(Und zu da Zeicha au Verstand),
Und daß der Mond sei' Straußa gauht,
Akrat wias im Kalender stauht,
's braucht Liacht und Kraft an jöder Stell,
Und 's braucht no meahr: es braucht di sell,
Herrgott, mit all deim groaßa Schei'.
Feiß ei', wirf aus!
Wirf aus, faß ei'!

Zeit isch, Hansel

Zeit isch, Hansel! d'Nacht verkrankat,
Und der Wöcker ruckt auf zwei.
Horch, der Luxl duat en Dreasger,
Und der Gockl duat en Schrei!

Lammi schlaufa, lammi schlaufa,
I verwach scho voar'm Dag!
Linder isch bei dir zum Liga
Wia im Karra hinterm Hag.

Zeit isch, Hansel! Iberm Bichl
Wumslats grau am Himl num.
's Eschpla zwischberlat im Gata,
's Bächla hear i lauter rum.

Lammi schlaufa, lammi schlaufa,
Mach mir doch mein Draum it schui!
In der Nacht schlaits vila Stunda,
Und der Dag kommt earscht um Drui.

Zeit isch, Hansel! 's Deibla ruckat,
D' Schwälbla schwätzat unterm Dach,
Und a hella Reata guckat
Durch da Getter hinterm Bach.

Hansel, wenn es öbber seahat!
Gang! – mir isch dau dinn so schwear.
Weard it oft im Sommer g'säat? –
Und im Winter wachst es hear ...

Karsamstag

Annala, mach iatz und komm, sötz 's Hiatla auf,
                          nimm au dei' Däschla!
(Hausch's Gebeatbiachla dinn und 's Bauterla? hausch
                          dei' Fazeala?)
D'Strimpfla ziah no gschwind nauf! Da Bendl laut
                          ma it hanga!
Nei' dermit, so! Bisch iatz krea? Iatz hanba meah 's
                          Grägla verbollat!
Bloß recht g'schlampat sei', gell! Gang hear zu mir,
                          ka' i ders richta!
So, iatz raicht es, iatz komm! Iatz gammer ins
                          Käppala vürra!
Sei frei oadala, gell, und schlenz mer it all mit deim
                          Däschla.
Denk, mir gand iatz ins Grab, ins heilig Grab, woner
                          dinnleit,
Eiser Herrgott, und schlauft. Dau isch ma frei hau'la
                          und riahbig!
Komm, iatz gang doch wia d'Leit und lupf deina
                          Fiaß au in d'Heha,
Schlorbsch mer ja d'Sohla no a, und luag mer it all
                          nauch'm Hasa.

Moisch, du seahesch'n gauh, weils du bischt, du
                                              g'schneftige Näs' du!
Dear waiß Winggala gnua, verliggerla duat ma'n so
                                                leicht it.
Z'aubads under der Kirch, dau hupft'r und schliaft
                                              der ins Gätla,
Buckt si und druckt, was'r ka', di röraschta Aier ins
                                                  Neschtla,
G'scheckada, g'straumlata, ja, und zuckriga Heahla
                                                und Hasa! –
Ei, wia gschwind isch doch au der Schnea verganga!
                                                Ma moit denn
Iber Nacht sei es g'scheah' und nächt wear der
                                              Winter no dau g'wea.
Luag, wia's Gräsla scho schiabt und d'Knöpf an da
                                              Stauda scho dick sind!
Ei, und d'Stearla sind dau und fliiglat und schwätzat
   im Baumhag,
's Sonnala moi't es eis guat, und nett isch dau hussa
                                               und liabla.
Wohl, ma grabt gauh iatz um. Der Sauma muaß
                                              zeitla in Boda.
Bschittat hammer. Der Mischt ischt au scho braitat
                                             und d' Äcker
Dürftat no trickna a Weil. – Iatz guck amaul, d'Luit-
                                             gard haut gar scho
D'Kugla huß auf da Pfeahl, und neaba dött haut sa
                                              scho gätlat!
Jörum, und d'Broslera au, dau simmer ja sauber dau-
                                             hinda!
Aber wat no a weng, miar kriagats scho! Hauba bei
                                             eis it
Alljauhr da earschta Salat und Reda und Bohna dia
                                              earschta?
Glei nauch Oaschtra gauht's los, und d'Kugla dia
                                             stöck i gauh heit no. –

So, iatz komm no mit miar, miar miaßat a bißla
                              bressiara!
Glei isch Zeit meah in Stall, der Vatter duat au glei
                              an Rauler,
Wenner moi't, es sei z'spät; komm weidla! miar
                              land heit d'Stationa,
Komm, dia hammer scho nächt a'beatat am morgas
                              um Simna.
Waisch, wia 's Vögala dött em Gottala grad auf sei'
                              Krona,
Auf sein g'stachlata Kranz naufg'hockat isch –
                              ka'scht di no bsinna?
Wianes g'schwänzlat haut, gell, und gluckerlat haut
                              mit da Aigla!
Waisch au vom Gottala no, was deam dia Juda alls
                              doa hand?
Bunda hand 'sen an d'Saul und g'schlaga mit Beasem
                              und Ruata,
Hand'm da g'stachlata Kranz in Kopf nei'druckat mit
                              Stanga,
Hand'm grad mibba ins G'sicht nei'g'spia, dia Koga,
                              dia wiaschta.
Bluatat haut'r und g'schwitzt, so hand sa's Gottala
                              blaugat.
Aber deana gauht's koiz, dös glaubscht, dia sind in
                              der Höll dund,
's Gottala aber, dös leit im Gräbla dinna und
                              gruabat.
Und heit z'aubads, wearsch seah, dau leitat sa
                              z'maul mit'm Glöckla,
Nau stauht's Gottala auf und fahrt aus'm Gräbla in
                              d'Heacha,
Und nau isch'r ganz heil, no heller und scheaner wia
                              d'Kugla,
Wo um's Gräbla rum sind, und ka'nen nau koiner
                              meah blauga. –

Iatz komm rei' bei der Diar! 's Weihwässerla därfsch
it vergessa,
So, iatz gammer nau vürra, ganz g'stätla! Wo hausch
denn dein Nuschter?
Wickl'n ums Handala rum! Iatz höb no, iatz bleiba
mer standa! –
Gell, dia Kugla sind schea, dia greana und roata und
blaua!
Wia sa zwischberlat, gell, und scheinat und groaß
sind wia Auga!
Duschter isch es dau hinn, luag, d'Fenschter hand sa
verhangat.
Meichtalig dunkt es mi au, es fröschtlat oin fascht
von da Fiaß hear.
G'spässig kommt es oim voar. Luag, dött underm
Boga, dau leit'r!
Gans alloinigs, ganz still, es isch kei Mensch bei'em
bliba.
Mei' iatz gruabat'r aus vo all seina Leida und
Wunda!
Sihsch'n Annala? Gell, iatz haut'r sei' Ruah und sein
Frida.
Weiß und schea leit'r dau, no weißer und scheaner
wia g'maulat.
So, mach's Greizla und komm! 's isch Zeit fiar eis,
daß mer meah hoimgand.
Dua dein Bauter meah nei' ins Däschla und butz der
dei' Näsla.
Schnell da Brunna no, so! Iatz, Annala, druck no auf
d'Schnalla!
Wia sa grutzgat, dia Diar, und wia oin d'Hella auf-
oimaul
Ganz verblindat im Aug'! Ei, isch doch dau hussa so
froid'la!
's Sonnala langat oin a' so wärmelig nett und so
liabla,

Goldana Fingerla hant sa und dändalat nött mit'm
                                              Zweigla,
Streichalat 's Gräsla am Weag und hupft wia a Meisla
                                              durch d'Fuaga.
So a Wetterla, ja, dös laut si seaha auf Oaschtra.
Gätlat weard mer, i sags! Und glei iatz sötz i no
                                                    d'Kugla.

Es gauht a Seages um und um

Es gauht a Seagas um und um,
I hau' sa blitzga seha.
Es steigt a' Ma' im Koara rum
Und wötzt und fangt a' mäha.

Dau hock i unterm Erlabaum,
Und's Kindla will it schlaufa.
Schlauf, Kindla, schlauf, nau sihsch im Draum
En scheana Edlgraufa!

Sitzt auf'ma weißa Pferdla dob,
Sei Hemdla isch vo Seida.
A söller wearsch du au amaul,
Bloß's Schlaufa muasch verleida.

O luag, es ziaht am Anger num
Vo lauter kloina Schatta!
Si greisat um da Bichl rum
Und fallat iber d'Matta.

Der Ma' im Koara schneidt und schneidt,
Es klingt als wia a Dosa.
I hock a halba Öbigkeit
Und muaß'm allat losa.

Der Apfel

Es haut a weng en Neablduft.
So still und hoila dunkt mi d'Luft.
Und still und hoila kommt der Dag
Durch d'Wisa hear und durch da Hag.

Und luag, iatz scheinat d'Öpfala
Und lachat mi so munter a',
So geal und roat und doch so fei'!
Si könntat sell aus Neabl sei'.

Der Baum stauht wia a Schatta dau,
Ischt um und um wia Reifa grau,
Bloß d'Öpfala, dia scheinat raus
Wia Liachter aus'm Neablhaus.

Sind dös it Baubäll goldna, wia?
I bi' so haiter in der Friah,
Es duat mer so im Herza wohl!
Ja, d'Welt isch doch vo Wunder vol.

Und nimm i's recht, und nimm i's gnau,
Ischt eiser Herz a Apfel au
Und hangat ama groaßa Baum
Und wiagat si und ischt im Draum.

Und Dag und Nächt gand ei' und aus.
Wia isch der Baum a lufdigs Haus!
Es lächlat d'Sonna inna rei'
Und d'Steara z'nacht mit iahrem Schei'.

Es schupft'n wohl au 's Windla keif,
So weard mei' Apfl rund und reif.
Der Herbscht kommt a' auf goldna Fiaß,
Iatz ischt'r mar und ischt'r siaß.

Wear brockt'n ra? wear hollt'n hoi?
Du saisch: Der Doad! I aber moi,
A Apfl mit'ma sölla Schei'
Weard wohl fiar's öbig Leaba sei'!

Meine Vögla

Meine Vögla alla
Sind futzoga.
Meine Blättla alla
Sind nauchg'floga.
Meine Schäfla alle
Sind kahlg'schoara.
Meina Bleamla alla
Sind hi'woara.
Und mei' oizigs Schätzla
Haut en andra g'nomma.
Und der Lenz isch ganga
Und der Herbscht isch komma.

An Allerseelen

Iatz zind i gauh mei' Liachtla a'
Dött dund an Dotlas Stoi.
Wo 's Liachtla in der Kaamer brennt,
Dau haißts, ma' isch dahoi.

Du herzigs Dotla, gell, du bisch
A'fanga wohl am Zil?
Dut wottascht nomma ra zu eis,
Du kämascht it um vil!

Jawohl, du hausch dei' glumpats G'wand
Im Käschtla dinna lau.
Dau doba, schätz i, wearba wohl
Ganz andra Häser hau'.

Es gauht si lind und liabla dinn,
Ma drait si gar so leicht,
Daß ma' si halbat wia im Draum
Und wia a Engl deicht.

Es schneibalat

Es schneibalat, es schneibalat,
Ma siht es kaum, so fei'.
Wia danzat doch dia Feaderla
So leicht ins Duschter nei'!

Wia wenn der Aubad voarem Haus
A bißla g'sponna hätt
Und hupfat eahm d'Gedanka raus,
So leicht, so eiga nett!

Ja, ja, es ischt a b'sondra Zeit,
Wenn's Liacht so friah verlischt,
Wenn eis der Schneea sei' Hella geit
Und eiser Lampa ischt!

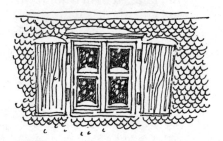

Rüste

's gauht der Nacht zua: d' Vögl ziahat,
D'Sonn vermiadat auf der Bah',
's Laub vergealat, d' Aschtra bliahat,
D' Neabl fangat 's Spinna a'.

D'Sonna g'spiarts, si muaß verderba,
D' Zeit kommt, wo sa nix meah ka',
Und si stöllt no voarem Sterba
Lauter Liachter voar si na'.

D' Buacha brennat, d' Aicha, d' Linda.
D' Käschperbeim sind fuierroat.
Ei, dau gauht es an a Zinda,
Ei, dös isch a scheaner Doat!

Waat no, waat! 's ka' it lang daura.
's Duschter kommt mit graua Händ.
's fangt a' winda, 's fangt a' schaura,
Iber Nacht isch alls am End.

Der alte Bauer

Der Bauer hockat hinterm Haus,
Ear laut sei' G'schäft 'm Buaba,
Und blinzlat so in d'Sonna naus
Und will nix doa als gruaba.

Sei' Leabdag haut'r g'schunda gnua,
jauhraus, jauhrei' wia narrat.
Iatz gauht es gauh 'm Aubad zua,
Iatz isch'm 's Greiz verstarrat.

A alta Trucha isch dear Leib,
Dau grutzgat alla Fuaga.
Es geit koin böß'ra Zeitvertreib
Als so in d'Sonna luaga.

Und g'späßig isch dös: allas leit
Scho halbat in der Weita,
Und was dau hupft und was dau schreit,
Haut nix meah zum bedeita.

Er losat all so in si nei',
Als häb'r andra Oahra,
Und lächalat und huaschtat drei',
Ear isch scho dappat woara.

's ka' sei', es schwätzt'm öbber zua,
Es geit gar bsondra Stimma.
Wia seina Auga scheinat, lua,
Wia Scheiter im Verglimma.

Es nächtalat, 's isch an der Zeit.
Em jöda kommt sei Stindla.
So reifat ma' fiar d' Öbigkeit,
So wearba meah a Kindla.

Das Mühlenwehr

Dau dund, dau dund in Vatters Mihl
Dau dost und brausat 's Wuhr.
Es braust durch alla Kinderg'spil
Und alla Arbat dur.

Es brausat iber Jauhr und Dag,
Der Bach, dear haut sein Lauf,
Und was i dua und was i sag',
dös Brausa heart it auf.

Der Vatter heart es denn wohl au
Im Fridhof unterm Stoi.
Ear losat auf und ischt'm nau
Ear läg im Bött dahoi.

Dös wend di Junga it verstauh,
Si hand en andra Schritt.
Dear därf durch alla Länder gauh,
Dau gauht koi Brausa mit.

Hinterm sella Hölzle dunda

Hinterm sella Hölzla dunda
Stauht a klois Kapebbala.
Naß und schimmlig isch vo unda,
Höbt it Butz und A'wurf dra',

Und im Heisla inna dinna
Isch grad au it nett zum sei':
An da Fenschter hangat Spinna,
D'Sonna scheint durch Döcka rei'.

D'Muattergottes stauht im Öckla,
Blau und silbrig, ganz im Staat,
Drait ihr Kindla auf'm Döckla –
Lachat aber au it grad.

Allat guckt sa aus da Scheiba
Auf dia scheana Aua naus. –
Isch dös au fiar mi a Bleiba?
Isch dös au fiar mi a Haus?

Liaber dät i Bleamla brocka,
Oder dät mi mit'm Kind
An da sella Bach na'hocka,
Wo dia dicka Stauda sind.

Liaber dät i Mösla ropfa
Fiar mei Kindla zumma Bett,
Oder dät mi sonscht verkopfa
Wia es lind zum Liga hätt.

Kindla, sag, wia däts dir g'falla?
Gell, dau hinna isch a Graus!
Dussa könntsch dein Apfel balla –
Komm, mir gand a bißla naus!

Mei' Schneckaheisla

Gang i in mei' Schneckaheisla,
Sperr i's Diarla zua.
Könnat saga, was der wöllat,
I – i brauch mei' Ruah.

In mei' Schneckaheisla schliaf i
Allat diafer nei'.
Mibba dinn im kloischta Stibla
Isch am böschta sei'.

Durch a winzigs Löchla guck i
Nauch da Steara naus.
Noi, es fehlt mer it an Steara
In meim Schneckahaus!

Und si blinzlat und sie scheinat
Gar so klaur und schea.
Ka's denn au a bössers Heisla
Wia mei' Schneckaheisla gea?

Mihlarädla

Mihlarädla, Mihlarad,
Muasch di allat dreha.
Hauni fei mei Schätzla heit
Gar no neanats g'seha!

Luagat it beim Fenschter raus,
Stauht it bei da Henna.
Fünfmaul lauf i rum ums Haus.
Heina hätt i kenna.

Mihlarädla, Mihlarad,
Komm, i muaß dirs klaga:
Wia mei Schätzla mit mir duat,
Dös isch it zum saga.

Luag, si weiß, i stand dau huß,
Laut mit wata, wata!
Hollat it a Schnipfala
Beaterling im Gata.

Mihlarädla, Mihlarad,
Muasch di allat dreha:
Weans beim sella Zipfl haut,
Bua, um dean isch g'scheha!

Du scheaner Engel Gabriel

Du scheaner Engel Gabriel,
Wia hoila laufsch du rei'!
Maria guckt vom Biachla auf
Und sait: O Jesses nei'!

Es isch so hell im Kämerla,
A Luft, so siaß und guat!
Maria guckat gar so groaß.
Es isch'r liabla z'Muat.

Wia Steara standat d'Auga iahr,
A Reasla isch der Mund.
Isch denn der Himl auf a Maul
Im Kämerla dau hund?

Ach Gott und nei' Heiliga

Ach Gott und nei' Heiliga
Und der Mößmer und sei Bua,
Wiavil brauchat dia Baar Schuah?

I moi', es werd eis um a Antwoat b'langa!
Gott Soh' isch diamaul in da Stifel ganga
    Und diamaul haut'r au Sandala g'hött
    Und isch doch z'aubads barfuaß in sei' Bött.

Gott Vatter, mei', der sitzt im Himl doba
Und laut si von da Geischter weidla loba
Und denkt: Mei Leabdag kriagat dia it gnua!
I weiß it, brauch i Botscha oder Schuah.

Gott heilger Geischt, der schlauft in Vatters Hauba
Als wia a scheana silbrig weißa Dauba.
Es isch'm z'gonna, so a bißla Ruah!
's ka sei, es draumt eahm au von nuia Schuah.

Iatz kämat no dia Heilga – alla Neina!
Vo Sankt Andreas bis auf Sankt Kathreina.
Ja, früahner hand 'na d' Sohla wacker brennt,
Nau sind sa heilig woara, und iatz hauts an End.
Obs au an End haut mit da Strümpf und Schuah,
Dö isch a Sach, i ka's it saga, lua!

Vom sella Mößmer aber kani brichta:
Grad drait er seina alta Schuah zum Richta.
Mei' Mößmer, dösmaul sind sa sauber hi'!
Es isch a Glick, daß i a Schuaster bi' –
Und daß es Stoiner geit in deara Welt:
Auf deana Stoiner wachst mir all mei' Geld.

O Mei'gottla, o Mei'gottla

O Mei'gottla, o Mei'gottla,
Was isch dös fir a Sach!
Dau lauft und lauft dös Wässerla,
Dau lauft und lauft dear Bach!

Er lauft und weiß doch it wo na',
Was hant'r zum Vereila?
Der Herrgott luagt'n it drum a',
Dear mißt it nauch da Meila.

O Mei'gottla, o Mei'gottla,
Dau geits koi Rascht und Ruah!
Dös murmalat und surmalat
Und gluckst no allat zua.

Es schlagt a Herz im Wasser dund,
Es hupft a Buls, a Schlag.
Es schwätzt und weiß it, was es sait
Und schwätzt da ganza Dag.

Und in der Nacht, dau schwätzt es no
Und schwätzt no lauter schiar,
Und d'Steara gand am Himl num
Und still weards im Reviar.

Und stiller, allat stiller weards
Und lauter schwätzt der Bach.
Es schlauft sogar der Himl ei',
Mei Wässerla bleibt wach.

O Mei'gottla, o Mei'gottla,
Dia Welt kommt nia zuar Ruah.
Si schlauft und wacht und wacht und
                                        schlauft
Kriat an si sell it gnua. – –

Wenn so der Aubad kommt

Wenn so der Aubad kommt
Und d' Sonn isch na,
Nau weard mir gar so and,
Ka's gar it sa. –

Luag, bei meim Schätzla dund
Gauht 's Liachtla auf!
Mi aber ziaht es heit
In Himl nauf.

Stearala kommat scho,
Zweia und drui!
O meina Stearala,
Wär i bei ui!

Dürft i am Himl gauh,
Diaf unterm Zelt,
Dät i di rumpla lau',
Buckliga Welt!

Am Abend

's isch meah Aubad, Gott sei Dank!
Iberstande isch.
Mädla, reib' da Simsa blank,
Raum mer ab da Disch!

D'Sonn isch na, durchs Fensterla
Fliaßt der Hiiml rei'.
Allas fangt zum Spiagla a',
Allas geit en Schei'.

Ja, es geit en goldna Schei',
Geit a goldna Gluat.
Alla Wasser wearat Wei',
Aller Wei' weard Bluat.

Allas lauft der Hoimat zua,
Allas haut sei' End.
Ja, und d'Nacht drait Steara gnua,
Gnua in iahra Händ.

Verhangene Nacht

An iahrer Klaidertrucha
Stauht d' Nacht a Weila still.
's wär Zeit: si sott si richta,
Und waiß it, was sa will.

Es geit dau Silberkräga,
Geit Häser, weit und lind,
Und Saamatzuig und Seida,
Dös raschlat so im Wind.

Es geit dau Silberborta
Und Schniarlaswerk und Stoi –
Es will er nix recht gfalla,
Si sait zu allem: noi.

Si langat aus da Wolka
Da graua Umhang ra.
Dear gauht'r von da Achsla
Bis auf da Knöchl na.

So stauht sa hinterm Gata
Und rögt it Fuaß und Hand.
Jawohl, si ka's verwata,
Bis wir in d'Kamer gand.

Entferntes Nachtgewitter

Es dunrat halblaut in der Nacht,
Und d'Eschpla fangat a' zum surra.
I bi' im earschta Schlauf verwacht
Und los' und hear da Donner murra.

Ear murrat aus, und alls isch still.
Bloß diamaul glomsats in der Weita,
Es waiß wohl sell it, was es will,
Schwaaz leit es dau auf alla Seita.

So schwätzt denn oiner halb im Draum
Und dreasgat so und duat en Brummer.
Ma laut'n sei', ma loset kaum,
Ma fraugat it nauch deam seim Kummer.

Maumöndla

Maumöndla greist ibers Higala rauf.
Hearat scho d'Vögala 's Zwitschala auf.
Dappat scho d'Mutschala 's Bergala nauf,
Sagat zum Butzala: Butzala, schlauf!

Maumöndla glänzt wia a silbriger Fisch,
Luagat durchs Fenschter und iber da Disch,
Fraugt mi, ob's Butzala ei'g'schlaufa isch.
Wiggala, wiggala, waggala!
Wenn d'schlaufsch, nau kriascht a Gaggala.
Und bisch nau no it z'fridala,
Verschlait ma dir dei' Fidala,
Nau ligscht a bißla linder
Und schlaufscht a bißla g'schwinder.

Der Mond und der Kranke

Du luagascht meah beim Fenschter rei'
Mit deiner hella Scheiba.
Du waischt, i muaß alloinigs sei'
Und willsch mer d'Zeit vertreiba.

Ja, d'Zeit isch lang und nimmt koi End.
Wear Schmerza haut, isch g'schida.
Ear luagat so auf seina Händ
Und ischt mit allem z'frida.

Es glänzt und glänzt am Simsa dött
Vo deina weißa Finger.
Mir isch so eiga wohl im Bött,
Mei' Leida dunkt mi ringer.

Du liaber Mond, du guater Mond,
I dät am liabschta lacha.
Do oina ischt iahr Ruah vergonnt.
Jawohl, mir wend iatz wacha.

Es haut koi Gfauhr, es haut koi Noat:
Eis ka' koi Zeit verderba.
Si sagat, ma verwach im Doat
Und hell wurs, hell im Sterba.

Der Vater an der Leiche seines Kindes

Los, hearsch du mi? Du liggsch im Kissla dau
so weiß und still, als wear dös so dei Gschäft,
dös öbig Stillsei, und als hättsch du nia
nix anders doa. Sind deina Händla it
wia Wachs so zart, und's Gsichtla grad aso?
Dös Näsla, mei' dös Mäulla wia a Blatt
vom kloischta Reasla, ibers Köpfla hear
dia Röllala, wia leabig no und frisch!
Duasch denn it d'Auga auf, und lausch mi it
an kleina Schnaufer heara, so als ging
a Liftla rei' vom Gata, höb a weng
da Schlaier auf, daß i dei Lächla säh,
dös winzig Lächla, dös mi diamaul haut
so haiter gmacht. – Du lächlasch nomma, gell.
Du bischt it dau. A Böttla bischt, a lears,
aus deam ma gschwind mei' Kindla rausglupft haut
und num ins Stibla traga. Gang i gauh
gschwind zu diar num? O mei, au d'Stub isch lear! –
Wo bisch denn na'? Gschwind auf und futt, und
                                                   hauscht
an eis it denkt, daß dös a Kummer ischt
fiar eis, fiar d Muatter, Biabla – und fiar mi,
dein Vatter, au. Diar dund ui freila leicht,
diar sind wia d Schmetterling, husch, auf und naus,
als nähm der Luft a Blättla mit si futt,
a Roasablatt, a weiß, und so, als wear
von ui nix daugwea. Und miar hand diar doch

a Böttla gmacht, a Wiaga mit ma Dach,
an Schlaier dra, und hand diar s Ludala
zur rechta Zeit aufgwärmat, hand di bald
ins Böttla nei' und bald vom Böttla raus,
wia dus hausch wölla! Aber noi, diar isch
dauhinna z'eng gwea –: naus und naus und naus
beim Kamerfenschter, in dia Schlaier nei,
wo grad der Maumond aus da Erla ziaht,
wos waudlat wia vo Silber und verraucht. –

O Meigott, ja! Wear höbbt an sölla Fratz,
wenn dear sein Willa hau muaß? – Fliagsch du scho
da Steara zua, und wumslats scho um di
vo sölla kloina Gaischter hean und dean,
und hand'r scho an Umtrieb mitanand?

Dös gföllt ui, gell! Und doch, i sag diars iatz:
du därfscht dau dob it bleiba; ja, du muascht,
lang weards it daura, wieder ra zu eis,
und muasch dein U'firm lau' und bei eis bleiba,
und meah di gwöhna an dia Luft, dia keif,
di ströcka, so wia miar, und gwachsa weara,
und aus deam Kriagla drinka, dös oin so
im Kopf und in da Sinna dunkel macht
und bang im Herza. S bleibt der it verspart.
Der Herrgott wills, und du muasch folga, Kind –
Miar nemmats also noamaul auf eis.

Es ischt it leicht fiar d Muatter – dronnaweags,
si freit si, unterm Herza lachat sa,
wenn sa an dös denkt. Und so dommer di
halt in dös bissla Käschtla nei' – ma drait
di auf da Fridhof, unterm Holderstrauch
weards Gräbla gmacht. Pfiagott – und saum it lang!
Und's nägschtmaul bringst an greaßra Earascht mit,
a zwaitsmaul däts der guata Muatter's Herz
aadrucka. Biabla, denk it bloß an di,
denk an di andra au! – So kommat scho
und lögat di ins Särgla, weiß wia nuier Schnee.
Du herzigs Biabla, pfiat di Gott! I will
it heina, noi – miar sehat eis ja bald,
und nau solls munter weara, Biabla, gell.

Begegnung mit den Toten

Wear Auga haut, dear siht,
Wear Oahra haut, ka' heara.
Weit dussa hinterm Wald
Stauht ganz alloi a Steara.

Ear funklat mi so a' –
Was hauni mit'm z'handla?
Wia isch mer auf amaul,
Als sott si alls verwandla?

Was isch denn gscheha, sag?
Isch dös der Wald, der Weiher?
Isch dös 'm Schmid sei' Hag?
Er stauht als wia a Schlaier.

Und voar deam Schlaier, luag,
Was sind denn dös fiar G'stalta?
Dia G'wänder, wo sa hand –
Dia langa weißa Falta!

Si luagat auf mi hear –
I kenn sa an da Auga!
Jahr arma Seala, iahr,
Ui brauch i it zum frauga.

Si luagat allat hear,
 Si winkat und si griaßat,
Und iahre Häser sind
Wia Neabel und verfliaßat.

Verfliaßa duat der Grund,
Wia Wolka sich is hanga.
I stand und luag und stand
Und allas isch verganga.

's isch still. 's isch wunderstill –
Bloß d'Wässer gand und rinnat.
I waiß it, was i will –
I hau' mi wohl versinnat . . .

Wear Auga haut, dear siht,
Wear Oahra haut, ka' heara.
Weit dussa hinterm Wald
Stauht ganz alloi a Steara.

Die goldene Leiter

Es kommt a Zeit, dau gang i nomma
Durch d'Felder hoiwaats und durch d' Häg.
Es muaß amaul der Aubad komma,
Wo jöder sait: I wott, i läg!

I wott, i läg! – und in deim Wasa,
Und wär bei diar mit Leib und Boi.
Und land iahr hoba d'Vicher grasa:
Dau dunda dear, dear isch dahoi.

Und möcht'n oiner no verfrauga,
Was sobba deam als Antwoat sa?
Am Himl wandlat seina Auga
Und luagat mit da Steara ra.

Und isch der Aubad still und haiter
(verstohlas gauht scho 's Funkla a'),
Nau geit es au a goldna Laiter:
's isch bloß, wear dia verkrebsla ka'!

Der Weltenbaum

Es stauht a alter Apfelbaum
Ganz vola Bluama dau.
Der Himl iberspannt'n kaum
Mit all seim vila Blau.

Ear glimmt und glomsat jöda Nacht
Vo Steara auf und a,
Ear isch so hell und vola Pracht,
Dös ka' koi Mensch it sa.

Wenn aber d'Bloama Öpfl sind,
Isch d'Welt an ihrem End.
Dr Herrgott schickt en Wirbelwind,
Dear langat wia mit Händ.

Und langat bis in Wischpel nauf
Und schittlat, was'r ka'.
Der Herrgott schlait da Hiiml auf
Und stauht in d'Mitta na':

Jahr Engel, klaubat waidla auf!
Der Baum isch alt und lear.
Der Kretta kommt in Hiiml nauf!
Und nau – dond's Fuier hear!

Weltende

's Liacht gauht unter, Nacht muaß weara,
Allas haut sein Sinn und Lauf.
In der Nacht, dau scheinat d'Steara,
Moara friah gauht d'Sonn meah auf.

Laß sa komma, laß sa zinda:
Ölter wia der Dag isch d'Nacht.
Oimaul muaß au d'Sonn verblinda
Und der Dag mit seiner Pracht:

's donnrat, alls gauht aus da Fuaga,
Fuier fallt vo oba ra,
Dausat Engel siht ma luaga
Grad und keif in d' Diafa na.

Und der Himl isch voll Grausa,
Und dia Engel schreiat: Auh!
D' Sonna siichba nawats sausa
Und da fuierroata Mau'.

Auf amaul weards still dau dunda,
Und es kommt a Liacht, so hell –!
Alla Gaischter sind verschwunda
Und dau stauht der Herrgott sell.

Maria Hefele

Kleinigkeiten

's ischt bloß a Buckl, doch er ka
'n ganza Berg v'rdecka.
's ischt bloß a Wölkla und doch ka's
da Sonnaschei v'rschtecka.

's ischt bloß a Sauma und doch ka
a groaßer Baum draus weara.
's ischt bloß a Weartla und doch ka'scht
draus 's Evangela heara.

's Bächla

Dau, wo ma's no it ei'gschperrt haut,
set's zu da Gäs und Enta:
Komm, hupfat rei und badet fescht,
komm, dunt it lang lamenta!

Dau, wo ma's no it ei'gschperrt haut,
set's zu da Buaba, Mädla:
Lant Schiffla schwimma, wäschet d' Füaß
und bauet Mühlarädla!

Dau, wo ma's no it ei'gschperrt haut,
set's zu d'r fleißiga Bäura:
No her mit Blacha, Schü'z und Sock'.
I wäsch – und du kascht feira!

Der Übersetzer

Mir hand n' Pfarr', der heisalet
mit Hymna und mit Psalma.
Dear tuat 'n ra 's lateinisch Häs
und all dia römischa Palma.

Trennt vo da steifa G'wänder weg
au d' Musig-Edelstoiner.
Legt all schea in a Schublad nei.
V'rloara gaut 'm koiner.

Nau holt 'r aus 'ra alta Truch
Wört'r, schneaweiß wia Leina,
und sella, weich wia wulles Zuig,
und au a bißla Heina.

Draus macht 'r Kleid'r und schläft ei
dia geistiga Figura.
Schläft ei, schläft aus, setzt a, schneidt
                                      weg –
schlät's zwölfa au vom Tuara.
Z'letzt henkt 'r ema jeada um
da Musig-Schmuck, da alta,
und laut it luck, bis all's neipaßt
in all dia nuia Falta.

Nau lachet 'r und haut a Freid
als wär ebbas geboara.
Und 's ischt au so: Denn Hymnus, Psalm,
sind deutscha Liad'r woara.

MARIA HEFELE

In ein Album

Mädala, muascht it gar so weidla
nach deam scheana Apfel langa!
Laß 'n liab'r no a Weila
an sei'm Äschtla doba hanga.

Mit deam gar so weidla Langa
haut im allererschta Garta
so a groaßa Noat a'gfanga.
Mädala, tua liabr warta!

Luitpold Schuhwerk

Pfingstgebet

Liaber Gott, i glaub, Du weischt,
daß mancha Leit koi Ei'sicht hand.
Schick'n ra, da Heil'ga Geischt
mit ma Ara voll Verstand.

Du weischt ja sell, es geit krad gnua,
dia en dringend bräuchtat.
I selber zähl mi au d'rzua.
mir g'hearat halt erleuchtat.

Allsand, dia koina Liachter send,
aber trotzdem gscheid sei wend,
deana sott'r zenda.
Er kennt's und er weats fenda.

Spätsommer

Dussa sig i 's Koara reifa
mir isch, als hätt ma's krad eascht g'sät.
Manchmaul ka i it begreifa
Wia schnell sa d' Welt doch dreht!

Henda dean d'r Schlehabaum
haut en blaua Anflug kriat.
I luag hendra – wia im Traum
i moi, er hätt eascht vornächt blüaht!

Ma weat alt, i sig dia Jährla,
wenn i so en Spiagl lua.
Silbergrau send meine Härla
und krad eascht war i no a Bua!

Advent!

Gschdattla voller guata Sacha,
wo oim's Wasser zema lauft,
All des Zuig zum Laiblabacha
haut ma heit beim Kraumer kauft!

Zucker, Nussa, Kokosflocka,
Bomeranza, Zitronat
ond en ganza groaßa Brocka
von ma schwaza Blockschoglat.

Ald's staut auf d'r Truha detta,
Zwiebeba – Butter – Marmalad,
A Dutzend Eier en ma Kretta,
dia junga Henna legat grad!

Schneala hauts huir zwar no kois,
A scheana Zeit isch dronnawea.
Mei Weibla schleht em Hafa ois,
's isch it viel, doch au a Schnea!

Bald gaut's an a Kneta, Rüahra,
Blecher Streicha und Probiera,
D' Nudelwargel walzt dia Fläda –
Dussa an da Fensterläda
gnagglat so a gschbässigs Wendla,

Ja, vielleicht a Viertelstendla,
send die easchta iatz em Reahrla.
D'r Schoglat em Schlotterkärla
weat langsam weicher auf'm Herd,
weil 'r zum Glasiera keat.

D' Mandellaibla laut ma denna,
bis sa brauna Biggel machat.
Ald's muaß ma verwata kenna
und so kommt ois um's ander Bachat.

Em ganza Haus a Laiblagschmäckla,
bis en Soler schmeckt ma's nauf.
Mandala mit Zuckerfräckla
A Zwiebeb als Köpfla drauf,

Ronda Laibla – Stearala,
Pfeffernüßla – Hearala,
g'wöhnlich und mit Eigelb g'stricha
und Rengla mit 'ra Mandelbicha!

Aber unterm Flädlameahla
unterm Streicha und Verziehra
send dia Kend am Laiblasteahla
und am Zuckergußprobiera!

»Kend'r send doch it so g'fressa!«
Mahnat d' Muater all mitnand.
Krad voar hand'r z' Aubat gessa! –

Em Hosasack a volla Hand,
sagat sa, Guat Nacht, schlauf gsond!
sie schmezalat all, vor sa gand.
D' Muater bacht no weiter dond!

Klausabag

Wia a Blacha, weich und wulla,
liegt a Schneala en da Straußa,
kleine Flöckla, leicht wia Mulla
danzat dussa om dia Klausa!

G'röller hebat a zum Leita,
Schweara Stiefel heat ma gau,
a bisla ängstlich von d'r Weita,
luagat blaß d'r Sichelmau!

Am Lada sieht ma Buaba losa,
was Nauchbaurs Kend'r widerfeht.
»Was, du biselescht en d' Hosa?«,
Haut'r grad zum Fritzl gset!

Au em Franz isch it zum Lacha.
Dia Klausa waudlat mit da Ruata.
Es happrat schwer beim Aufgabmacha,
und sei Schrift sei au koi guata.

So narrat sei d'r Mata glei.
schlecka däb'r sowieso.
Sei Spielzuig raumat'r it ei
und da Zapfa häb'r no!

Klausa gand bloß zua da Kend'r.
Muaß denn des so g'schpässig sei?
Viel groaßa Leit send weitaus mend'r.
Warum gaut dau koi Klaus it nei?

Sylvester

'sJauhr isch wia a Neigala,
a Viertelstündla, nau isch gar.
Kend hand miada Äugala,
d' Nacht isch dussa stearaklar.

Glei weats vollats zwölfa sei –
Jawohl iatz heat ma's schlaga.
Em Gläsla den a Schlückla Wei'
wend mer Prosit saga!

Ja, a Jauhr isch mea vorbei,
Wona des isch? Mir wissets it.
Naa, i bild mer des it ei,
es haut von mir a Stückla mit!

's Hasagätla

's staut zwar weit em Gata donda
aber – d'r Osterhas hauts g'fonda.
Nett hands Kend'r g'macht aus Daas.
So ebbas freit da Osterhas.

Auf scheana Gätla legt er Weat,
nau legt'r au, so wia si's g'heat!
Zwei Eier warat marmoriert,
drei mit Stearala verziert.

Fünf gelba mit ma blaua Rand
und wara waret all mitnand.
A gschpregglig roats war au d'rbei
Vo' Henna kennat dia it sei.

LUITPOLD SCHUHWERK

Die große Wandlung

Auf ma Krautskopf groaß und rond
sitzt a Raup' und frißt si dura.
Oimaul oba – oimaul dond,
a unscheinbarer greaner Wura!

Auf oimaul heat 'r auf zum Fressa.
Es reicht – bald weat'r anderscht sei.
Sei Zeit zum Fressa ischt bemessa.
Er ändrat si' und puppt si' ei!

Über'n Winter – über's Jauhr,
irgend en 'ra kleina Renna
liegt, wia's scheint, a Toatabauhr.
Doch es reifat enna denna!

Z'maul, em Früahjauhr bricht des Haus.
Ganz ebbas anders kommt ans Liacht.
A weißer Schmetterling kommt raus.
Sieh – er flattrat und er fliacht!

Des Wunder, des isch zum beweisa
und weat si wohl it leugna lau.
Bloß no fliacha – nemma kreisa
bloß no schweba – nemma gau!

I wott, i fiel dem Herr en d' Händ,
wenn mei Ührla nemma gaut,
der mit ma ganz andra Gwand
dia wo kreisat – fliacha laut!

Überscha – wo 's Liacht ganz hell,
wo's koi Schweara nemma geit.
Wo ma ewig mit si sell,
deanawets vo Raum und Zeit!

Am Anbeginn

(Gedanken bei der Taufe eines Kindes)

A Kindla in ma Spitzakissa
dret ma g'rad en d' Kircha nei,
D'r Pfarrer an d'r Tür laut wissa,
daß 's dau henn willkomma sei.

Ob' dussa au willkomma war?
No ja, mir wend's halt hoffa.
Jatz dret ma's vürra zum Altar,
d'r Hemmel staut em offa!

Kend, was haut's Leaba mit Dir vor?
Was watet ald's auf Di?
Ma dret Di naus beim Kirchadoar,
no weasch g'schogglat, wia i sieh!

Bischt da Kissad'r verd'ronna,
Kend, wia gauts d'r gau?
Haglat's auf Di, scheint Dir d' Sonna?
Wagglescht oder kommst zum Stau?

Kriat Dei Leaba wohl a Tiafa?
weat's an echta Inhalt hau?
Muascht durch Doara dura schliafa,
oder derfscht auf Bloama gau?

Kommt d'r Sichelma beizeita
oder weascht wer weiß wia alt?
Weat'r gau en Umweag reita
oder sichlat 'r scha bald?

Kendla weisch, no liegst em Kissat,
doch Deina Jährla fliachat schnell.
A Glück, daß Du und i nix wisset.
S' Leitseil hebt d'r Herrgott sell!

Der Schnupfer

Er ziacht sei Dos vom Hosasack,
sei Heiligtum voll Schnupftabak,
klopft na und schütt auf d'Faust a
                              Strängla
vo schwaza Breasala a Schlängla,

nau fährt'r mit seim Zinka drüber,
langsam gand em d'Auga über.
Er ziacht'n nauf, so weit als gaut
durch sein ruaßigschwaza Kemma.

Ja, was ma em Hiara denna haut,
ka oim koi Mensch mea nemma!

Am Quellriß

Aus 'ma dunkla Gängala,
aus viela Tröpfla zemag'reiht,
schliaft a Wasserschlängala
scha a halba Ewigkeit

Es isch it trüab vom viela Schliafa,
Hoila druckt's durch d' Wuuza dur.
Klar und frisch kommt's aus d'r Tiafa,
als ob's gar bald a Bächla wur.

Vorbei an mir, es will it bleiba,
vorbei an dürra Strehawisch,
's will donda helfa d' Mühla treiba,
obwohl's so kloi und lausig isch!

Es muaß wia i sein Weag halt gau,
Stoi und G'fäller kommat viel,
Es geit koi Kruaba, geit koi Stau,
scha am Ursprung haut's sei Ziel.

Memmingen und sein Umland

Jakob F. Schmidt

Geburtstagsgratulation

Herr Eustachius Hasaschättle,
Angestellt beim Dintafaß,
War bekannt im ganza Städtle
Als a Stutzer ester Klaß.
Denn er dachte in seim Hiara
An nix anders als an Staat,
Zigarraraucha und Frisiara
Und an d Fensterpromenad.
So haut er sei Zeit verleiret
Und wia n ächtr Fexionär
All Jaur sein Geburtstag gfeiret,
Daß ma gmoit hätt, was er wär.
Huir isch richtig me so komma,
Und drum haut sie, ihm zum Gspött
Ebber gschwind die Freiheit gnomma
Und schickt ihm a kleis Billett,
Des dem domma Kamarata,
Der si überal blamiert,
Mit de schönste Redensata
Zum Gebutstag gratraliert.
Und am Schluß war no zum lesa:
»Du derscht nia es Leaba lau,
Denn wer nia n Goist haut bsessa,
Der wiad au koin aufzgend hau.«

JAKOB F. SCHMIDT

Selbstbildung

A Fräule namens Adelheid,
Dia haut halt au mit großer Freud
Als nobls, vürnehms Landkonfekt
Ihr Nesle gern in d Stadt nei gsteckt.
Jatz hört sie dau von gescheide Leut,
Daß *Fittig Flügel* au bedeut,
Und des haut sie vernomma kaum,
Nimmt sie's mit hoim als seltna Kraum
Und moit, sie häb iatz gwältig viel
Scho profitiert vom höhara Stil,
Brengt's wirklich au bald drauf an Ma
Und wends mit Glück in Gsellschaft a.
Ihr Bruadr nämlich nimmt sie mit
Zua Forstwart Maiers in d Visit.
Dett haut ma diskeriert und glacht
Und oiner haut da Hof ihr gmacht;
Der fraugt sie unter anderm glei,
Ob sie au musikalisch sei,
Do geit sie dem zur Antwort: »Ja,
Den *Fittig* spiel ich hie und da.«
»Schön, schön«, haut der do zua ihr gsait,
»A so ist iatz des Deng,
Adje, mein Fräulein Adelheid,
Wünsch guata Bessereng!«

Hugo Maser

D'r verkeh't Mau'

A Memminger Fräule
haut's Roisa probiert;
Nau haut se ihr Weag au
nauch Lindau naufg'führt.

Am Aubed, dau scheint uf
da See ra d'r Mau'
Und's Fräule bleibt schnell nau
verwunderet schtau'.

Sie sait: »Ei, wia kommt's doch!
Des hau' i nia ghö't;
In Lindau, dau scheint ja
d'r Mau' ganz verkeh't!

D'r Krippawiat

A luschtiger Kauz gaut beim »Ochsa« verbei
Und gucket, ob d' Wiatschaft heut offa scho sei.
Beim Gaschtschtubafenschter, dau kniaglet 'r na'
Und beatet voll A'dacht so laut, als er ka'.
Dia Leut, wo vorbeigant, dia schüttlet da Kopf;
Koi' Mensch ka' begreifa de' moadsfromma Tropf.
As Fenschter fluigt auf und d'r Ochsawiat schreit:
»Kotz Donner und Weater! Ja, Kerl, bisch it gscheit!«
Der Ma' uf de Knui guckt' a'dächtig a'
Und schreit druf so laut, als 'r schreia no ka':
»I hau' für a Krippa grad ghalta dei' Haus;
D'r Ochs, der isch a'gmault, d'r Esel guckt raus!«

HUGO MASER

's nui Dächle

Es lätschet wia mit Kübel ra,
So haut's no gar nia tau';
Und wia i guck zum Fenschter na,
Sieh i da Hansirg schtau'.

As Dächle haut'r unterm Arm
Und d'Händ sind in d'r Täsch.
»Ja, Hansirg, bischt du au no warm?
Treisch denn dei' Dach in d'Wäsch?«

D'r Hansirg dreht se um im Gau'
Und guckt mi a' ganz schui.
»Was wiasch denn du dau dob verschtau'?
Es isch ja nagelnui!«

Juhe, Bathlamö!

Fischergrueß am Memminger Fischertag

Grüeß Gott, ihr Fischer alt und jung,
Heut isch d'r Fischertag!
Vor mir iaz machet unsern Schprung,
Dau horchet, was i sag:
Heut dont mer all en große Pflumpf,
D'r Kuttler wia d'r Beck;
Bis zehna sind d'Furella Trumpf
Und nauchet isch d'r Dreck!

I wünsch ui alle Fischerhoil,
Heut isch ja Bathlamö!
Und d'Bära sind uns all it foil,
Drum schtreck mer's schtolz in d'Höh!
Wia herrlich isch am Fischertag
A Memminger doch sei'!
Mir passet uf da Achtaschlag
Und spchringet glei druf nei'!

Was d'Scherba sind, dia lant mer halt
Dau den im Schtadtbachlois;
Und isch es Wasser au no kalt,
D'r Eifer macht scho hoiß!
Ja, fischet, daß se d' Gabel biagt
Bis na zum Lueginsland!
Wenn oiner au bloß Groppa kriagt,
Isch des no lang koi' Schand!

Und wem de gröscht Furell wiad z'toil,
Der kriagt a Ketting a';
Bewundret wiad sei' Fischerhoil
No lang vo jederma'.
Als königlicha Majeschtät,
Mueß er se lau na seha,
Und hat 'r au koi' oiges Gfäh't,
Er isch doch König gwea!

Und vor mer usanand iaz gant
An unsre Plätzla na',
So schreiet all no mitanand,
Was jeder schreia ka',
A »Hoch!« der liaba Vatterschtadt,
Vor jeder gau' schreit »Höh!«
Heut ghö't vors Maul escht reacht koi' Blatt;
Drum: Juhe, Bathlamö!

Memminger Schpeiska't

Zwoi Burger sind beim Aubedbier
Und zället dau dia Schpeisa für,
Dia 's nit in and're Schtädtla gäb
Und dia fascht all ma hia bloß häb.
A fremder Herr sitzt an dem Tisch;
Ma merkt's em a', koi' Schwaub des isch.
Der trinkt sei' Bier in aller Ruah
Und horchet dene Schpiaßer zua.
Vo Gugarella schwätzet dia,
Wo Pfnotta öfters hoißet hia;
Vo Laussalb und vom grüna Käs,
Vo mancher Suppa, lei's und räs;
Vo Schneiderfleak in Zwetschgasos,
Vo Hosabändel, klei' und groß,
Vo Raviola in d'r Brüah,
Dia ißt ma ohne jeda Müah;
Vo Scheiterbeiga, Katzagschroi
Und sonscht no vo so mancherloi;
Au Schtüehl und Bänk ma it vergißt,
Weil dia ma bsonders geara ißt.
Dem Fremda kommt des gschpässig für;
Er sait zuer Wiate an d'r Tür:
»Ich hörte eben dort die zwei,
Daß man hier ißt gar mancherlei;
Ich weile scheint's in einer Stadt,
Die wunderbare Speisen hat;
Das Wunderbarste aber ist,
Daß Fleck und Möbel man genießt!«
Und d'Wiate lacht und sait zum Ma':
»Es kommt bloß uf da Maga a'!«

HUGO MASER

D' Kempter Mois

D'r Kempter Burgamoischter,
Der haut a Moisle ghet;
's isch gwea a heazigs Vögele,
So zuckrig und so nett!

Dau isch des Moisle gfloga
Amaul zum Fenschter naus
Und all sei' Freud am Vögele
Isch gwea uf oimaul aus!

All Schtadttor tuet ma schließa,
As Moisle fluigt sonscht fo't;
Und alles suag: »O Vögele,
Uf ewig bhüet de Gott!«

Es suecht uf Plätz und Schtrauß a
Weib, Fel und Bue und Ma';
Doch nemed bringt des Vögele
Zum Burgamoischter na'.

Vielleicht fluigt heut no's Moisle
Dau dob in Kempta rum;
Und suechscht du mit des Vögele,
Nau nemmet's d'Kempter krumm!

D' Hawanger Gucker

I kenn a Dorf, wo gschtanda isch
As Koara schö' im Feld;
A Kuckuck fluigt in Acker nei',
Weil's dem dau denna gfällt.

Und weil der Vogel schada könnt,
Drum mueß 'r schnell meh naus;
Ma schreit em Diener von d'r Gmoi'd,
Daß er des Tier treib raus.

Doch daß'r 's Koara it vertapp,
En Schraga nimmt ma her;
So traget en vier Baurama'
Im Feld nau kreuz und quer.

Und wia'r guckt vom Schraga ra,
Dau fluigt d'r Kuckuck fo't;
Voll Schreaka fallet d'Trager um:
»Jaz, Kuckuck, bhüet de Gott!«

Und kehrsch du in dem Dörfle ei'
Und fraugsch, wo d' »Gucker« send,
Verschlächt ma dir, bisch du it schtill,
Für dei' los Maul da Grend.

Friedrich Wilhelm Hermann

Mir Memminger
(gekürzt)

Mir Memminger send, wia mir send,
Ons mueß ma scho so lau.
Anschtatt en »Kopf«, hant mir en »Grend«,
Weil mir vo Memminga halt send,
I ka des guet verschtauh!

Wenn andre »stehen«, mir tond »schtauh«,
Mir send dau it so nobl.
Ond wenn se »gehen«, mir tond »gauh«,
Mir kennets zwar au bleiba lau,
Dau geit 's bei ons koin Hobl.

Schtatt »setzen« hocket mir ons na,
Schtatt »liegen« tond mir »flacka«.
So Gmüetsausdrück, dia reget a
Ond denksch dau in d'r Fremde dra,
Dau mueß di 's Hoiweh packa!

Dia fremde Leut hant oft a Gschroi,
Went us d'r Haut schier fahra,
Wenn mir tont saga nauch d'r Roih:
»Katz hockt am Kreatle uf d'r Boi,
Foikt mi ma Poppl Gara«.

A »Mädla« isch bei ons a »Föhl«,
Beim Vattr ond bei 'r Muettr.
Ond folgt se it ond tuet se kähl,
Nau wiad se, da geit 's gar koin Hehl,
Scho gricht, des peischtig Luedr.

Ond in d'r Wiatschaft, wenn mir send
Ond oiner kommt in Braus,
De packt ma beim Krawättle gschwend,
Verschlächt ehm bloß sein domma Grend
Ond keit eh oifach naus.

Der goschlet nau no hoi ond hoi,
Bis er vorm Haus tuet halta,
Dau wiad er nau uf oimaul kloi
Ond mit Reschpekt sait er: »I moi,
Iatz pruttlet scho mei Alta.«

Sonsch aber send mir guete Leut,
Mir hant da Gascht in Ehra,
Mir hant da Mau beherbergt scho.
Was will ma denn sonsch no meh to
Als se om 's Leaba wehra!

Früehleng im Land!
(D' Liab' im Turaschtüble)

Dau doba send Kräha am Tura so hoch,
Dia fliaget ond schreiet ond suechet ihr Loch.

De schnablet ond schmuset mit ganz nuie Kräft,
D'r Wentr isch ganga, dau dob gauht a Gschäft!

D'r Wächtr im Schtüble wiad au no maul jong,
Er tanzt om sei Weible ond küßt se mit Schwong.

Wenn war 's wohl as eschtmaul, er bsennt se gar
                                            lang,
Druf schprengt 'r ond reißt wia a Jongr am Schtrang.

Dau geisat dia Bälka, dau gautschet dia Wand,
Dau jodlet dia Glocka: 's isch Früehleng im Land!

FRIEDRICH WILHELM HERMANN

Des Jauhr gauht na

Des Jauhr gauht na, 's wiad kahl ond kalt,
D'r Sonnaschei wiad rarer.
A Schneele haut's scho gschneit im Wald,
Ma merkt 's, 's Chrischkendle kommt bald
Ond d' Nacht wiad hell ond klarer.

Des Jauhr gauht na ond mir gant mit;
Du kasch koi Zeit dir borga.
Mir arme Sender glaubet 's it,
Vor ons it sait a müeder Schritt:
Du tuesch scho füchtig schlorka!

Des Jauhr gauht na, denk dra, denk dra!
A nui's schteigt us em Äther;
Der alte Schtera ziaht sei Bah
Zum Krippale für jederma;
Dei Ziel für heut ond schpäter!

D' Liab im Schprichwoat

Wo d' Liabe treibt,
Isch koi Weag z' weit,
Koi Weattr z' schleacht
Ond wo se nafällt, isch ihr 's reacht.

D'r wauhra Liab tuet alles fromma
Ond sott se uf da Mischthof komma.
Über a Wanna voll Flöh kasch leichtr wacha,
Als bei zwoi Verliabte da Hüetabua macha.

Guet, daß it z'lang gauht, des verliabt Weasa,
Sonsch tät ma no anandr freaßa.
's isch gleich, ob Bräutigam oder Braut:
Wer heirata tuet, verkauft sei Haut.

Aber 's allergröscht Gfrett
Isch a koiz Weib ond a schleachts Bett.
So a bös Weib isch ohne Zweifl
A Ripp vom Teufl.

A schtoiniger Acker
Ond a glompeter Pflueg
Ond so a Xantipp drzua,
Nau hausch z' scherret gnuag!

Aber a bravs Weib
Isch a Glück, om des d'r Ma
Gar it gnua beata ond danka ka.

D'r Vierzgerschlag

Ma sait ons Schwauba nauch so füchtig gera:
Mir sollet escht mit »Vierzga« gscheiter wera.
Der Schpruch isch wauhr, druf schwör i Schtoi
                                                    ond Boi
Ond gilt bloß für ons Schwauba ganz alloi.

Des isch a Sonderreacht, mit dem isch it zum
                                                     Schpassa,
Drom dürfet mir »da Vierzger« it verpassa.
Verschlauft d'r Schwaub a oizigsmaul dia Zeit,
Nau bleibt er grad so domm wia alle andre
                                                         Leut!

Unteroff'zier, Herr Unteroff'zier!

's war a Rekrut, schwer vo Begriff,
Dem gauht am Afang alles schief,
Er schtauht scho au reacht saudomm na.
D'r Korporal, der schreit eh a,
Ob 's wohl au no en Demm'ra gäb
Ond ob er au no Brüedr häb.

Druf meldet d'r Rekrut ganz frei,
Daß er vo drei d'r gscheitescht sei.
D'r Korporal, der biagt se om,
Er dreht se uf em Absatz rom
Ond schreit: »Om alles in d'r Welt!
Ui sott ma seha lau om's Geld!
Hau i mit Dir scho so a Müah,
Ja sag mir bloß, was send nau dia?«

Ond nauch der Fraug haut er erschöpft
Am Kraga se da Knopf aufknöpft;
Doch d'r Rekrut schreit mit Pläsier:
»Unteroff'zier, Herr Unteroff'zier!«

Naudlschtich ond Schwaubaschprüch

Fleißig im Schtich,
Ebbes dra an de Schprüch;
Tuesch du di vom Schaffa drucka,
Tuet 's au mit d'r Wauhret schpucka.

Büeble, leg scho in d'r Lehr
Mit Schtolz in d' Arbet nei dei Ehr.
Gang ans Werk mit Freida dra!
's Faulsei schtauht koim Schwauba a!

Hermann Sandtner

Im Früahling

I gang zom Bach im schwaza Bronna
im Früahling am a Sonnatag',
i hätt' mi geara auf was bsonna,
dau weads mir leicht wia auf oin Schlag.

Wia nui ischt d' Welt doch huß im Freia!
Beim Härla hätt' i's überseah.
Mi tät's nauch viele Täg no reua,
wär i dau in dr Schtuba gwea.

Am Weiher watet Butterbleamla
und d'Peschtwurz warglet atig raus,
es liegat rum viel taused Sämla,
und Keimla schlaget luschtig aus.

Die Haslwüschtle schüttlat Stäubla
und wacklat in dr linda Luft,
aus Äscht und Zweigla drucket Läubla
und d'Veigla gend en feina Duft.

Maginga beatet auf dr Wiese,
oi schliaßat grad de Früahling auf,
und samtne Kätzla an de Wiede,
die häzet an de Ruete nauf.

Es geiget silberfei viel Mucka
und d' Biena summat z'frieda drei;
a Humml brummlat dur a Lucka
und 's Bächle taktet zwischanei.

Am Kirchle dob schtröckt se der Ruschter,
dur's Tal ins Holz gand Amsltöa;
so fromm klingt's, wia a Pater nuschter.
O Welt, wia bischt du wunderschöa!

Sommers End

Wia schea isch doch im Gras und Kleea,
wia schea im Holz, wia schea am Seea,
wia freidig glitzget jede Bluem,
au dia im allerärmschte Kruem!
Blau tont se scheine, geal und roat
au an de weiße haut's koi Noat.

An schtille Täg, wenn d' Sonne hell
am Bode leit auf jeder Schtell,
dau schteigt in Äther nauf der Duft
zum Reige mit der blaue Luft;
und daß d' Natur gwiß volleds g'schtillt,
wead se mit Vogellieder gfüllt.

Nau, aubeds zue der Weihermette
tuet's mächtig lang vom Holz her flöte.
Es ischt oi Feschte bis zum Morge,
's kommt an koi End, 's geit koine Sorge.
Am andre Tag ischt mea so grea,
isch mea so klar und wunderschea.

Mei Aug gaut aus zum schtille Kose,
mei Oahr kriagt gar it gnueg zum Lose,
mei Heaz mecht alle Freide fasse. –
Itzt soll ma von deam Sommer lasse? –
Und höbscht'n au mit beide Händ,
der Sommer gaut, er gaut halt z'end.

Herbst

Im schwaza Bronna donta
dau wearet d'Gräsle geal
und d'Läuble von de Wieda –
wia föllt mir dös auf d'Seal!
Dr Neabl ischt dau gsessa
a langa, kalta Nacht,
dear haut mit seiner Nässe
dia Kind unglücklich gmacht.
Am Morga hant se gheinat.
Viel Zächer rinnat ra,
wia d'Sonnaschtrahle scheinat;
recht traurig ischt der Ta.
Beim Schterba muaß wohl nacht sei,
vielleicht au kalt und naß;
wenn nau no ziacht dr Froscht ei,
bua dau sind d' Kindle blaß.
Lang lua ins Tal i na
und hau mein Teil mir denkt:
ja so fangt 's Herbschtle a,
dr Sommer ischt verschenkt.

Dr Mau

Dr Mau, der guckt zum Fenschter rei
und keit sein helle, guldne Schei
em Mädla auf da Kopf –
dr Mau, dös ischt a Tropf.

Wenn i dr Mau wär, dös wär fei,
i steiget glei zum Fenschter nei,
i zopfet se nau bei da Hor
und saget ihr was lois ins Ohr.

HERMANN SANDTNER

Meine Dörfle

Dörfle kenn i viel im Ländle,
schpitzet aus de Täler raus
oder schtandet auf de Bergle,
winket über d' Hecke naus.

Schtant i obe, lockt ois unte,
schtand i unte, winkt dös dob.
Weiß it, ob i's richtig gfunde?
Emma jede gheart mei Lob!

'S oi verschließt se hinter Wiede,
auf schperrt 's ander 's Türle oim.
Sind halt alle so verschiede,
aber überall bischt dahoim.

Dörfle, tuat mirs it verüble,
wenn i gwandret; hau ui gschätzt.
Hoimat isch in jedem Schtüble,
wau ma so wia d' Muetter schwätzt.

D' Muetter ischt ganga

D' Muetter ischt ganga,
bin ganz alloi,
's tuet mi reacht blanga,
's ischt nix dauhoi.

D' Bloama im Töpfla,
wia hant se Duscht,
henket ihr Köpfla,
watet umsuscht.

'S Fuirle im Ofa
koi Fünkla kut,
d' Kind sind vertloffa,
sind oifach fut.

'S Fuirla und Bloama,
d'Kinder glei au,
mecht se halt komma –
's wär all's meah dau.

Mei Schtübele

In meim Schtübele bin i dahoim!
I weiß it, wias mir ischt, 's hocket in oim.
Seit oiner, d' Schtub wär z'klei, mir isch groaß
                                                  gnue,
grad in deam Schtübele hau i mei Ruah.

In meim Schtübele, dau leit a Schei.
Wia oin dös lupft, gauhscht ins Schtübele nei.
Tanze muescht, singe muescht, willscht oder it –
's nimmt di am Bändele, 's nimmt di halt mit.

Von meim Schtübele gang i it raus,
aus so em Schtübele it um a Haus.
Schtirb i, nau bleib i im Schtübele dinn,
weil i so gern in meim Schtübele bin!

HERMANN SANDTNER

D' Kässchpätzle

Kässchpätzle, Kässchpätzle,
riacht dös heut im Haus!
dau hocket drei Kätzle
und löfflet's böscht raus.

Kässchpätzle, Kässchpätzle,
schtaut d' Katz auf em Schtuehl,
tuet d' Fäde verzwirne
und wicklet en Knuil.

Kässchpätzle, Kässchpätzle,
dr Kauder gaut rom,
verhangt in de Fäde
und gaut seitdem kromm.

Kässchpätzle, Kässchpätzle,
sitz i auf meim Platz;
dau leit no oi Bätzle,
oi nacketer Schpatz.

Om d' Riebele rom

Riebele rund und Riebele krumm,
Riebele rollet überall rum.
Sie rollat alle duranand,
sie rollat gschwind dur Muaters Hand;
sie rollat in da Hafa nei,
dös geit a Süppla, a wia fei!
Sie rollat auf a Toigla nauf,
da beschta Datsche geit's glei drauf.
A Riebeledatschi, döscht a Schpeis,
nix Bessers auf dr Welt i weiß!
's Dörfle nauf und 's Dörfle na,
wau d' nakommscht, rollat Riebela ra.
Riebele rund und Riebele krumm,
Riebele rollet überall rum.

Äpfele, Bäpfele

Äpfele, Bäpfele
hupft über's Stäpfele,
hupft in a Staude nei,
wer wead dau dinne sei?
Hupft nau auf Weagle naus,
wia sieht dös Äpfele
so drecket aus.
Ka's nimme esse,
dös tuet mir leid.
Hätt' i doch 's Äpfele
it vomer keit.

's Sauerkraut

Tuat vom Hobl 's Kräutle schneia,
ischt scho ischt sche fei,
tuat ma's in a Schtande keia,
ischt scho ischt sche nei.

Tuat im Schtall a Säule schlaufe,
ischt sche ischt se fett,
's mecht gearn in mei Kräutle laufe,
ischt sche ischt sche nett.

Sauerkräutle, Sauerkräutle,
wia bischt du so guat,
wenn dös Säule, wenn dös Säule
dinna wata tuat.

D' Schuah

D'r Bua kommt vom Strawanze hoim
und Schuah und d'Schtrümpf sind vola Loim
Dös dät's no, wenn it gar dia Sohla –
»Ja Bua, di soll d'r Teufl hola!«
So schreit sei Muattr voler Zoara
und schlät em Bua oins hinter d' Oahra.
»An Liameß waret d' Schuah no nui,
an Pfingschta sind se scho hui hui.
Von heut a mach du d' Schuah no sell,
du fünfzehjährigs Fahnagschtell;
von mir kriegscht du koi gottsigs Paar
und wenn i alt wear hundert Jahr!«
Von mir aus laufscht in Fetza rum,
i kümmre mi gar nia mehr drum!«
Sie ziacht iazt d' Röck a weng in d' Heah,

so ka ma ihre Schuah guat seah.
Nau sait dia Muattr zu dem Bua:
»Grad 14 Jauhr trag i dia Schuah;
iazt weischt es, so, und luags nur a,
wia lang ma d' Schuah au traga ka.«
D'r Bua, der schabblet se am Grend,
nau sait er zu der Muattr gschwend:
»Du kascht, dau brauchscht mi gar it schlaga,
nauch 14 Jauhr dia Schuah no traga.
Von mir kascht du dös it verlanga,
was tät i mit da Fuaß afanga.
Und denk, dös spielt frei au a Rolla,
i müaßt heut no am Zapfa nolla.«
Drauf sait sei Muattr: »Bischt a Lalla!«
und weidle laßt se d' Röck nafalla.

Kloine Viecherle

Im Haus weard mir's so ödele
a frischa Luft ischt guat.
I luag auf Wiesabödele
und siech, wear dau was tuat:

Um d'Füaß rom laufet Käferle,
dös krabblet, scherret, juckt;
bei jedem Wuzlfäserle
weard in a Löchle guckt.

Nau dont se weidle boahrele –
und was kommt hintadrei? –
Sie fahret mit de Hoarele
wia wild in d' Löcher nei.

Und Hagameisa wieselet
oim hoimle d' Wada nauf;
naus, wenn se gifteg pieselet,
hoißts: Hergöttle, o lauf!

Iatzt aber dont se kiecherle,
en Jubl hant se ghött. –
Ja, mit de kloine Viecherle
hauscht oft a arg groaß Gfrött.

So ebbes

Im Korb dau hockt a Gockl dinn,
dös tuat er halt so geara,
und neaba eahm dau sitzt a Henn,
dia mecht sei Weible weara.

»Los, Gockel! Du machscht mi zur Frau,
mit mir wärscht halt geborga,
du wearscht in alle Ehre grau
und brauchscht di um nix sorga.«

»Los, Henn! I sag's dir bei der Seal –
mir föllt's it ei im Leaba,
daß i weags oiner gottsge Föhl
d' ganz Kundschaft tue aufgeaba.«

d' Katz

A Ma, der haut zwei Weiber ghött,
a Katz isch und sei Alta;
mit deana zwei haut er sei Gfrött
und hauts doch müessa bhalta.

Dia zwei hant schea toe mitanand,
eahn aber tont se trätze,
und wia's die Weibsleut halt so hant,
sie müsset au no krätza.

Dia Katz ischt wirkle dockanett,
roat ische au no gwea;
sie wär no besser, wenn se hätt
koi Kralla unterm Zeha.

Der Ma gaut halt so neabadrei,
er ischt grad reacht zum Zahla,
derf luega in d' leer Schüssel nei,
d' Katz frißt aus volla Schala.

Und 's Weib haut jöden Aubed ghött
dia Katz in ihrer Döcka;
der Ma, der denkt se neabadött,
ka d' Katz denn it verröcka?

Amaule haut se gar dia Katz
so zuedeckt als wär's nacket,
sie haut grad toe wia mitma Schatz,
der Ma derneaba flacket.

Und bußlet haut se s' gar no au,
dös gfällt der Katz vom Fraula;
em Ma weard's voar de Auga blau,
er rauhlet wia a Baula.

Ins Hiara steigt eahm nauf sei Bluet
und aus der Leaber d' Galla;
er reahret num in seiner Wuet:
»Dös laß i mir it gfalla!«

Itzt packt er d' Katz als wia it gscheit,
dia ka se nimma ducka,
reißt d' Fenschter auf sperrangelweit
und naus blitzt se dur d' Lucka.

Nau aber schreit er no derzua –
es hätt oim könna grausa:
»I hau an oiner Katz grad gnua,
i mecht mit oiner hausa.«

———

Soviel i weiß, dia Gschicht ischt wauhr,
im gringschta it verloga.
Was i no sag, gaut auf mei Gfauhr:
»Es ischt dia falsch nausgfloga.«

Troscht

Druckt der Toad eus d' Auge zue,
hant mir ewig euser Rueh
und mir sind nau alle gleich,
ob mir arm gwea oder reich.

'S geit koi Plaug meah, koine Sorge,
's isch nix Dunkls wau verborge,
alle Weahtäg sind vorbei
und was gwöse, deucht eus klei.

Blueme blühet auf de Hügl;
Schmetterling mit ihre Flügl
flattret froah und leicht und frei
in de blaue Himel nei.

Fasnachtsschpruch 1947

I bi scho greist a ziemlis Schtuck,
auf Lautre bin i ganga
und auf der alte Illerbruck
hau i en Narre gfange
Dean hau i auszog bis auf d' Haut
und hau ean no verschlage
und hau ean gfresse uf'm Kraut,
dau isch er in meim Mage.
Itzt bin i luschtig wia der Narr
und hau sei Häs anzoge.
Bloß Taler, die sind fichtig rar.
Die Gschicht ischt it verloga.
    Mei Muettr ischt a luschtigs Weib,
    mei Vattr haut en Kropf;
    die hand en nette Zeitvertreib,
    sie packet se beim Schopf.

Fasnachtsschpruch 1948

I bi die Marie von Nuibeure,
i dät halt füchtig geara heure.
O gend mer doch en föschte Ma,
dean i au richtig bluie ka.
Wenn's renget, duets mi allet schlauche,
i tät halt no a Dächle brauche.
Mir fehlt au no a Heuratsguet,
i hau nix, wia dean alte Huet.

Georg Weixler

Sehnsucht nach dem Frühling

's ischt halt oineweg meh bräver,
Wenn ietz go der Früelings kutt;
Brauchscht it sovel Holz verbrenne
Und i soarge, daß 's de fruht.
Allat no die dtandscheg Stube!
Hoscht koi reachte Arbat it;
Allz ischt kähl und zämetgfrore,
Wenn d' no ebbas bäschtle witt.
Kaschd bloß iemohl 's Blättle lease
Oder gaiggele mit 'm Kneacht;
Wettescht uf de Viehmart luege,
Ischt der Weg und 's Weatter z'schleacht.
Barfueß gau kascht it, drum sind au
Allbott Schtrümpf und Bosse hi;
D' Schuechtar kennet freile lache,
Die hond do de beschte Gwi'.
Feireg muescht de Kneacht verhalte,
D' Madd, die goht i's Gunggelhos;
Saisch amol awink a Weartle,
Denn ist glei der Teifel los.
D' Schaufla, d' Gabla, d' Haua roschtet,
D' Seages loinet a der Wand;
Allz vergoht dean lange Winter!
's tuet ber grade ahebe ant,
Bis ba wieder dund im Eargat
Schoche und loreie ka;
's Wuele braucht's it, wemma oardele
Schaffet bis glei Obed na.
D' Kriesber sottet huir scho grote,
D' Epfl au und d' Bierebämm;
Ho s' im Herbst no bschütt und dunget,
's sott na's tu, wenn suscht nix käm.

Dett a's Holz nauf tuebba d' Leisa,
D' Veasa dett zum Stoffle numm,
Und a d' Bildsaul na de Rogge;
Dear wur nix dohoba rum.
Des und 's seal möcht i probiere,
Superphos und Guanemischt;
Moi breits, i kenn 's it verwarte,
Bis es go meh ohber ischt.

Baureregla

Huit hot d' Sunne Wasser zoge,
's kutt zum Saue, wearet sea!
's hot wohl au denn öfter troge,
Aber dös ischt meh anderscht gwea.

Schmierbet it, ums Himelswille,
D' Kröpf im übergende Mau!
Müeßet ietz au no, wie bille,
D' Hühnerauge steache lau.

Tund beileib nix naus im Widder,
Dös ischt a Kampel dur und dur!
Krieget suscht des reinschte Gmider;
's kinnt it sei, daß 's ebbas wur.

Stupf im Schütz koin Rätesome!
Setz mer au koin Salad it,
Wenn d' it bloß verschosse Krippel
Und a dtoschegs Köpfle witt!

D' Bodebiera, wenn's mit Guane
Ei'legst im Abrillestier,
Wearet di a mi no mahne,
Wenn i numma g'froget wier.

Fallet Lei und Hoset zämet
I der Pfar am gleiche Tag,
Denn kriegt glei ois 's Totehemed
Vo deam Brautpaar. So ischt d' Sag.

Aber wenn der gumpeg Dunschtag
Uf de schwaze Freitag fellt,
Denn ischt a der Zeit, daß jeda
Baur no woile d' Sünda zellt!

Primaners Ferienfreuden

Was isch go, Tone! Wiedt es bald?
Sind dier die Nudla z' gmoi?
Moisch gwis, ma tei no Schibling hea
Bloß weages dir aloi!

Eis tuet es 's gean, a jedas ma s',
Der Guschte isch blos guet;
Denn nimmt 's wohl dir au it de Grind,
Wenn's koim vo eis nix tuet.

Se kinntet gar it besser sei:
It z'schmierbeg und it z'hört,
Und doch an Biß; so will ma s' ja.
Bischt no it so weit glehrt?

Noll allat a deim Schnipfel Brot!
Wär gscheider, langescht rei;
Koi Wunder, wenn de schwappleg
                                wiescht,
Wie kan es anderst sei?

Wart, Mändle, wart! I kumm der scho;
Dett kennschde mi no schleacht.
I tue der 's Heikelsei' scho a.
Ja, Weib! ho n i it reacht?

Des siecht ja scho a blinda Ma:
So ka 's it weiter gau;
Drum mueß ar iatz a n Arbat tu
Und d' Büecher flacke lau.

Ja, Tone! Moan kasch Hoize schla,
Dös nimm de Schmotz meh raus,
Do kriescht a Kraft und Appetit
Und kuscht it obanaus.

Wiescht sea, dir gschmeckt's! Wenn d'
                        Hunger hoscht,
Do ist der allz fei gnue;
Do bringscht au d' Schleifarnudla futt
Und wiescht a Featzebue.

I pfeif auf die Schtudiererei!
's ist 's bescht, ma pfebt 'n do
Und loht 'n numma nei i d' Schtadt!
Do kräht koi Hah' derno.

Ar eigschmoarete Fehle

  Sauber und migele
  Hausle und gscheid,
  Und a Geald au derzue:
  Des wär a Freid!
  So oin, dena nähmest no;
  Wärest it dumm;

GEORG WEIXLER

Stohscht ja de reachte Weg
Ietz scho breits um!
Hoscht allat gschmeggelet,
's hot der nie gfüegt;
Und derweil hoscht de scho
Zah'lucka kriegt.
Ietz bischt a Schachtel, gealt,
Schloarpest dohea,
Bischt halt a Hi'keie
Laß de n it sea!
Henkst allat 's Tröpfle ra;
Gang, bleib dohoi!
Wie d' oin witt, kriegscht'n it,
Drum bleib aloi!

Alfred Weitnauer

Versle aus dem Schwabengau
Auswahl

Wallfahrte bin i gange
Weit nei' ins Tirol,
Koi' Kirch ho n i g'funde
Aber d' Wirtshäuser wohl.

Ma hört oft: die dumme Schwobe
Wuret erscht mit Vierzge g'scheit.
Glaubet mirs: die andre Klobe –
Wearets it in Ewigkeit.

Lustig und ledig
Macht de Geldbeutel leer,
O wenn doch mei Beutel
A Kälberkueh wär.

Do drunte im Täle,
Wos Wässerle fließt,
Do lieb i mei Mädle,
Wo d'Leut so verdrießt.

Und a A und a Zett
Und d'Studente sind nett.
Und a A und a X
Aber tauge tund s' nix.

Und a I und a L
Und die Buebe sind schnell
Und die Mädle sind heikel
Se möget it äll.

ALFRED WEITNAUER

Erlkönig

Wer dappet denn do no bei Nacht umanand?
Was go bloß die zwei no verlore hand?
Der Lochbihler isch es und neaberm sei Bue,
Dr Xaver. Se dappet auf Wierlings zue.

Vom Wochemarkt z Kempte ganget se hoim;
Se lant sie drweil, pressiere tuets koim;
Drum kommets bei Nacht und bei Neabl drhea.
Im Fäßle-Neustadt sinds au no gwea.

»Was hosch denn, daß zmol a so dasig bischt?
Sag, Xaverle, hoscht ebbes ureachts verdwischt?
Gell, es isch dr it guet? Komm, derfsch mrs scho sage
Amend leit dr no dr Käs im Mage?«

Lue Vatter! siehschs it an den Bäum dane loine
Die schwaze Kerle?« – »Noi, Bue, i sieh koine.
Des isch bloß dr Schatte– ja, ja, ma moints. –
I glaub allet, Xavere, dir ischs it ganz koinz!«

»O mei Gott, Vatter, i fücht mi a so,
Die Kerle do wend uns ganz gwiß ebbes to!« –
»Sei rüebig, Xavere, was schwätzsch denn afange?
Guck, des sind doch bloß Telegraphestange.

Jetz ka mrs go denke, was des mit dir ischt:
Du hosch im Fäßle zviel Bier verdwischt.« –
»Lue Vatter, lue Vatter! do kommet se gloffe!«
«Xavere, bis ruig und halts Maul, du bisch bsoffe.

Jetz verschlag dr de Grind, wenn koi Rueh it geisch
I tät mi doch schäme, mit söttige Räusch
In so junge Johr umananderzlaufet.
Was brauchsch denn du so in d Hi'z nei zsaufet!

ALFRED WEITNAUER

I sag drs im guete, gell Bue, nimm di zemet!
Mir sind glei dahoim. Und verzell mrs bloß nemet
Sags dr Muettr bloß it, wieviel Halbe mir hand,
Sonsch isch dr Sauschtall meh beianand.«

So, jetz sind se dahoim. Scho sinds dinne im Haus
»Ja Xaver, du siehsch ja wie g'spiee aus!
I haus ja glei gschmeckt und jetz sieh n i s: Jawohl
Der Saubue hot die ganz Hose vol!«

Otmar Wirth

Advent

Es schneit und schneit in oim fut zua
und d'Welt leit em a Feadrabett.
Om's Haus rum isch es, wia wenn d'Ruah
iatz erscht drweil zum Bleiba hött.

Dr Wald schtauht wia a Kirch so gschtät,
ma moit, er heb da Schnaufr a;
es isch, wia wenn r lohsa dät
ob's au ganz rüahbig wera ka.

In meiner Stub bleibt d'Zeit fascht schtau;
ich hear mei Uhr d'Sekonda schla.
Mei Beatbuch muach i liega lau;
i ka iatz koi hell's Liacht vrtra.

I ma se gearn, dia duschtr Zeit
und bi ganz schtill und viel alloi.
Wenn's Kindla in dr Krippa leit,
find i am beschta zua mr hoi.

Verkündigung

Maria
Mir isch so bang! – Mir isch so weah! –
I hau a Himmelshelle gseah;
es isch a Rauscha gwea, a Tosa.
I lohs und ka's doch it vrlohsa. –

Gabriel
Grüaß Gott! – I komm vom Himml ra
und soll dr von Gottvattr sa:
Du kriagsch a Kindla, Jesus Chrischt,
Gott's Soh', der Herr und Heiland ischt.

Maria
Ja wia? – Dös ka it sei! Noi, noi!
I kenn koin Ma; i bi alloi.
Und bi, dös derfscht mr ganz gwieß glauba,
so sauber wia a weiße Tauba.

Gabriel
Dr Heilig Geist, wia d'Sonn so klar,
der weard dös Liachtla wondbar
in Dir, Maria, heut azünda
und allr Welt a s'Heil vrkünda.

Maria
S' isch schwear und fascht it zum Vrschtau!
I will's da Herrgott füaga lau.
I bi sei Magd und nauch sei'm Willa
werr i sei heiligs Werk erfülla.

Herbergsuche

Maria
Liabs Herrgöttla mei, o land eis hald nei!
Joseph
Ja seahn drs it Leut, wias rengnat und schneit!
Beide
Komm, hand mit eis Arma a bitzla Erbarma.
Dr Wind got so kähl und d'Schtrauß isch so hähl!

Maria
I bräucht gar koi Bett; bloß a Gwärm, wenn i hätt!
Josef
Mir däd es a Schtroah, scho um dös wär i froah!
Beide
Mir denkat ans Kindla und hand koina Windla,
it a Bettla für d'Ruah und koi Wiagla drzua.

1. Wirt
Wer jaumrat und schreit und weckt meine Leut?
Um dr dausagottswill, iatz send no grad schtill!
Dau kehnts oin grad deucha, es dieftat de Reicha
nomma schlaufe im Bett, daß a Beatlr Platz hätt.

2. Wirt
I nähm ana wohl, aber s'Haus isch scho vohl.
Bloß meh dussa im Schtall wär no Platz fier ui all. –

Maria und Joseph
Mir gand. – S' isch Gotts Willa, dean müaß mr
                                  erfülla. –
Zwischa Esel und Rind kommt uf d'Welt
                                  s'himmlisch Kind.

Es klopft, es klopft

Es klopft, es klopft, mach auf dei Haus!
Luag, bettelarma Leut sind dauß.
Laß's gwärma an dei'm warma Heard,
bis dussa s'Weattr linder weard.

Es klopft, es klopft, gang, laß es rei!
Am End könnts s'Chrischtkind selber sei.
Dös probat diamol bei de Leut,
obs au no brave Seala geit.

Es klopft, es klopft! Lohs doch und gang!
I moi, i hear scho Englgsang.
A s'heilig Kind will zua dr rei
und bei Dir Gascht und Hoiler sei.

Hirtenliedle

Auf, auf, ihr Hiata u. tremslat it lang!
Liacht isch es woara,
dr Heiland geboara;
Gloria, s'Gwölk isch vohl Engl und Gsang!
Springat und luagat,
dr Engl hot gsait,
daß'r im Schtall in dr Krippa dinn leit.

Laufat au woitla und hollat s'ganz Gsind.
Ebbas zum Eassa
fürs Kloi it vergeassa,
Muettr und Vaddr und all uira Kind.
Gellat, ihr Bueba,
land s'Kindla schö gruaba!
Kniaglat brav na
und beatat s'Kind a!

d'Hiata bei dr Krippa

Wo isch der Glanz und wo dia Hella,
wo send d'Trompeta, Pfeifa, d'Schella?
Wo, ischt dia Musig, s'Gloria,
wo g'moit hasch, s'käm dr Hemel ra?

Nix isch meh dau, bloß nacht isch henna.
A Köz in dr Ladära denna
geit kümmerle a bitzla Schei
und tröpfnat Liacht ens Duschtr nei.

Fier dös, was dau siehscht, isch hell gnua.
A Fuatrkripp, a Schroah drzua
und denna leit a heinigs Kindla
in spinnaweabig dinne Windla.

Dur Klumsa pfeift a kaltr Wind.
Mandjosef, dau vrfriert dös Kind!
Komm Ochs und Esel, hauchat nei,
nau weards deam Kind gleich wärmr sei.

Gang, Bäschte, wicklas in dein Schäpr!
Dösch isch iatz gscheidr wia a Kläppr,
wo ma de Kind vo reicha Leut
in d'Wiaga nei zum Schpiela geit.

I ka dös oifach it vrschtau;
wia ka Gottvaddr dös zualau.
I moi oifach: Am Gottessoh
g'heart schtatr a Kripp a goldnr Thro.

Amend könnts sei, er will eis Arma
so zoige sei ganz groaß Erbarma
und sa: – freila, dös wär ganz nui –
»Ihr arma Leut, i g'hear zu ui!«

Jetz kniaglat na und dond schtill beata;
klagat em Kindla uira Neata
und beatlat, er soll nauch deam Leaba
eis allmitnand da Hemel geaba.

OTMAR WIRTH

O Jesule süaß

O Jesule süaß, wia frierts di an d'Füaß;
wia frierts di an d'Händ, so kähl got dr Wind.
O kommat doch gschwind und gwärmet dös Kind.

A s'Kindla so kloi, wia ischt es alloi!
Es leit in koi'r Wiaga und sott ebbis kriaga.
O helfat doch gschwind und bringat am Kind.

I ka it viel bringe; bloß blausa und singa.
Nau lasch s'Heinala sei und schlaufsch liabr ei.
A seliga Ruah, dös wünscht dr Dei Bua.

Um Füssen und Kaufbeuren

Maximilian von Lingg

Schnaderhüpfla für d' Oberländer
Auswahl

In de Berg bin i gern,
Do hon i mei' Freud,
Do geits ebbas z'lache
Bei g'müetliche Leut.

In de Berg hob isch schea',
I weiß an Beweis:
Wenn d' Städter a Freud wend,
No kommens zu eis.

A Tal und a Bergle
Und a Berg und a Tal,
Und wo ma' grad hi'schaut,
's ischt schea' überall.

Und ho'n i a trüebe,
A traurege Stund,
Noh gang i uf Berg nauf,
Laß d' Soarga all dunt.

Mir ho'nd kui'ne Tafle,
It fufzgerlei Speis,
I mui' aber, süeßer
Und besser schmeckt 's eis.

Und witt a kle'is Völkle,
A reacht rüehregs hau',
No dearfst bloaß uf Kempte
Und Sonthofe gau'.

Und z' Füesse glei dea'na,
Do ischt es so schea',
All Johr kommt der König
Und will 's wieder seah.

Und witt schea'na Bergle,
An reacht schea'ne Wald,
No gang nu' uf Pfronte,
I mui', daß d'r g'fallt!

Wie schea'n es ischt z' Nesselwang,
Dös sag i glei kui'm,
Do tätet all schreie:
Do ischt er dohui'm.

Am Grünte do drobe,
Do lieget viel Oart,
Und sott i all lobe,
I wißt it gnue Woart.

Und möchtest a Städtle,
In de Berg drinn alls blau,
Noh mui'n i, du sottest
Uf Immestadt gau'.

I glaub, daß dös Oberland
Eis'rn Hearrgott seal freut,
D'rum hot er's so schea g'macht
Voll g'müetliche Leut.

Und d' Iller ischt drecket,
Dös tuet se mit Fleiß,
Sie tut's weil se fort mueß
Von de Berg und vo' eis.

Voar s' raus kommt zu eis,
Do geit se's gar klei',
Doch nocha, do spielt se
De g'schwollene glei.

Der Käs wird us Milch g'macht,
Ma' macht 'n schea' rund,
Und weil m'r'n gern essen,
Drum simmer so g'sund.

Bei eis wird der Käs g'macht,
Bald klei' und bald groaß,
Im Unterland dunta,
Do – schwäzet se 'n bloaß.

Und moarge do wir' i
Mei Uhr dohui'm lau',
Es könnt m'r sonst wieder
Die Zeit z' g'schwind vergau'.

Früehlingsgrueß uß de Berg

Voar etle Täg do hat der Schnea
Kalt vo' de Berg noh blitzert,
Heut, aber funkelt d'Sunn so schea',
Daß alles nu' g'rad glitzert.

Do bin i naus, und 's ischt m'r g'wea,
Als hätten d'Bergla g'sproche:
Eu' ischt am End im Winterschnea,
Im Kummer, 's Herz fascht broche.

Ihr hond seit langer, langer Zeit
Im kalte Tal do dunte
Für Uiber Herz kui' reachte Freud
Kui' Glück, kuin' Trost meah' g'funde.

Itz aber furt mit allem Schnea,
Vergesset Uibre Schmerze
Und lond de Früehling, mild und schea',
Meah' nei' in Uibre Herze!

So wie die Bergla zue mir g'redt,
Do hot's mi nauf g'rad zoge,
Und was für Freude hon i g'höt –
Ja, d'Bergla hond nie g'loge!

Wie i do nauf kumm ganz uf d'Höah,
Und 's Tal scho' z'weitescht dunte,
Hon i, zum Grueß, neab kaltem Schnea
Liab Früehlingsbleamla g'funde.

Dös war a' wahre Früehlingsfreud!
Mei' Herz ischt mir aufgange,
Die Welt hätt i, so groß, so weit,
Zu mir nauf möge lange.

Und wie i nausschau weit in d' Fern,
Seid Ihr mir o ei'g'falle,
Mir war's, als möchten d'Berg so gern
Eu' b'sunders grüeße alle.

Hond Ihr seit langer, langer Zeit
Im kalte Tal döt dunte
Für Uiber Herz kui' reachte Freud,
Kuin' Trost, kui' Glück meah' g'funde,

No furt itz, furt mit allem Schnea,
Vergesset Uibre Schmerze,
Und lond de Früehling, mild und schea',
Meah' nei' in Uibre Herze!

Und daß es g'scheah, d'rum hon' i glei'
Die Bleamla' mit m'r g'numme,
I schick's Eu' jetzt und grüeß Eu' fei',
Bis i werd sealber kumme.

Es ischt dös zwar a' kleine Gab,
Ihr werdet 's kindesch finde,
Doch soll's Eu' 's Beschte, was i hab –
Allgäuer – Treu verkünde.

Und noh mol sage: Furt mit Schnea,
Vergesset Uibre Schmerze,
Und lond de Früehling, mild und schea',
Meah' nei' in Uibre Herze!

Scholza Vere

A Mötzgargang

Früener sind vum Undrland
No öfter Handlar kumma
Se kofet Rösser z'Pfrundta umand
Hund fett und magre gnumma.

Amal sind zwea vu Haus zu Haus
Und fragat nach und kundet aus
Ob ma kuin Jährling kriege ka
Jez kummet se zu Kaschban na.

Die Handlar höbet fruidle a
Ja grüeß di Gott mei liebr Ma
Mier habe gkeart du wersch verschtau
As soll bei Dier a Jährling schtau.

Drum kumma mier und fraga a
Ob ma de Jährling seache ka
Dr Jährling dea ischt leidr it da
Höbt Kaschba schoa ganz pfigig a

Dea grasnet uff der hindre Alb
Söt kreuzfidel dös Pfruntarkalb
Jez fragat se wie lang ma hat
Bis ba uff die Alb nauf gat.

I sags uib wenn dr waidle gund
Na gundrs i zwoa leichte Schtund
Im Faal da keareter fei ei
Bis da na weart es Brotzeit sei.

Die zwea sind schoa glei körig gschprunga
De Schteig nauf hund se a Liedle gsunga
Na hund se müeße schnaufe, leache
Bis se hund de Jährling gseache.

Dr Jährling dea ischt wirkle schea
Dös kund amal a Schtaatsroß gea
Und weil s'n wend o seache gau
Drum hund'sn a bisle zerre lau.

Na sind die Zwea mea s'Achtal naus
Und gund glei wiedr i Kaschbas Haus
Was müeß br fürre Jährling gea
Dös Rößle dunkt is wirkle schea.

Und Kaschba söt i allar Eil
Dr Jährling dea ischt gar it feil
Denn wenn i gib dös Roß jez hea
Na han i am Hörbst kui Mähne mea.

A will it dra

As ischt amal a Weible gschtoarbe
Se hat dös earschtmal tau
Se hat ihr Löbtag gwirkt und gwoarbe
Und neamad koche lau.

Drum kindetse kui Suppe koche
Dr Vatr und dr Bue
Und o kuin gscheide Brata mache
Und wigse gar kuin Schue.

As weart a jödr wohl vrschtau
Daß dös hat it id Länge tau
Wenn ma nix Gscheids mea zfrösset hat
Und Läus de ganze Grind vol hat

Drum hat dr Alt zum Buebe gsöt
S'ischt una Weib a fürchtigs Gfrött
I gib drs Haus und alls drzue
Jez heirescht uine, s geits ja gnue.

Im Junge will dös it in Grind
Weil a d Föhla it guet kennt
Drum hat a glei zum Alte gsöt
Du hascht viel leichtr macha köt.

Denn heire hascht du d Mueter kinde
I soll abr a frende finde
Wa se paßt is Haus guet nei
I mui dös Heire laß i sei.

A Ausröd

As ischt wohl s böscht bei jedem Föscht
Wenn sicht dr Wirt an Hauffa Göscht
Na gißt ba Brata haufeweis
Und Bier trinkt ba o fössrweis.

Doch Ludwig ka it soviel laischta
A trinkt a Bier aß wie de maischta
Doch's Brataösse lat a sei
Dea paßt it i sein Maga nei.

SCHOLZA VERE

A tät schoa i sein Maga passa
Wenn a wär o guet bei Kassa
Sei Löbtag hat a schparig tau
Und doch de Muet it sinka lau.

Jez kummt dr Wirt und fragat glei
Ob Ludwig gar it hungrig sei
Und Ludwig söt mei gueter Ma
Jez lose, daß drs saga ka.

I hau dr bloas wegs deam it gwunka
Weil i hau a Rüermill trunka
I ka kuin Brata im Maga hau
Sescht mueß i zoft uff's Häusle gau.

Clara Rothärmel

Wieso... Warum... Weg was... – so gauts

Wieso ... Warum ... weg was ... – so gauts
in aller Früeh scho a;
ma sotts ja gar it globe, was
a Kind alls frauge ka!

Du Babba, sag amaul, wieso
braucht d'Mamma so viel Hüet?

Moisch, Babba, gaut dr liebe Gott
am Sonntag o zum Wiet?

Warum macht Wangers Franzef allet
d'Wageräder rund?

Gell, wenn i groeß bi, fliege mr
mitnander auf de Mond?

Weg was söt d'Doti all' zu mir,
i sei a Hemmedlenz?

Warum hand d'Küeh koi Flügl it
und d'Fluige koine Schwänz?

Moisch, daß die extra bease Leut
dr Teufl grille ka?

Sag, Babba, weisch du dös – wo gaut
dr Klaus im Sommer na?

Warum bisch ja du desmaul nemme
easter Voerstand woere?

Weg was haut d'Mamma denn auf Wiets
Bedienung so an Zoere?

Ja, hättesch du it kenne o
dr Bundeskanzler weare?

Du Babba, moisch, dr Pfarrer mag
sei nuie Köche geare?

Wieso haut eigentlich dr Stoerch
mi krad zu ui herbraucht?

Wie kommt dös, wenn ma 's Fuir azündt,
daß allet so arg raucht?

Wieso ... Warum ... Weg was ... so gauts
de ganze Tag lang futt;
und Babba rum – und Babba num –
dös macht oin ganz kaputt.
Von früh bis spät heasch nix als wie
die damisch Fraugerei;
i ka ne sa', dau mecht scho bald
dr Teufl Babba sei.

Fasnachtsbrief

Du Senz!

Nix »Liebe Senz« – döscht rum;
weild mi so narret gmacht hausch – drum!
Denn Dei Benemme und Betrage
näcbt aufm Ball, dös ka Dr sage,
dös war no mehr wie allerhand,
mit oim Woet gsöt: a wahre Schand.

I lad Di ei, Du dumme Kueh,
und moi no wunders was i tue,
denn 's Eitrittsgeld dös war ja huir
gegs andre Jauhr no extra tuir.
Kaum hockt ma dett, nau bstell i glei
an Braute und a Fläsche Wei
– an Gröber Nacktasch no drzue –
ja Kruzifix, isch dös it gnue?

Und was erlaubsch Dr Du, Du Loes?
Du tanzsch mit mir an Walzer bloeß,
nau kommt dr Brandl Valetei,
der extra nobl Herr, der fei,
nau tanzt ma mit deam hintrenand
drei Ture, dösch doch allerhand,
und lellet ananander nauf
wie wenn ma nomaul 's Recht hätt drauf.
Und z'gueterletzt dau gaut ma no
ind Bar und sauft an Apriko.

I hock drweil am Tisch, am leare;
dau sollesch nau it narret weare!
Und gfoppet bin i o no woere;
mei Lieber, dösch vielleicht a Zoere!
Drum haun i zahlt und bi verdloffe
und hau im Hiesch mei Geld versoffe.

Und Du, Du Kueh, Du ganz saudumme,
kasch mir jaz auf Kierweih komme,
samt Deim scheane Valetei.
Deam schlag i ja glei 's Hiere nei –
ans nächstbest Hauseck wirf'n na;
was gaut denn Di der Leffas a!

Und bild Dr Du frei ja it ei,
daß i auf Di agwiese sei!
I, als em Richterbaur sei Bue,
ka andre Föhle hau krad gnue!
Die Ältest von Deim Vetter Mang,
die glüstet mi ja so scho lang;
und i hau oft scho sage heare,
diesell, die seach mi o reacht geare.
I glob, die wüßt scho was si gheart
und wär it als wie Du so gschert.

Jaz hau Dr so an Haufe gschenkt,
und soscht no's ganz Jauhr 's Geld naghenkt.
Dös ist jaz scheints dr Dank drfür,
Ja isch denn dös no a Manier??

Dein Christkindlesgrawatt, dean alte,
kasch von mir aus selber ghalte.
I schick der'n mea, dean kasch mea hau!
Und eascht no, wegs deam Fetze dau!

Mir zwei sind fetig mitanand –
zerrissen ist das schöne Band!

Koin Gruß und nix
    von
      Anton Schratt

Deam Brief isch beiglegt: a Grawatt

Dr äschrig Mikde

Dr äschrig Mikde isch mea heut,
und i tät sa' 's isch höchste Zeit.
Denn d' Fasnacht und die Narretei,
so nett wies isch und wies o sei,
dös mueß doch jeds von ui verstau,
dös könnt it all so weitergau.

Dau tröt ma Larve, wüeste, kecke,
tanzt als wie dr Lump am Stecke,
pfeift auf Astand und Moral
und schuit koin Eifersuchtsskandal
und koine no so groeße Köste,
ißt und trinkt nobloeß vom Beste;
Räusch samt Folge geits krad gnue
(pfui Teufl – kenntsch oft sa' drzue!)

Bei deane, die wo maschgre gand,
isch manchmaul wirkle intressant:
Dr Schreiner Distl und sei Vero –
sui macht 's Weib und er de Nero.
Sui weiß gar it wie ma tuet.
Er sell haut zwar an Spritzer Bluet
an jeder Hand – doch sigsch em Ma
auf hundert Stund de Lottl a.
Und dr Herr Direktor Dreher
macht an Kneacht – dös gaut scho eher;
d'Frau a Madd für Säu und Rind.
Die Madd haut aber feine Händ!

CLARA ROTHÄRMEL

In dr Fasnacht, wies so gaut,
schlieft manches in a fremde Haut.
Isch deane aber wohl drbei?
Dau wemmer doch ganz ehrlich sei:
Am wöhlste isch – was jeds verstaut –
am jede in dr eigne Haut.

Und o dr übrig Fasnachtstrieb,
ja wenn jaz der no länger blieb
und ging womöglich gar it aus,
ma käm ja no ins Narrehaus!

Drum isch bloeß guet, dir liebe Leut,
daß o an Aschermittwoch geit!
Dau isch nau aus mit Tanzerei
und d'Larve kommt in d'Schachtel nei.
Ma ißt und trinkt a bißle minder,
dös isch – neabebei – o gsünder,
isch mea nüechtern, Kopf wie Heaz,
sieht ander Leute Noet und Schmeaz
und d'Welt mea wie se isch, so grau
und o so buggled und so rauh.
Und, was no 's Allerwichtigst isch:
Du bisch mea dös was d' wirkle bisch,
dr Herr Direktor, fei und nobl,
oder Schreinergsell mit Hobel.

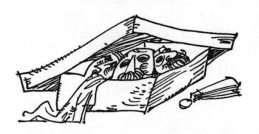

Doch wer und was o Oiner sei,
dös isch im Grund ja oinerlei.
Denn wenn die Menschheit gnauer kennsch,
nau isch doch jedes bloeß a Mensch
mit Fehler und mit Schwäche,
mit Leide und Gebreche.
Und 's kriet beim Sterbe kois nix mit;
dau sind nau allmitnander quitt,
zum Beispiel dr Direktor nobl
und dr Schreinergsell mit Hobl.
Heut, am Aschermittwoch, heasch,
aus was du bisch, zu was mea weasch.
Ob hoeher Herr, ob armer Tropf,
an Äsche gheat auf jeden Kopf.

Zum Muttertag

Mei liebe Mama!
I hau dr heut zum Muttertag
a Sträußle zemegricht
aus Schlüsselbloeme, Maieglöckle
und Vergißmeinnicht.

I mecht dr heut Vergellsgott sa'
für alls wasd für mi duescht,
für dös daß 's ganz Jauhr für mi soergesch
und so schaffe muescht.

De ganze Tag bischt auf de Füeß,
tuesch koche, wäsche, flicke;
am Aubed muesch nau no für mi
an warme Kittl stricke.

I weiß no, won i krank gwest bi
bisch daughockt Nacht für Nacht
und hausch mr meine Tropfe gea
und kalte Umschläg gmacht.

Dir isch für mi koi Weag it z'weit,
koi Arbet z'viel und z'schwer;
mei Mama, wenn i di it hätt,
i weiß it, was nau wär!

Und Zoere hausch o mehr wie gnue
mit mir, dös weiß i sell.
Dös trösch mr aber doch it nauche
und verzeichsch mr's, gell?

I kenn di doch: Wend no so schimpfsch
und zueschlöscht in dr Wuet,
es stauht koi halbe Stund it a
nau bisch mr doch mea guet.

Du Mama, i versprich dr dös:
Jaz will i bröver weare,
daß o a weng a Freid hauscht –
weischt, i mag di doch so geare!

Drum hau dr heut zum Muttertag
dös Sträußle zemegricht
aus Schlüsselbloeme, Maieglöckle
und Vergißmeinnicht.

Allerseale

D'Sonne haut heut bloeß no so
an trüebe, fahle Schei.
Es ziecht vom Tal
und überal
a dicker Neabl rei.
Dr Wind treibt no die letzte dürre
Blättr voer si her;
es sind jaz Felder,
Weag und Wälder
toet und kahl und leer.

Ma heat vom Kiecheture ra
an dumpfe Glockeschlag,
der söt zu dir
und söt zu mir:
»'s ist Allersealetag!«
Und viel Verstorbne wo ma kennt haut
fallet oim mea ei.
Sie sollet heut
und jederzeit
für eus a Mahnung sei:
Oft isch doch so, daß ma an Mensch
im Leabe it verstaut.
Wie guet er war
weat oim eascht klar
wenn ma'n verloere haut.

Drum gang i jaz in Friedhof naus,
ans Grab von deane Leut,
leg Blueme na,
zünd Keze a,
und denk an d'Ebigkeit.

CLARA ROTHÄRMEL

Ma heat vom Kiecheture ra
an dumpfe Glockeschlag;
der söt zu dir
und söt zu mir:
»'s ist Allersealetag!«

Quitt

Dr Peater mag de Michl it,
dean kan er gar it schmecke;
dr Michl mag de Peater it,
ja it ums lieb Verrecke!

Schwätze dund se scho mitnander
und sind höflich o;
dös aber alls bloeß schanderhalber,
wegs de Leut und so.

Dr Michl weiß, daß ean dr Peater
it verputze ka;
o Peater merkt: Beim Michl isch
dr Haß glei voenedra.

Und Michl weiß daß Peater weiß
wie gfreße als er'n haut;
und Peater weiß daß Michl weiß
daß umkehrt kradso gaut.
Dau moisch die Sach sei recht verzwickt,
Dös ische aber it:
Die Rechnung stimmt – es gleicht si aus,
dös heißt: Die zwei sind quitt!

Sonthofen und Ostrachtal

Toni Gaßner-Wechs und Josef Gaßner

Laoß d'Weattre nu kumme,
laoß sturme und dore,
laoß aondre nu wiehle
und nide und haore!
Tüe seal aber ziteg
für di bloaßeg blibe,
so leabschte am gsündschte,
bischt glicke und zfride!

Z Moarge

Mislestill ischt s no im Dearfle –
über d Bearg hea kut es heal.
s Oaschterlüftle tüet se wögge,
Stean um Stean verlöschet gschneall.

Zmaol a Glogge heart ba lite,
s zuicht a Röichle über s Da,
d Vögl tint ahöbe pfludre,
so focht a Kräje überall a!

Dao und döt a Dearle gruzget,
d Gaßeküeh gänt hui in Stall,
wenn der Geißar schnöllt und bocket
lachet gulde d Sunn' is Dal!

Drei Reasle

Wißa Sunntag! Wiß ischt s Kleid,
s Herz vol Fröib und Hoffe,
wiß sind d' Kerza, d' Bäggle roat,
s Öug' so heal und offe – –
    und im Haor a Reasle wiß – – –
    Wiß und roat vol Blüeta
    staoht der Lenzeg – voar'm Gfroar,
    Reasle, müescht de hüete . . .!

Hoasetmoarge –! Wiß ischt s Kleid,
s Hearz a lichte, schwere,
gulde 's Ringle, Kerza wiß,
s Öug' vol Lache' und Zähre' – –
    und im Haor a Reasla wiß – – –
    Reasle, bringscht an Summer,
    Sunnesching und Hoibatszit,
    Reage' öu und Dunner . . .!

Still im Sarg liegt d' Müeter dinn,
s Hearz ischt still vum Schlage,
leer ischt s Öug und s Häs ischt schwarz,
d' Kerza wiß am Schrage – –
    und im Haor a Reasle wiß – – –
    Reasle, ietz ischt Winter,
    Winter laong und kaolt und schwarz – –
    und was kut d'rhinter . . .?

Alperoase

Roat Alperoase blejet –
i ho an Büebe lieb –
roat Alperoase blejet –
i gläub it, daß n krieg!

Roat Alperoase blejet –
ming Büe leabt rich und schi –
roat Alperoase blejet –
wea ischt so arm wie r i?

Roat Alperoase blejet –
ho nuits haolt wie ming Lieb –
roat Alperoase blejet –
weiß it, ob i eahm gnüeg!

Roat Alperoase blejet –
ming Lieb ischt echt und waohr –
roat Alperoase blejet –
was ischt bis übers Jaohr?

Edelwiß-Strißle

Meidle am Garteshag,
gugge doch rum!
Henk kui so Mudde ra!
Magsch be denn numm?
Bring der dao Blimle mit,
hao s doba am Huet.
Gell, mach iezt kui Pfändle meah,
bis wider guet!

Gugg dao, die Edelwiß
ghöaret für di!
S haot fei dös Strißle öu
sis no an Si:
s doaret kui Edelwiß,
s blibt allat gli – –
blieb doch öu isa Lieb
so wiß und so schi.

Mueter

Haoscht be gwieget, haoscht be gaomme,
vola Lieb in Arm ning gnomme,
mit ber parlet, mit ber gsünge,
für be gwacht, bischt für be gsprünge,

haoscht ber zeiget s erscht Maol beate,
daß ba Gottsgaob dear it treate;
hoascht be globt, haot Klöus reacht gwüetet,
haoscht voar hähla Lit mi ghüetet;

haon e gstreichet, haoscht be gmahnet,
haoscht be gführt, wenn i ho gwahnet;
huit no ka bei Dir mi sunne,
wenn wänt Leid und Kümmer kumme.

Ka it donke, ka bloaß bitte:
Mueter, goh, verloß be ite,
Wenn uf *dear* Wealt Du bischt numma,
schick Ding Seage gu ber umma!

Bändel und Blacha

Dös Lumpeglötscht und Featzlestaond,
so übreg ligt es umanaoand,
verspeart de Platz im gaonze Hüs
und siecht naoch Noat und Üngweart üs.
Am beschte wird dao s Rode sing,
nu flink dermit i n Ofe ning!
As Fuir doch schlarpfet s Mahle hi,
ma soll nu ihr die Lotsche gi,
se schnid und leag na Lag für Lag,
verwirk dös Zuig na Schlag um Schlag,
dös Gmächt, dös müeß a Blache gi,
wie nui und fescht und farbeschi!

Dao kumm i in an Sinnar ning...
Öu mit de Lit könnt denes sing...
Ma sieg am liebschte Lotschetaond,
se staonde übreg umanaond...
Doch mit am Nädling Liab und Güet
wur grödnet dös verzwienet Gmüet,
wie licht tät s wider Mensche gi,
wie nui und zfriede, guet und schi.

Der erscht Üstrib

Und d Läa tint fahre,
se stöubet und neablet
und doret und raohlet.
Es luftet und töuet
und bröcklet und tröpflet
am isege Maare.
Der Doarfba tuet mure
und knischtre und knäschtre

und suttre und fluttre,
na schaome und spritzge,
bringt Wasser und Bode
und Raohne und Dure.
Vu Rom de hoachgwichte,
de uraolte Schneagge,
dean bloaßegs dearf khaolte
der Meischter vom Reachtlar,
blaost dreimaol der Kleihirt
a lüte, a lichte
uf alla vier Brugga,
uf Dockesars, Peachars,
uf Hißars und Föschtars,
glei Dreiviertelstünda,
bis d laong und kurz Gasse
na staoht a de Lucka.
Und üs ka ba tribe
erscht ietz naoch m Blaose
sing Vih vu der Gasse.
S mueß s Blaose vom Schneagge
doch Ataongs und Wearkles
vum Vichle vertribe. –
Tint astaong und bahne
und hofele tribe
i d Weida, die grunet,
ietz s Vichle und fahret
i Gotts und allar hoachheilega Name!

Vihſcheid

Still goat dr Tag an Hörbscht schu na
Es faochet d Oohna s Geala a.
Und d Bächle rinnet gspär und gstäd,
Öu d Sunne kut schu mörkle spät.

Wenn Mathes kut, dr heilig Ma,
No kummet Kie, dr Scheid goat a.
Es schingt huit d Sunne bsunders heal
Und d Arbat macht se fascht vu seal.
Es mummlet, brummlet us em Dal,
Es schealet, glogget überal.
Und Trib um Trib kut noacha ring.
Wie ka doch s Vih a wäche sing!
Zuicht s Gschealt öu bis gum Bode schier,
So nammas ischt hoalt doch a Zier.
Wie treit de Örscht de Kraonz so schi!
Dea Spiegel dinn mueß Blitzgar gi.
Wea Weag ischt laong und stuineg gwea
Wie schrammet all no muschber hea!
De Mealkstuehl haot der Molle dob
Uf Kopf und Hoan und kriegt sing Lob.
Jeds Küehle haot an Blumestrüß
und grüeßt vo witem schu gum Hüs.
Es haot der Summer Soarge gea
Und ischt so wunderschi doch gwea!

Wenn d Glogga bringt dr Hiert i s Hüs,
na ischt für huir dr Summer üs.

Rumpelklöus

Rumpelklöus, i bitt,
mit ding Gröll und Kettem,
nimm be doch it mit!

Rumpelklöus, laoß sing
's Rumple, Raohle, Graohle,
tue ding Ruete ning!

Rumpelklöus, gao, steck
häbre Hünd und Schneacke
ning i s Kemmateck!

Rumpelklöus, i bitt,
kumm doch z Nacht gaonz rüehbeg,
weischt, na fürcht ber it!

firobed

Hofele faocht s nachte a,
s Beat haot s öu schu glitte,
s Vieh wird rüehbeg uf der Weid,
d Hierte gänt i d Hitte.

s Mahle treit no s Millgschirr ring,
d Müetter tüet s letzscht Ghöarle,
s Dengle laot dr Vatter sing,
dr Ähne bschluist no s Dearle.

Hindrem Bearg dao ischt a Stean
gstäd vum Gwölk rüsgaobret ...
Zupfezeale kut ietz d' Nacht ...
»Hänt an güete n Obed!«

Du liebe Fröu im Oaschtrachtal

Du liebe Fröu im Oaschtrachtal,
mir grüeßet Di und s göttle Kind!
Dir wember gaonz fir eige sing,
wie d Kind gu ihrna Müetra sind.
Mir sind so klei und schwach und arm,
drum nimm is öu gu Dir in Arm
   : und seagne mit Ding Kind is all,
   isar liebe Fröu im Oaschtrachtal! :

Du liebe Fröu im Oaschtrachtal,
bis isa Hilf zu jedar Zit,
böi Dag und Nacht, dohui und duß,
i jedar, jedar Noat, wo s git!
Laoß nuits züe, liebschte Müetter Du,
was Lib und Seal kinnt Schade tu!
   : O hilf is mit Ding Kind übrall,
   isar liebe Fröu im Oaschtrachtal! :

Du liebe Fröu im Oaschtrachtal,
mach, daß ber nie Ding Kind verlänt!
Und blib öu i der letschte Stünd
ben is, wenn mir gum Stearbe gänt!
Nimm, liebschte Müetter, bei der Haond
is naochet dinet all mitnaond
   : und führ is gu Ding Kind na all,
   isar liebe Fröu im Oaschtrachtal! :

P. Aegidius Rudolf Kolb OSB

Allgäuer Heimatlied

Isar Ländle mueß ba möge,
isch es doch so vollar Sege,
vollar Schöheit, vollar Pracht,
wian as hot d'r Herrgott g'macht.
   Allgäu, mit de Bearge ding
   sollscht b'r allat Huimat sing!
Vom wiiße Firscht bis naa ins Tal,
grad wo de lugescht, üiberall:
Alpe, Dörfer, Märkt und Städt
hond allat scho ebbs Liables g'hett.

All dös z'hüete ond verwahre
dürfet mir kui Plog it schpare.
Schtandet wehrle, gondt it z'ruck,
haltet z'seamet, lant it luck!

Auf mei Hoimat

Dr Herrgott git eis viele Gabe,
für d'Seel, fürs Gmüet und au de Mage.
Zu all dem ebbes Koschtbars drei:
und des ka bloß mei Hoimat sei.

Und neanets auf der weite Welt –
koi no so großer Haufe Geld,
ka mi so froh und glückle mache,
als wie mei Hoimatdörfle: Lache.

Und wo na s'Leabe mi ka führe,
d'Lieb zur Hoimet isch zum spüre:
I beat allet mit Herz und Hand:
Herrgott, schütz mir mei Hoimatland!

Ausfetzungslied

O hoil'ger Gott, Dreifaltigkeit,
mit Glaub ond Lieb gebenedeit!
Du bisch ond bleibscht auf deare Welt,
hosch näh bei eis Dei Gnadezelt.
Mir seachet Di im Himmelsbrot
ond kommet all mit eisrer Not.
Mir beatet an: Gott Lob und Preis!
Mir wisset all: Du seagnescht eis.

Engel des Herrn

Du Gottesmagd hosch s'Jawort geabe!
Drum danket mir dir s'ewig Leabe.
G'loset hosch auf Gottes Wort,
drum bischt eiser Himmelspfort.
  Mutter Gottes! Himmelsschteare!
  Loß eis deine Kinder sei!
  Im Leabe, Leide ond Sterbe,
  hilf eis doch in Himmel nei.

Ja Gottes Mutter bisch du woare.
Des wendet allen Tod ond Zoare
vu eis Mensche, weil du 's bischt,
die eis broacht hot Jesus Christ.
  Mutter Gottes ...

Mir wend Maria di recht preise,
glei Gott no Lob ond Dank erweise:
Vater, Sohn ond Hoil'gem Geist,
jetzat ond in Ewigkeit.
    Mutter Gottes . . .

Segenslied

Als Engelspeis ond Brot zum Leabe,
o Herr ond Gott hosch du Di geabe:
vum Tisch, zum Kreuz ond hoil'gem **Mahl**.
Drum beatet mir gar iberall
in Demut Di, o Gottheit, an
ond knieblet gläubig vor Dir na.
O segne eis im Sakrament
ond schenk eis all a seligs End.

D'schwäbisch Kocherei

Gar so dumm send d'Schwoba it.
Ond wenn du dös no wisse witt,
nochet muescht in d'Kuche gau
ond dir ebbes schmecke lau.

Allat hond se spare müesse.
Doch dös war it zom Verdrieße.
Aus Toiger ebbes mache –
ond drzue no guete Sache –

Dös isch Kunscht ond Freid em Mage.
Jeder mueß do redle sage:
Aus »Wenig«, »Sparsam«, »Vielerloi«
dös isch d'schwäbisch Kocherei.

Dann noch ein guter Rat

Ond bei allem guete Easse
derf ba niemols drauf vergeasse:
daß ba au an Hearrgott denkt,
der oim all die Sächle schenkt.
Drum g'heart s'Beate au derzue,
witt it sei wie d'Sau ond Kueh.

Drom g'heart vor die Rezeptle
au a schwäbisch Tischgebeatle:
Eiser Hearr im Himmel dobe.
Mir send do ond wend Di lobe.
Labescht eis mit Speis ond Trank.
Drum saget mir Dir Lob ond Dank.
Amen.

Gloria

Eiser Herr im Himmel dobe
mir send do ond wend Di lobe.
Groaß bist Du ond hoch erhabe,
schenkst eis reichle Deine Gabe.
Engel, Mensche, Tal ond Berg
preiset alle Deine Werk!

Segen

Für eiser Schaffe, Sinne, Rege,
bittet mir jetz om Dein Seage.
Gib eis Lieb ond Güet ins Herz,
stärk eis au für jeden Schmerz.
O schenk eis Gnad ond Redlichkeit,
jetzet ond für d'Ewigkeit!

Fridolin Holzer

Früehling am See

Wenn i i mim Schtible bi
Und dr Früehling lueged liabble
Wia a Schelm zum Feanschter ri
Mit am Lache i de Grüable,
Kut mir allarloi in Si.

Golde Fligel mä't i kriage,
Mit de Schwälble mä't i fliage
I de blaue Himel ni.
Ane ischt as doch am See
Jetz im Moiemonat schä.

Wo ma lueged, ischt a Blöia,
Isan Hearrget müeßt as fröie
Wenn ar so an Garte säh.
Wär ar it im Paradis
Käm ar i d' Vakanz zu-n-is.

Liatle

's Büeble sitzt im hohe Gras
Mibba under Blüetle,
Und as hot sin healle Gschpaß
An de viele Liatle.

Giörscht nu sind as Schteanne gsi
Golde hond se glonzed
Iber's Feald im Sunneschi
Und de Weag ikronzed.

Jetza schtonded Liatle duß
In am Silberfräckle,
's Büeble bloseds wolle uß
Mit da volle Bäggle.

Und i mui, i seah mi seall
Nu i junga Johre
Mit am Lache froh und heall
Blüetle i de Hoore.

Hon i it viel hundertmol
Ou no Liatle ddisched
Und it gwißt, daß se amol
Gonz vu seall vrlisched.

's Rösle

As hiörbschteled. Vur Linde
Fallt 's Laub vrwealked ra
Und d' Biörka leged zitle
Ihr goldes Schtearbkloid a.

Ma hört kui Finkle schlage,
So schtill und dot ischt d' Wealt,
Vrscheuchte Rabbe fliaged
Wia Schatte übers Feald.

I gugg in Garte usse,
As ischt schu underlia'ts.
Am Bomm a uischichts Rösle,
Dös woiß vum Hiörbscht nu niaz.

As blöit grad wia im Summer
Und lached zu mir ri,
As wär giörscht Zante Hannes
Und it schu Wendel gsi.

Du liabs, du munzegs Rösle,
Mir ischt um di so bang,
Du macheschd mir viel Fröida
Doch dured as it lang.

Dr Riefe kut zum Rösle,
Wia kolt ischt doch si Kuß.
Und no ar kurze Brutna't
Hucht as si Leabe us.

D'r Golme

Mir hond a Fuetterddischle
Im Garte hinda duß,
No jedar Mohlzit ddraged
Mir Floisch und Keanne nuß.

Und warted hinderm Feanschter
Uff isan Wintergascht,
An Golme, jörbar libeg,
As schtänd ar i dr Mascht.

Ar hot a heallrots Lible
A gschtromets Schöple a,
Vrschöicht dia blaue Moisle
Und lot kui onders na.

Ar frißt dia beschte Bröckle
So viel as nu grad git,
Ischt käl und fuetternideg
Und grad a so sind d' Lit.

's Krippele

Underliats i Nanas Schtible,
Sind dös schäne Zita gsi
Bi deam brave olte Wible.
Jeds hot wölle um se si.

Allad hot se guete Bröckle
Vu z' Mittag im Röhrle köt
Und a Mareneascht mit Öpfel
Underm Healbesack im Bett.

»Büeble«, söit se, »laß D'rs schmecke,
Büeble iß und bis geann do,
Lue i gunn D'rs jo vu Hearze,
Was is alls zum Montsche ho.«

Uff'm Hoor a schpitzegs Käpple,
Iberm Lib a wulles Tue'
Deaweag kan i d' Nana denke
Schu as gonz a kleine Bue.

Hot as dussa gschnöit und gschturmed,
Kumm i reat vrfrore ri,
Bin i näh zur Nana gschloffe:
»Nana, Nana, mascht Du mi?«

Uff am Nußbommkaschte domma
Schtoht a Uhr sit oltar Zit,
Mit 'm Berbandickel nicked
Halb im Schlof mi Nana mit.

Doch dös schänscht in Nanas Schtible
Ischt a Krippele im Egg
Mit am Kindle i dr Wiage
Und am Oechsle im Vrschteck.

Hiörte knoued voer deam Wunder
Uff 'm Mias und beated's a,
Josef und Maria lueged
Gar so liab uffs Kindle ra.

Rote Kiörzle wearfed huile
Ihren Schi uff 's hoileg Baar
Und vum Himel i dr Krippe
Glitzged Schteannle heall und klar.

D' Nana nimmt mi bi de Händle
Und se foltets innanond,
Und mir ischt, ob golde Engel
Uff am Flumm durr d' Schtube gond.

Langs Zit knou i mit de Hiörte
Voer dear Krippe mit 'm Kind,
Bis dia rote Kiörzeliatle
Langsam am Vrlösche sind.

A dia Zita mueß i denke
Im Abvent bim Lampeschi
Und i find, am schänschte ischt as
Noch i Nanas Schtible gsi.

s' Närrschsi vrgoht

Mi Schweschter hiered hiöt
und kriagt an Ma
Und muit, dr Himel hang
Bis zwiteschd ra.

I wüsch deam junge Baar
Was halt dr Bru,
Dös Ugrad, denas wiörd
Vu seall schu ku.

Dös ui, dös miörked na
's Närrschsi vrgoht
Und blos a reate Liab
Dured und bschtoht.

Ma söit it Schätzle blos
Und netta Fratz,
It allad Minzele
Ma söit ou Katz.

Bschiffe

Ane ischt as doch a Gwolt
Wenn ma wislos wiörd und olt,
Und ma numma bieße ka,
Wia ischt ba doch ibel dra.

Wo-n-i ho nu bieße kinne,
So vrzöllt a Bürle z' Schinne,
Ho-n-i niaz zum Bieße köt,
Hungreg bin i z' Na't as Bett.

Jetza bin i erscht reat bschisse
Samt mim Hof und samt de Schpäh,
Ou dia allarbeschte Bisse
Nutzed niaz – i ho kui Zäh.

D' Suppehenna

A Katechet vum Bodesee
Goht mit sim Kiörchechor schpaziere
Zum Eiehucke bim Kaffee,
Zu denam kinnt mas gschwind vrfüehre.

Ma kehrt i Bindars Garte i
Und duet bim Häfelar vrwile,
Git au a etle Liadle dri.
Was soll ma jetz schu huiwärts ile?

Dr Wiört ischt gschpräch und froged glei,
Ar hot nu d' Bratze volla Gläser:
So, hond Ihr d' Küechle hoit drbei?
Und düted uff dia lange Häßer.

Dr Katechet, der gfroget ischt,
Vrbißt sin Schpott und mached Grenna.
Was, Küechle? Schwätzed doch kuin
                                Mischt,
As sind schu eher Suppehenna.

FRIDOLIN HOLZER

Und grad uff mir

Jede Mohlzit goht dr Hannes
Seall zum Mealke i de Schtal,
Ischt ar fiörteg, lauft ar woile
Mit dr Butte is Lokal.

Und ar reachned voer 'm eie
Wia viel Millgeald as as git,
Ob as it im »Engel« dinna
Nu a frische Halbe lid't.

Do – a Radlar fahrt vu hinda
Isan Hannes i de Dreck
Und dear gonz Profit vum Mealke
Lauft im Schtroßegrabe wegg.

Hannes flacked unda dana
Und dr Radlar uff 'm dob
Und dear Under schwört und mentet,
Denn ar hots it mit 'm Job.

Du, i kas jo schu begrife,
Muit dr Radlar, daß Du schwörscht,
Aber nimm mirs it in übel,
Lue, i leann jo 's Radle erscht.

Hannes brummled unda vür:
So bigott, und grad uff mir.

Albert Baldauf

Der Höibat
(gekürzt)

I.

Wenn d Krottebluma Liehtle haond
Und d Wüetera verblöied,
Wenn duß im hohe Gras anaond
Verloffe Hihle schröied,
Und wenn der Vatter allad schtaoht
A siim Banetar da,
Denn weuß i, was as gschlage haot:
Denn gaoht der Höibat a!

Fröi um halbe viere schlieffed
Etla Ma zum Schopftor nus,
Sind no halb im Schlaof vertieffed
Und it gschpräch, – so sieht as us.
Mit am Schtämpfl Obsar gwörmed
Jedar se no gnoot de Buu,
D Örmel haond se ou schu gschtörmed,
Deaweag ischt as Bruuh.

D Seagaß gschultered, underliehts
Gaond se furt, se schwätzed niez,
Bloseg d Wetzschtui i de Kumpf
Baombbeled melodisch dumpf.
Wao ma haot am Früehling bschütt,
Döt na richted se de Schritt,
Und döt faoned se ou gmah
Mt m Mähje a.

Fsst! Wie hout as! Fsst! Wie dtout as
Bis zum Woarb uf d Seagaß her,
Fsst! Und Mahda git as, grad a
Froid ischt as, so dick und schwer!
Fsst! A Schlag! Mit scharfem Pfiiffe
Sinked d Hälm vur Wurzel weck,
Und sogar vu Schoarmuus-Hiiffe
Schlänzt as weck de Dreck!

Aber uiszmaol duat as kretze;
Jetz muoscht wetze, Wetzschtui netze,
Aohne Wetze miößtescht hetze,
Wenn d it wetzscht, bischt letzscht!
Lue, dao kut ou d Sunne mähle
Ruf am Holz, die deaff it fehle,
Und as fröit se, wenn se sieht,
Was dao für a Arbat gschieht.
Huile schtriichled se die Mahda,
Und as schtiiged gaonze Schwada
Wasser-Duhscht und Blumeduft
Bolzegrad i d Luft.

Dob am Himmel Lercha singed,
Uf de Weuda ringsum klinged
Glogga, und so ab und zue
Jodled ou a Hiörtebue;
Doch de Mahdar knurrt der Mage,
Und vom Hof rus laot ba sage,
Daß der Rallar fiörteg söi, –
Ascht grad numma z'fröi!

II.

Zum Mahda verdtu
Miössed d Wiißbilder ku
Und d Bälg, und der Nähne
Wär ou zum erwähne;
Blos s Josefle gugged,
Wie d Höischteffel jucked
Und d Henna so renned,
Wölls d Höischteffel zänned;
Allz waodled und schwaonzed
Und wimsled und rüehrt se,
Und d Sunne die glaonzed
Und nimed verschpürt se
Voar Iifer und Schaffe
Im Takt und im Schritt,
Dao sag, was de witt, – I dour mit!

Und derwiilad wiördt as niine;
I Diim Buuh din schpürscht a Schwiine,
Und vur Kuche rus bringt d Bäs
Kizle, Butterbrot und Käs.
Ei! Wie schmeckt um dao im Schatte
Was die haot in ihrem Kratte,
Und derzue a frischa Moscht,
Wao it soviel koscht.

Naochar faot ba s Reache a,
Denn am Oart a nanna na
Lit no zimmle Gras am Bode,
Dänas deaf ba it versode;
Und derwiil am erschte Tag
Wiördt as denn Mittag,
Und ma ka zum Easse gaong.
Haoschte aber Huize schtaong
Oder Bierling und Loröia,
Muoß ba die no z'erscht verschtröie,
Denn vu gaonz alui
Kummed die it hui!

Und denn sobba s Gras umkehre.
Ietz muoscht schu de Breame wehre
Und die Arbat wiördt a Schuur;
Drum nimmt a moderna Buur –
Wenn ma s deaweag nämme ma, –
Uir haolt, wao se rüehre ka –
Nimmt an Höiwendar derzue,
Dea verzieht a Kueh.

s Biörkele

Eija! Wie prächteg die Biörke dao dunda
Schtaoht i der Sunne und grüned am Bah!
Zueluege kinnt i grad Schtunda um Schtunda, –
Daß blos a Bämmle so schä si ka!

Glitzgere dout as und funkle und glaonze
Wia a Prinzessin im siidene Kleud,
Wenn se se dreht mit am Prinze bim taonze, –
Wiidt aweck sind dao no Soarga und Leud!

Haon i am Huiweag a Mädele gseahe,
Frisch wie a Biörkele, goldene Zöpf;
Glächeled haot as mir gaonz i der Nähe, –
Ischt doch a Mädle a mugeles Gschöpf!

Mädele, Mädele, fröit Di Dii Wease?
Fröi Di nu, glei sind die Meuetäg rum!
S Biörkele, s Biörkele, dös wiördt – a Bease,
Ruuh und verschtoubed, verkratzed und
                                      krumm!

Weck!

In am Tobel lit an aolta Schnee,
Und ar dtuot döt wiörkle nimed weh;
Aber ascht schu so, daß im April
Nimed meh an aolte Schnee seah will.

Wear blos grad verböi kut, git ihm flink
Mit m Schtifelschpitz an grobe Gingg;
Und warum denn? – Blos wöll im April
Nimed meh an aolte Schnee seah will.

Daß ar maonatlang sii pflicht haot dtaong
Und de Froscht haot it in Bode glaong
Denkt kui Mensch, – und blos wöll im April
Nimed meh an aolte Schnee seah will.

Deaweag aber ischt as, weam sii Zit
Um ischt, dear muoß wiidter, und ar lit
Blos am weagum no, wöll im April
Nimed meh an aolte Schnee seah will.

Daohui

Kan as naommas Schäners geabe,
As daohui bi siina Kind
Ihre Fröida mit verleabe,
Wenn se no so dtaopeg sind; –
Wenn se bi de Klötzle hucked
Und im Muul an Notschel haond,
Oder an Budel Mill verdrucked
Und derböi uin schnölle laond; –
Wenn uis uf m Bode kriised
Und uis härzed uf an Schtuehl,
Und der Öltescht se schu fliißed,
Wöll ar muoß im Meu i d Schuel!
D Muotter muoß grad waolle mache,
Daß a jeds sii Oarnung haot,
Und der Vatter ka no lache,
Wao-n ar blos am weagum gaoht,
Wenn die Junge wänd ihr Fuotter; –
Und ar sinnt, wie kurz as ischt,
Sit ar seall daohui bir Muotter
Ou haot nina gnue verdwischt.

Jung wiördt groß und Aolt muoß schtearbe,
Deaweag ischt as allad gsi;
Will Dir dös de Gschmack verdearbe,
Huck zu Diina Kinde nii!

Mugele

Der Franzöff hött an Appedit
Uf Kohlars Vefle ghöt,
Blos trout ar se niez z'saged it,
Wie geann daß ar ou wött.

Amaol bim taonze blaost ar ihr
Is Ohr nii, gär it lutt:
Se wur ihm gfalle, und se höi
A so a wiiße Hutt!

Dös Lob haot d Vef kui bizzle ggrämmt;
Se blinzled ihn so a
Und söit gaonz duhsam und
                        verschämmt:
»So bin i zna und zna!«

A Schtodderar

»Dumma Läätsche! Kascht it liidte!«
Raoled Franz an Buebe a,
Dear ihm mit m Rad vur Siidte
Fahrt a siine Hosa na.

»Lli –li– liidte kan i friile« –
Schtoddered dear aonder gschwind,
»Ww – wenn – so kut as naoh am Wiile –
»W – wenn i blos ou r – radle kinnt!«

Ludwig Scheller

Wenn d' Neb'l schpinnet

Wenn am Bah dund d' Neb'l schpinnet,
d' Wida vor se sell nasinnet,
d' Vögele i d' Neschtle gond,
Friede ischt im wite Lond –

Denn schtond i geann as Fenschter eie
und gugg is Dörfle dund im Tal,
wo do und döt a Lichtle flimmret,
a Wegle bahnet, eng und schmal.

Do hörscht kui Werke meh, kui Lärme –
viellicht an ringe Deng'lschlag –
sus ischt as überal a Schtille – –
is Dunk'l goht a olta Tag.

So wäret mir woll au amol
denn unterlihts alluineg schtong
und wie d'r Tag, oh' Lärm und Klage,
gonz schtill v'rlösche und v'rgong.

Am Bächle

Am Gärtle, am kluine, am Gärtle v'rbei,
do gurgelet, schnurgelet 's Bächle.
Und Blümle, de dauset noch, hanget dri ni
und 's Bächle, des kut do zum Lächle.

As lächlet so munter und nickt 'en na zue
und hebt 'na de Schpieg'l is G'sichtle
und gurgelet, murgelet allat vorna,
v'rzöllt sine Blümle a G'schichtle.

A Vögele fliegt do vom Brückle an Bah
und schwänzlet und nickt uf am Schtuile
und 's Bächle, des schiebt 'm a Wässerle zue,
es winkt 'm vertraut und ganz huile.

I huck do am Grabe und sinne und sinn',
– es wend allat wieder so Kümmernis ku –
doch 's Bächle, des lächlet und murmelet zue
und treit mir all Sorga zur Schtund no d'rvu.

Guetzlebache

Was ischt as doch a schäne Zit,
wenn d'Mutter a'fangt bache
und wuchawies 'm Klose hilft,
die guete Bierezelte mache!

A Singatte, an Zopf, an Kranz
und Loible, gonze Krätte glei,
do ischt niets meh, was mi v'triebt,
mit Lieb und Seel bi i d'rbei.

Zibeba git as do zum Schlucke
und döt ka i a Loible drucke,
i ka au mit am Deugle drecke
und Zucker us ar Schüssel schlecke.

I derf au mit am Bemsele
no's Oigeal u an Zopf naschtriche,
d'rwisch i do a Wibörle,
i due kuin Dit und it d'rgliche.

Uf uis blos mueß i obacht gi,
wenns Bachzieg no is Gade kut:
Wo d'Mutter huile und v'rschteckt
de Kaschteschlüss'l eieduet!

D' Huimatschpro'h

Ei, Büeble, mach doch kui so Pfännle!
Was hot ba dir, so sag, denn dong?
G'wiß hond se dir an Öpf'l g'nomme?
Viellicht wit du a Guetzle hong?

»No Öpf'l ho i gar kuin Blanger.
Mit Guetzle kascht b'r au it kumme.
Der Stadtfrack, döt, die Bohneschtange,
der will mi grad mit G'wolt v'rdumme!

Der sait, daß mir it schwätze kinnet,
kui Mensch kinn is v'rschtong,
und will a is kuin guete Featze,
it ui guets Härle long.«

Mei Büeble, bis doch z'friede;
die Schpro'h vu dem, des ischt blos hochdütsch.
Laß du wie sus din Schnab'l laufe,
no schwätzscht de recht! Denn Hofdütsch,

des ischt vu alle Schprocha
die schänscht, und älter, laß d'r sage,
wie Holz und Ruih und Hof und Felder.
Do laß d'r niats an Kopf naschlage!

Do dreht se's Büeble wie am Schtecke
und packt den Städter fescht am Grind.
»Jetz Männdle, will i dir go sage,
daß isre Woert v'rschtändle sind!«

Die dumme Schwobe

Vum Schwobe seit ba vielerloi.
für g'wähnle, ar sei dumm —
doch wege so am G'schwätz, it wohr,
do langet mir it hindanum.

Und seit ba au, die Schwobe,
die wäret erscht mit Vierzge Lit,
so saget mir, woll woll, des schtimmt,
die ondre wärets eweg it!

D' Sunneuhr

It allat blöihet Bluma
und d' Sunne schinnt it jedan Tag.
As git au trübe Schtunda,
Wo ma it lache mag.

No denk a klei as Ührle:
des zoigt kui Schtunda a,
wenn d' Sunne, hinter Wolka,
amol it schine ma.

Und wit as kaum meh glaube,
uf uimol lacht se wieder ra.
No zoiget 's Sunneührle
blos schäne Schtunda a.

Löcher im Käs

Zwoi Kurgäscht kummet geg Mittag
zum Löiewirt, 'm Häberle.
Der ui der b'schtellt a Fischfilett,
der onder will a Leberle.

»Natürle!« brummlet do d'r Wirt,
»Was kut doch ei it alls in Si!
Ebbs Wams git as im Heibat it!
An Emmetaler ka i gi!«

Die Zwoi, die nicket denn d'rzue
und naget a dem Käsle rum
und muinet spitzeg nebebei,
die Löcher wäret größer wie's gonz Trumm.

Do kut as hinda us d'r Schenke –
den Ma bringt it grad nommas druß:
»Wenn ihr den Käs it freasse kinnet,
denn schniedet halt die Löcher rus!«

Tone Haslach

D' Schumpewoid

Vum Hus a Schtuck wit weg, a Fiald,
ma hoißt 's im Rossegumpe,
döt sömmeret d'r Drodlerbur
scho johrwis sine Schumpe.

A Veahwoid, wie a Veahwoid ischt,
mit Bosche, Schtui und Söfe,
si Daidda hot se giörbt amol
vu Dunes Genevöve.

A Vorholztanne schtot am Oart,
d'm Tobel zue a Hägle
und uf a'r Tanne domm am Bihl
hont d' Hiörte a V'rschlägle.

Wo Hiörte sind und Schumpeveah,
mueß i a d' Fröida denke,
denn jung sind boide, duent anond
im Wieschttu gar niez schenke.

Mi Bärbele

Mi Bärbele, mi Bärbele,
ischt oige brav und ordele
und g'hört gonz mir allui.
I schenk ihm denn so gleagele
a etle rote Nägele,
a Ringle ohn' an Schtui.

Bi ihr dahui am Schtädele,
am Bomm am grine Lädele,
döt hucket mir zwoi viel.
Duent noue Huizler-Birele
so mitanond probierele,
woischt grad mit Butz und Schtil.

Und wenn im Hiörbscht denn d'Schwälbele
furtziehnet iber s' Älpele,
denn ziehnet mir zwoi i.
Und 's Bärbele, mi Bärbele,
dös allat brav und ordele.
g'hört nochert gonz g'wiß mi.

Bi 'n iis die Groß

Bi 'n iis die Groß, dös ischt a Kue,
glei die am vord're Schtond.
Dös ischt und blibt a röibesch Tier,
die bösescht wo b'r hont.

Kui Hag ischt dere z'föscht und z'ho,
sie schnöigget wo se ka.
A jede Lucke bricht se dur,
frißt vu de Bämme ra.

Bi 'n iis die Groß, die ischt scho reat,
do bis b'r nu glei schtill.
Und ischt se ou reat ukomot – – –
sie git an Hufe Mill.

Schnöschlitte-Fihre

A gonze Nat hots gschtöberet
und g'schturmet a uim Trumm.
D'r Schnö lit tief uf Weag und Fiald
uf allna Simse rum.

D'r Weagmacher got furt vu hui,
mueß watte bis a d' Knie.
Er brucht a Dutzad Roß zum Gschpann
in schwere Schlitte i-e.

Er brucht out Lit, die hot er glei,
do kut er ibral reat.
Zum Schlittefihre got ba seall,
do schickt ba it de Kneat.

Am Obed erscht, do kut ba hui
und hot a bizle gnue
und muit: I mät, i wiisch mir jez,
as schnöit glei wieder zue.

's bös Bibele

A Bibele vu Noburs Henn,
a oige bsiasses Fräzle,
dös kut zu is i d' Stube ri
und hohret mit d'm Kätzle.

Lue, 's Minzele wiörd wild und gschtrub
und dittet mit de Dope:
»Kumm, bis doch riebeg, kleine Balg,
du bischt nu z'niez zum Gope.«

Und 's Bibele git no kui Rueh
mit Bicke und mit Grenne:
»I krieg doch Fligel und du it,
bi besser dra, um 's Kenne.«

Und 's Kätzle kriet a böse Wuet,
packt 's Bibele bim Krage – – –
Und 's Bibele – – – as grennet numm,
denn 's Kätzle hot 's im Mage.

A Tromm

I woiß a Hisle vor am Holz
gonz uischicht an am Bihl.
As ischt it groß, grad reat fir zwoi,
und Sunne hot as viel.

Die Schtube und dös Gade, lue,
as ischt a Glick, a Fröid,
im linde Schtuehl am Ofe döt.
wenn as vordussa schnöit.

Dös mät i giann, i gloub it dra
und nimm mi drum in Zomm.
Denn was ba so vu Herze mät
blibt möischtens bloß a Tromm.

Heinrich Wiedemann

Im Miörz

D' Widekätzle glitzgered
a de Boschehäg.
Uff'm Turm d'r Goggelar
schoht im Luft gonz schräg.

Im Kähnar gurgled 's Wasser,
d' Dächer schpieaglet blaß
und i d'r Buint dus ischt as
no reat geal und naß.

A de Halde oberet's
jödan Dag jötz meh.
Bloß im Holz din lit no
grau und olt d'r Schnee.

D'r Ba, dear juckt und schprudlet
iber Gröll und Schtui.
Do lit as Fuchs und Oichar
au numma dahui.

Us alle Gräbe luaget
d' Dotterbluma fett.
D'r Dannebickar schäggeret,
ob an Rusch ar höt.

Au mir wiörd as gonz oige
i mim Hearz und Gmüet.
I kum mir wia a Vogel voar
und sing drum au a Liead.

HEINRICH WIEDEMANN

Moiezit

D'r Krieasperbom im Garte
ischt voar Bluascht schneewieß.
Kui Zwiegle will meh warte,
triebe duat jöd's Ried.

Am Boschehag, do summed
d' Imbe umanond,
und dicke Hummla brummed
drimsleg iber's Lond.

Im Moos dus hond an Schlöiar
d' Birka um ihr Hoor.
Dund, am Sägewöihar,
saget d' Frösch jetz wohr.

Vum Holz hear hört ma lache,
los, de Guggar, lut.
A Dube gurrt im Schache
bis ihr Fröiar kut.

D'Danna, diea hond wieder
gonz an oigene Duft
und vu de Biggel nieder
schmoichlet warm d'r Luft.

Wohi ma mag au gugga,
d' Wealt bloit näh und wit,
jöd's Dal, a jödar Rugge,
– as ischt Moiezit.

Wear ka do s' Hearz verhebe,
wo alls juckt und schpringt?
Wear sin Kummer pfebe,
wo alls juchzt und singt?

Summerzit

Summerzit, oh Wunderzit!
Wiörd diear it liecht bei deam Gedanke?
Du sieascht de Himmel blau und wit,
um jödas Gärtle Rose ranke.

Wie z' naht alls gär so wiörzeg schmeckt
noch Honeg, Harz und gmähte Wiese.
D'r Neabel, dear hot se verschtöckt,
ma sieaht ihn bloß gonz huile kriese.

Vu jödam Buggel, jödam Bühl,
hörscht Glogga du vu Küah und Schumpe.
Hoiß ischt as und miesleschtill,
bloß Breama surred an am Gumpe.

Am Morge liet uff jödam Grot
a Huch, so zart wia Englesflügel.
Jöd's Wölkle hot a guldene Noht,
jöd's Brünnele ischt a Silberschpieagel.

Hoscht Kummer du au no so viel,
a Weh vielliecht i dinar Seele,
los, a jödas Bächle will
a luschtegs G'schichtle diear verzöle.

Summerzit, oh Wunderzit!
I Bearg und Dal duat gär alls blöie.
Ischt dös it s' Schänschte, was as git?
Drum duer de mit de Vögel fröie.

HEINRICH WIEDEMANN

Hundstäg

Kui Helmle rüehrt se und kui Laub,
As ischt grad so, als sei alls taub.
Soga d'r Ba, der sus reat bseasse
duat, hot s' Schwätze gonz vergeasse.

Uff de Dächer gloschted d' Luft
und flimmered und brotet. D'r Duft
vu Höi und Ohmad us d'r Schinde
mischt se mit dänam vu ar Linde,

die neab d'r Kirche dana blöit,
als höt as luter Balsam gschnöit.
D' Imbe, diea so wörle summed,
sind vor Schwielsi fascht verschtummed.

It ui Vogel git an Lut.
Bloß a Blinschliech kriest durs Krut.
Uff am Schtock dött no de Mugge
duat a Oidex huile gugge.

Schtill ischt as wieder, miesleschtill.
A Katz dromt vu ar kolde Mill.
Und am Schtammtisch nimmt a Prise
gmächle Mesmars Alewise.

As hiörbschtelet

Mit healle Auge us de Möser
luaged d' Arnika schu lang.
D' Schtearne weared meh und größer,
kiörzer wiörd 'm Dag si Gang.

S' Wollgras noiget sine Köpfle,
as goht 'm Hiörbscht zua, dös ischt gwiß.
An am olte Ibeschöpfle
zieaht a Reh dur d' Schreibewies.

A Bussard schwingt se nuff in Himmel,
hoh und wolkelos und blau.
Underlieats, uff ihrem Schimmel
rietet huile d' Neabelfrau.

D'r Luft singt i de Dannewipfel,
s' Bächle schnufet tieaf und schwer.
Und i de Bearg, um Grät und Gipfel,
schpielt d' Sunne no vu gonz wit hear.

Und wiea se kißt a'r Huizehütte
d' Vogelbeer, so rot wiea Wi,
do denk i z'ruck a däne Zite,
wo i no bi a Bueble gsi.

Mir ischt uff uimoal wiea am Kind,
deam d' Muodder hot zum Huigong gwunke,
doch ischt schu lang am Hiörschbearg hind
d' Kindersunne abegsunke.

Hoileg Naht

As ischt so schtill, kui Lüftle goht,
d'r Schnee voar Költe giered.
Am Säntis hind d'r Vollmo schtoht,
fascht wär ar heit verdwieared.

Us de Feanschter wiarfed d'Lieachter
Wörme uff so manches Weh.
An am Huizeschtadel schüchter
schtondet etle hungreg Reh.

Uff uimol hört ma Glogga litte,
näh und wit, vu iberall hear,
vu Wilar, Schoidegg, vu d' Ritte
und vu Lindebearg gonz schwer.

Vum Turm ra d'Musikante bloset
d' Wihnachtsbotschaft nus is Lond.
Schtill verwieled d'Lit und loset,
diea jötz grad i d'Mette gond.

Luag, iber'm Hohgrot feahrt a Schtearn
vum Himmel abar, tieaf is Dunkel.
Ar vergloschtet und gonz fearn
sieaht ma no lang a huiles Gfunkel.

I deare Naht, a so a Schi?
As kut uim uifach iber d'Lippe:
»Jesses, 's wiörd it gfalle si
de Engel s' Chrischtkind us d'r Krippe?«

As ischt so schtill, kui Lüftle goht,
d'r Schnee voar Költe giered.
Am Säntis hind d'r Vollmo schtoht,
fascht wär ar heit verdweared.

Im Wasemoos

Wear niea durs s' Moos ischt gange,
kenn si Huimat it.
Dean kan as au it blange,
wenn ar furt ischt wit.

Dear woiß nieaz vun ar Schtille,
it, was Farba sind,
deam hilft au it a Brille,
dear ischt uifach blind.

Niea wiörd dear au begriefe,
daß manchs Klei so groß
und Rätsel, gonze Hiefe,
hot a Wasemoos.

Im Früehling, wenn no bleazed,
bru ischt s' Moos und wieß,
do loichet d' Frösch und träzed
d' Hähar uin mit Fließ.

Und Dotterbluma kronzed
jedan Gumpe i.
Diea erschte Mugga tonzend
i de Obed ni.

Bold hond an griene Schlöiar
d' Birka um ihr Hoor.
Z' underscht dund im Wöihar
schpieaglet se Gwölk se klor.

Uff uimol ischt as Summer,
s' Moos liet wiea im Drom.
A Bussard häred ummar
vun am diere Bom.

D' Hoidelbeer, diea decket
s' Moos mit Polschter zua.
Z' obed d' Rehböck schröcked
hinder am Neabeltua.

D'Wollgra rüehrt a Lüftle
a mit zarter Hond.
Vum Holz hear kut a Düftle,
bringt de Hiörbscht is Lond.

Dear molt i etle Däge
d' Vogelbeer bluatrot,
ar pemslet a de Häge,
wo ar goht und schtoht.

Bis jödas Ding si Ziche
treit, sin Nameszug,
a jöde krumme Oiche,
s' löztsche Blatt im Flug.

Do liet denn gonz verlasse
s' Moos und trureg do.
Z' Naht schielet hinder nasse
Danna voar d'r Mo.

Uff liechte, liese Sohle
schliecht d'r Winter hear.
As schnöielet verschtohle.
s' Moos wiead schtill und leer.

A jödar Schtock und Schtoare
ischt mit Schnee verhüllt,
alls hot si Gesicht verlore,
as verblaßt jöds Bild.

So wiörd au iberfalle
jödan, klei und groß,
d'r Schnee amol is alle,
grad, wia s' Wasemoos.

I bi a Weschtallgöiar

Mi Mul, dös hon i it im Sack,
I bi a Weschtallgöiar.
I sag's grad rus, so wiea i denk,
so, wiea ma's dong hot fröiar.

As hoißt, i höi an hiörte Grind,
jo, s' Lucklong ischt miar zwider.
Nohgea duor i, wenn as brucht,
wil Nohgea duat d'r Gschider.

Ma söit, mi Hut sei örbar ruh,
kinn s' Schätua it verputze.
Was ischt dear schänschte Öpfel weart,
dear ful ischt bis zum Butze?

Ui muinet au, mit gonze Art,
söi gär it fein, manierle.
Jo mei, an jödan Kölberschtrick
paßt holt kui guldenes Ührle.

Und wieder onder holtet mi,
für itressiert, profitle.
Diea dös saget, hond ihr'n Sack
moischt gfüllt seall bode zitle.

A bsunders Gchide do no muit,
ar kinn mir atteschtiere,
i söi verschpunne und am End
döi i viel z' viel sinniere.

Jo fröile, dös höt grad no gfehlt,
daß i sot lützel denke.
I laß mi doch bim Guggar it,
so miarnieaz, diearnieaz renke.

Mi wiörft kui Hinderluft it um,
ka örbar viel vertrage,
bloß, wenn mi Schproch bekrittled wiörd,
do schtell i hoh min Krage.

Mi Huimatschproch, diea pföb i fescht,
schwätz net so, wiea diea fröiar,
und sag a jödam, do luag hear:
– i bi a Weschtallgöiar!

Lindau und Bodensee

Heinrich Götzger

Noch 'm Krieg (1946)

Ganz hofele will's blüehe
In iserm arme Land,
Us Sorge und us Müehe
Wachst hoemle is a Band.

As stond am Himmel dobe
De Wolke still im Blou,
An Eand hond Krieg und Tobe
Und manke Ängschte ou.

Viel Weh mueß no verküehle
Viel Träne gond in' Bach,
Bis uf de nöie Süle
Is deckt an ander Dach.

's Herz aber will verwache
Us ama schwere Troum:
Ma hört a Kinderlache,
Ma siecht an grüene Boum,

Ma traut am Nochber wieder,
Tragt mitanander d'Not,
Ma wird o wieder g'schider
Und dankt für's täglich Brot.

Am frühe Dag

A Mädele am frühe Dag
Stigt über Dine Weag
Du kennsch se et
Se grüeßt De et
Und duet Der doch so wohl.

An Bluemestrauß in Nochbers Hand
Voll Rot und Blou und Gäl
Er g'hört Der et
Du kriegscht en et
Und duet Der doch so wohl.

Zur Linke gli an andre kummt
Und set a freundlichs Wort
As gilt Der et
Er moent De et
Und duet Der doch so wohl.

A ganze Wolkhe Lindeduft
Goht Der dernoch in d'Näs
Me lockt De et,
Me will De et
Und duet Der doch so wohl.

So isch es denn no vielmols gsi
In dere wite Wealt:
Halts Herze off,
No gilts o Dir
Und duet Der alles wohl.

Sturm

Verblose sind d'Blätter,
Im Garte isch's wüescht,
Und an Sturm kummt vum See duß
Und nottlet mit Füscht.

As pfift in de Bosche,
As wacklet 's ganz Hus,
As schüttet an d'Schibe
Und d'Liechter gond us.

Oh Mare und Josef
B'hüet Gott is mitnand
Und alle die duß sind
Im feindliche Land!

Im Maie

As stoht an Boum im Garte
Isch blüetewiß rundum,
Mir bruchend numme warte:
Der Winter, der ischt um.

Der Fink schlagt sit am Morge,
Dezue d'Frou Zizibee,
Versingend alle Sorge
Und's große Winterweh.

Und duß vum See kummt's umme
An Luft, so samft und lind,
Ma woeß as schier gär numme,
Wie kalte Däg gsi sind.

So goht o d'Sunn ans Feschte
Mit Gold und Himmelblou,
Sie wiset als zum Beschte
Grad wie a guete Frou.

Will isre Nöte wende
Und nimmt is uffewärts
Und füllt us riche Hände
O iser armes Herz.

Stiller isch's im Gäßle wore

Stiller isch's im Gäßle wore.
D'Schwälble schliefend unter's Dach.
D'Wolkhe hond ihr Liecht verlore –
Bloß mi Büeble isch no wach.

Will as Schläfle gär it kumme,
Gond de Oeigle no et zue?
Siecht me doch im Dunkle numme
Und as Glöggle set: Gib Rueh!

Ibern See her hallt as wider:
Alle wömmer schlofe goh! –
Hofele sinkt's Nächtle nieder,
Lot de Mond als Hüeter stoh.

As mueß so si

Lieb Herze nimm die Däg,
So wie se kummend allerweag
In Fröid und Leide.

As nutzt as Blange nint:
Si ige Schicksal me bloß findt
Und ischt et z'meide.

So goht o d'Sunn de Louf
Und halt se koener numme ouf,
So gern er's wott.

Und mechtescht widerhoore:
Wirscht as scho lerne mit de Johre,
Wie's due sott.

As hot wohl alls si Zit,
Der Friede o und Zorn und Strit,
Und sind et z'hebe.

Und goht's Der sell et i:
Damit daß D'woesch, as mueß so si,
Drum set me's ebe.

Juni

Welle glitzrend, Schiffle fahrend
D'Schwyzerberg vergond im Blou –
Linde bliehend, d'Reabestöckle,
Und der Luft goht lind und lau.

In der Höh am Döbbelesacker
Ischt jetz weg der letschte Schnee,
Und des ischt des beschte Zeiche
Daß ma bade ka' im See.

Noch der Schuel und vor der Schuel,
Mittwoch, Samsdag Nomiddag
Unbedingt goht ma zum Schwimme.
Wenn s'es bloß verlide mag.

O die Kriese sind jetz zidtig
Und 's begrift an jeder Ma'
Daß an Bue, der wo gern brockhet
Et bloß eigne brockhe ka'.

Wenn D'a bitzle gschwind ka'sch loufe
Und koen Lätschebebbe bischt
Wirscht an Huresiech zwar g'schumpfe
Meischtens aber et verwischt!

Juli

Selig liet und voller Sunne
Z'mittscht im See des Städtle dinn —
Aber iser ganze Jugend
Hot bloß ebbes no im Sinn:

's Kinderfescht! De schenschte Dag
Wonas hot im ganze Johr:
Tagrebell und Böllerschieße —
Endle ischt as wirkle wohr!

Schuelschlußfeier mit Butschelle,
Ganz umsunscht die vun der Schuel,
Sidne Schärpe, frohe G'sichter,
Uf der Gaß a Mordsgewuehl.

Nomiddag turnt ma um d'Wette
No kummt's Schiblingfange dra',
Eierloufe, Scheibeschieße,
O Vanill-Eis ka' ma ha'.

Bfähne woddlend, Bändel bfluddrend,
's bimmlet 's Hueberkarussel,
Und a-n-Extramark vum Vadder
Isch bigott verbutzet schnell.

Montgolfir lot me i d'Luft
Des verstoht se o, bloß kline,
Und am Glückshafe det dübe
Ka'sch all meglichs Zeigs go g'winne.

Schützegarte, Bergele-A'lag
Sind heit unser Luschtrevier,
Witt do iberall mit juckhe
Isch der Dag et lang gnue schier.

Obends isch no Preisverteilung:
Hoscht an Oechekranz am Grind
Duet der Vadder nomol bleche,
D'Sinde all vergeabe sind.

Sche isch gsi und jetz hosch Luse
Wochewis im Sunneschi',
D'Note – die sind bald vergeasse
Und zum Herbscht isch no lang hi'.

HEINRICH GÖTZGER

D'Gfrörne
(Winter 1928/29)

De See isch zue! De See isch zue!
Des ischt a Juble und a Feschte
Bi Jung und Alt, in Lindau und
In Breagez düb, in Lochau, Hard,
In Äschach, bei de Reutemer.
As hot jo g'neablet gnue de Winter,
Isch bode kalt o gsi dezue,
Daß me schier krankh hot were möge
Wil d'Sunne numme kumme isch –
Nint wie de dote graue See –
As hett oem könne gruse.
Jetz isch gli anderscht. D'Buebe sind
De erschte gsi zum usprobiere.
No sind et alle Löcher zue
Und no hot's danget do und det
Und Bieg-Is g'het an viele-n-Orte.
's hot aber g'hebt, isch feschter wore,
All Däg schier hot me's wachse g'spürt
Und wie de erschte g'standne Lit
Sind ibers Is noch Breagez umme
Uf a paar Viertele zum Kinz
Und die vu Breagez hockend hüb
Beim Bier im Lamm
Do isch de G'frörne firtig gsi.
As isch was seltes: warte muesch
A Johre drißge oder vierzge
Bis as so nommes nomol git.
Jetz kummend d'Wiber o und d'Mädle,
De Buebe 's ander Mol vorus.
Wohl ischt as fremd und g'fährle gsi
Und ho De bitzlet hint am Rugge
Wenn z'mol a Stelle kumme isch
Mit klarem Is

Und ma siecht abe
Dief abe in de dunkle See.
's hot aber g'rifet, g'schnibelet,
An Weag isch bald verfahre gsi
Und iser Völkle, allet munter,
Hot Sorg und Ängschte numme kennt.
Mit Schlittschueh, z'Fueß, und uf'm Schlitte
So goht as zue de ganze Dag,
Hinum und herum, krüz und quer.
De Breazge-Wiber machend G'schäfter
Wie sunscht no nie um selle Zidt
Und Würschtle git as, Punsch dezue,
Am Sunndag gär a Standmusik.
So ischt as bis zur Fasnacht gange.
Sind d'Maschkere o rarer gsi
Wie früehner denn – des meischte Kinder –
So hot doch alles Luse g'het
Am Fasnachtdienschdag und isch usse
Uf isern alte Bodesee.

So gond vu Hard o gege Lindau
An etle Kinder und zwoe Ma'
Daß se des Wunder vu der G'frörne
O richtig fassend und begrifend
Und für ihr Leabdag merke könnend.
De Weag isch lang und kurz der Dag,
So gond se bald o wieder z'ruck
Zur Muotter und zum warme Ofe
Und fröiend se scho ufs Verzelle
Vum große Fescht – do kummt,
Sie sind so wit no gär et gange,
A Spalte mitte drin im Is.
Se gond 're lang noch oener Site,
Se suechend a'men andre Ort –
Umsunscht, se stond am offne Wasser
Und nieneds goht an Weag noch Hard.

De Alte gruset's, d'Kinder frogend,
No wissend se de Männer z'tröschte:
»Mir gond uf Lindau wieder umme,
G'wiß git as dete no an Weag!
Und d'Müettere, de wartend scho,
Mir fahrend hoemwärts mit'm Zug!«
Scho sind de Kinder wieder munter
Und 's Hündle, des se mit g'het hond
Springt luschtig nomol vorneweg
Ouf Lindau zue. Ma siecht es det
Vu witem allet näher kumme,
An Insel wirkle und an Hafe
In all dem kalte groue Dunscht
Vu Rif und Is. No ischt as Dag,
Wenn's langsam o scho anfangt z'dämmre,
Do goht, se könnend's gär et fasse,
O seller Weag mit oemol z'Eand
Am Wasser det, grad vor'm Hafe.
As dunkt'ne d'Stadt zum Grife näh,
Se moenend, daß s'es könntend rüefe,
Se schwenkend d'Arm, se werfend d'Kappe
Und machend, wie-n-es goht a's Nachte
Gär no a Föir mit Papier!

Vu Lindau siecht me bode guet
De Lit do dusse. 's ischt im Weschte
Vum Hafe ohnedies de See
De ganze Winter offe gsi
Und allbot hot as welle gebe
Die et am Weag hond blibe könne,
Die usse müessend bis a d'Kante
Vum Is, do wo-n-as goht i's Wasser.
So nimmt des Schreie niemand wunder,
Wie sott me o, ma nimmt as halt
Zur Fasnacht as an Ibermuet
Und fröit se ob de muntre Kogge

Wit dusse uf'm Is. – As nachtet.
Ma goht i's Hus z'ruck und ma feiert
In warmer Stub, im helle Saal
De Kehraus no,
Der Fasnacht Eand.

Am andre Morge in der Früeh,
As isch so kalt und troschtlos gsi
Wie all die Däg, do sehend d'Grenzer
Bei Wasserburg im freie See
In Neabeldunscht und Is
No nommes Fremdes, Dunkles tribe.
Ma holt a Schiffle, setzt's ufs Wasser
Ma ruedert usse und ma findt
Uf'ere Platte, schier verfrore,
Zwoe Männer und zwe Kinderle.
Doch hond se all und grad no g'lebt.
As hond de Männer wohl de Nacht
Anander sell und o die Kinder
Umtriebe und et schlofe lo
De lange schwarze böse Nacht
Und hot de Kälte no so bisse
Und 's Wasser klatscht rings um se rum.
Ma nimmt's i's Boot, me bringt's a's Land,
Ma steckt de Ärmschte gli i's Bett
Und git ne z'trinke, duet se pfleage
Und langsam sind se wieder kumme.

's ischt aber et de ganze Platte,
Se hot se g'spalte in der Nacht.
Ma suecht des ander Trumm,
Ma suecht de andre Kind
Ma suecht und findt
De ander Platt'
Mit stille Gäscht.
Se hond anand im Arm,

Sind wiß vum Rif
Und schlofend fescht.
Und ischt koe Leabe meh
In dene Körper gsi.
Bloß u'sm Schoß vum oene Kind
Kummt nommes Dunkles usserg'schloffe:
As Hündle. Dem hot 's Leabe g'rettet
Si klines Herrle no im Tod. –
So hat ma's g'funde
Am Äschermittwoch neunezwanzg
Vor Wasserburg am Bodesee.

Biographien der Dichter

Albert Baldauf

Geboren 8. August 1880 in Simmerberg (Allgäu).
Gestorben 12. März 1959 in Schwarzenberg (Erzgebirge).
Dr. med. Albert Baldauf war ein Sohn des Käsefabrikanten Peter Baldauf, besuchte in Stiefenhofen die Volksschule und in Augsburg, später in Rosenheim das Gymnasium. 1905 legte er in München das Staats- und Doktorexamen für Medizin ab, 1909 heiratete er Laura Reich, eine Tochter des Strohhutfabrikanten Conrad Reich. Zeitweise besaß er in Lindenberg (Allgäu) eine ärztliche Praxis, danach wirkte er in Schwarzenberg als Facharzt für Hals-, Nasen- und Ohrenkrankheiten. Als Mundartautor trat er 1932 mit dem Bändchen »Krutt und Rüebe. Gedichte in Westallgäuer Mundart« hervor. Weitere Gedichte von ihm erschienen in der Zeitschrift »Das schöne Allgäu«, an einer weiteren Sammlung arbeitete er noch kurz vor seinem Tode. Seinem Herzensanliegen, der Erhaltung der heimatlichen Sprache, galt auch sein »Westallgäuer Wörterbüchlein«.

Joseph Bernhart

Geboren 8. August 1881 in Ursberg.
Gestorben 21. Februar 1969 in Türkheim.
Nach dem Studium der Philosophie und Theologie in München und Würzburg entschied sich Bernhart für den geistlichen Beruf, lebte jedoch später als freier Schriftsteller, Religionsphilosoph und Historiker. Die Universität München ernannte ihn zum Honorarprofessor für mittelalterliche Geistesgeschichte. In seinem umfangreichen, bedeutenden Werk, das international Anerkennung genießt, nimmt die schwäbische Mundartdichtung einen untergeordneten Rang ein. Daß er sich auch mit ihr beschäftigte, beweist sein Feingefühl für die besonderen Ausdrucksmöglichkeiten und den Gemütsreichtum der Dialektsprache.

Karl Dietmann

Geboren 1. Februar 1860 in Krumbach.
Gestorben 8. April 1942 in Immenstadt.
Karl Dietmann wählte den Lehrerberuf, bildete sich dafür am Lehrerseminar Lauingen aus und lebte von 1894 bis zu seinem Tode in Immenstadt, zuletzt als Bezirksoberlehrer. Er war ein ungewöhnlich tätiger Mann, befaßte sich vornehmlich mit Musik, Heimatkunde und Geologie. Im Heimatmuseum Immenstadt befindet sich von ihm eine Gesteinssammlung. Unter seiner Anleitung wurde die Starzlachklamm erschlossen. 1926 veröffentlichte er »Gedichte aus Krumbach-Hürben«, 1927 als zweites Bändchen »Heimatklänge aus Krumbach-Hürben« (Verlag und Druck jeweils Karl Ziegler, Krumbach). Sie enthalten in bunter Folge Gedichte in hochdeutscher Sprache und in Mundart.

Andreas Dirr

Geboren 25. Juni 1884 in Günzburg.
Gestorben 6. Mai 1976 in Günzburg.
Andreas Dirr war erfolgreicher Unternehmer, Inhaber eines Eisenwarengeschäfts und einer Fabrik für Baubeschläge. An seiner Vaterstadt hing Dirr mit allen Fasern seines Wesens. Nie vergaß er auch die Menschen, die auf der Schattenseite des Lebens standen. Für seine außergewöhnliche private Wohltätigkeit wie für sein dichterisches Schaffen verlieh ihm der Stadtrat von Günzburg die goldene Bürgermedaille. Seine Mundartgedichte entstanden im Lauf von Jahrzehnten; sie waren nur für den Freundeskreis in der »Schlaraffia« bestimmt. Nach dem Zweiten Weltkrieg sprach es sich herum, daß Dirr köstliche Mundart schrieb, und man handelte seine Gedichte zunächst »unter dem Tisch«. Dann drängte ihn der Historische Verein Günzburg, die Sammlung herauszugeben. So entstand – fast gegen Dirrs Willen – das Bändchen »Wo send dia alte Zeita na«, 1971 bei Konrad in Weißenhorn erschienen. Andreas Dirrs Gedichte sind erfüllt von behaglicher

Wärme, bildhaftem Ausdrucksreichtum, zarter Behutsamkeit und treuer Liebe zur Vaterstadt Günzburg.

Michel Eberhardt

Geboren 28. Juni 1913 in Zoltingen (Kreis Dillingen).
Gestorben 28. Oktober 1976 in Zoltingen.
Michel Eberhardt war der Sohn eines Kleinbauern, der ungewöhnliche literarische Neigungen zeigte und sie seinem Sohn vererbte. Dieser besuchte die Volksschule Unterringingen und blieb wie seine Vorfahren dem Bauernberuf und dem Heimatdorf treu. Neben der Bauernarbeit auf dem Acker und im Stall las und schrieb er viel: »Ich schrieb mit heißem Herzen und mit heißem Kopf, und wenn beide wieder kühl wurden, dann erkannte ich qualvoll die Unzulänglichkeit des Geschaffenen«, erzählte er in einer kleinen Selbstbiographie. Nachdem er sich ein Jahrzehnt lang um Gehalt und Form seiner schriftstellerischen Versuche bemüht hatte, begann er 1935 Gedichte, Erzählungen und heimatkundliche Studien zu veröffentlichen. 1936 und 1938 gab er seine ersten Bücher heraus, »Bei os drhoimt« und »Baurafeierte«. Der zweite Weltkrieg, in dem er als Soldat in Frankreich, Rußland und Italien diente, und die sich anschließende Kriegsgefangenschaft hielten ihn neun Jahre von der Heimat fern und ließen ihn erst ziemlich spät zur Übernahme des bäuerlichen Anwesens der Eltern und zur Gründung einer Familie kommen. Die Jahrzehnte zwischen etwa 1950 und 1970 brachte für ihn die fruchtbarste Zeit dichterischen Schaffens. Nach dem Gedichtband »Einsamer Ackergang« (1951) folgten »Der alte Brunnen« (1959), die ausgereifteste Sammlung seiner schwäbischen Gedichte, und die Geschichten und Verse aus dem Bauernleben, betitelt »Mensch und Erde« (1963). Für den Süddeutschen und den Bayerischen Rundfunk schrieb und sprach Michel Eberhardt mehr als 200 Sendungen, vornehmlich zur Geschichte und Landschaft sowie zum Brauchtum, Sagengut und Alltag in der schwäbischen Ostalb und im Ries, darunter die Hörspiele »Die

Heiligen Drei Könige im Ries«, »Der Botschafter«, »Wacht auf, ihr Hirtenhäusler all« und »Die Schwäbische Ballade von Adam und Eva«. Auch in Zeitungen, Zeitschriften, Kalendern und im Landkreisbuch Dillingen war er ein geschätzter Mitarbeiter. – Der Freitod seiner Frau (1972) riß den empfindsamen Bauerndichter urplötzlich aus seiner vielseitigen und wertvollen literarischen Wirksamkeit. Die letzten Jahre seines Lebens verbrachte er teils im Nervenkrankenhaus, teils daheim, bis ein sanfter Herztod seinem Leid und Jammer ein Ende setzte. Unveröffentlicht blieb von Eberhardt der Roman »Friedrich von Hürnheim«.

Martin Egg

Geboren 18. Juni 1915 in Krumbach (Schwaben).
Martin Egg lebte bis 1955 in seinem Heimatort im Kammeltal. Jetzt ist er Sparkassen-Zweigstellenleiter (Amtsrat) in Ottobeuren. In seiner Freizeit schrieb er etwa 150 Gedichte, Erzählungen und Kurzgeschichten in schwäbischer Mundart. Zum 150. Todestag von Pfarrer Kneipp veröffentlichte er das vergriffene Büchlein »D'r Kneipp in sein'r Hoimat«. Gerne trägt er seine Gedichte und Erzählungen bei Heimatabenden vor und ist auch als Autor von Mundartstücken erfolgreich. Zur Herausgabe eines Sammelbandes aus seinen Dialektdichtungen nahm er sich bisher keine Zeit.

Karl Fackler

Geboren 24. April 1909 in Schiltberg bei Aichach.
Gestorben 18. Januar 1977 in Dillingen (Donau).
Karl Fackler entstammte einem Lehrerhaus. Nach dem Besuch des Progymnasiums in Pasing und des Gymnasiums studierte er in München Zahnmedizin. Die vorgeschriebenen zwei praktischen Jahre führten ihn ins Thüringische und nach Schlesien. Ende 1936 eröffnete er in Höchstädt an der Donau eine Zahnarztpraxis und betreute in dreieinhalb Jahrzehnten viele Tausende Patienten aus der

Donaustadt und ihrer Umgebung. Seit 1973 lebte Dr. Karl
Fackler in seinem Heim zu Dillingen im Ruhestand. Im
Umgang mit seinen Patienten fand er immer wieder An-
regungen für seine Mundartgedichte, von denen viele in
der »Donau-Zeitung« gedruckt wurden. Ein eigenes Bänd-
chen, die »Doanaschpritz'r«, ist 1976 erschienen.

Toni Gaßner-Wechs und Josef Gaßner

Toni-Gaßner-Wechs 11. Februar 1900 Bad Oberdorf –
4. März 1956 Hindelang.
Josef Gaßner 3. September 1898 Zaißberg, Kreis Rosen-
heim – 11. April 1954 Hindelang.
Antonie Wechs war eine Tochter des Zimmermeisters Fri-
dolin Wechs und seiner Frau Karolina, geb. Fink, sowie die
Schwester des Architekten Thomas Wechs. Sie heiratete
1923 Josef Gaßner, lebte mit ihm zuerst in Immenstadt,
dann in Rosenheim, München, Kempten, Innsbruck und
zuletzt wieder in Kempten. Die Sehnsucht nach dem hei-
matlichen Ostrachtal ließ Toni Gaßner-Wechs in der Groß-
stadt die ersten Lieder in der Hindelanger Mundart nieder-
schreiben. Auch der Gatte, dem das Ostrachtal zur Wahl-
heimat geworden war, eignete sich den dortigen Dialekt
an und begann neben hochdeutschen Gedichten solche in
der wohltönenden Mundart der Heimat seiner Frau zu
schreiben. Der Ausklang des gemeinsamen Lebens von Jo-
sef Gaßner und Toni Gaßner-Wechs galt dann ganz dem
geliebten Hindelanger Tal. »Unermüdlich waren sie tätig,
trugen zusammen, was der Vergessenheit anheimzufallen
drohte, und untergegangener Schönheit und Traulichkeit
setzten sie ein Denkmal in Schrift und Wort« (Hildegard
Wechs). Ihre Oberallgäuer Mundart-Schauspiele »Gschtär-
grindeg«, »Spielwurz«, »Geißarle« und einige andere ge-
langten in Hindelang und an anderen Orten zu großen Er-
folgen. Auf dem Friedhof in Hindelang trägt die Grab-
stätte des Dichterehepaars die Widmung: »Sie sangen das
Lied der Heimat«, auf dem Dorfplatz bei der großen Stra-
ßenkreuzung zur Jochstraße erinnert ein Gedenkbrunnen

an Josef und Antonie Gaßner. Karl Hafner vertonte eine
Anzahl ihrer Gedichte für die »Allgäuer Heimatlieder«,
die mehrere Auflagen erlebten. Unter dem Titel »Bändel
und Blacha« gab Hildegard Wechs 1958 eine Auswahl der
Gedichte von Toni Gaßner-Wechs und Josef Gaßner heraus.

Heinrich Götzger

Geboren 5. Januar 1900 in Lindau-Äschach als Sohn des
Baumeisters Christian Götzger und seiner Frau Marie,
geb. Geuppert.
Sein Ausbildungsweg führte Heinrich Götzger über die
Volks- und Realschule seiner Vaterstadt am Bodensee an
die Oberrealschule Augsburg und nach kurzem Militärdienst (1918) an die Technische Hochschule München
(1919–1923), wo er die Diplomprüfung als Architekt mit
Auszeichnung ablegte. Anschließend trat er in den Dienst
der Deutschen Reichspost, zuerst als Baureferendar in München (1923–1926), und wirkte nach der Ernennung zum
Regierungsbaumeister in verschiedenen Direktionen der
Reichspost, seit 1930 als Baurat, in Augsburg, Würzburg,
München, Augsburg, bei der Generaldirektion in Wien,
dann nachmals in Augsburg und bei der Hauptverwaltung,
dem nachmaligen Bundespostministerium, in Frankfurt
a. M. und zuletzt als Ministerialrat in Bonn. Seit 1962 lebt
Dipl. Ing. Heinrich Götzger wieder in seiner Heimat Lindau im Bodensee (Hochbuch). Seine Veröffentlichungen
umfassen (außer verschiedenen Artikeln in Fachzeitschriften über Postbauwesen) folgende Bücher: »Bauten der
Deutschen Reichspost« (München 1942), »Baufibel für das
Allgäu und das Bayrische Bodensee-Ufer« (München 1943),
»Augsburg – ein Beitrag zum Wiederaufbau zerstörter Altstädte« (München 1948), »Das Bauernhaus in Bayerisch-Schwaben« zusammen mit H. Prechter (München 1960),
»Siedlung Lindau im Bodensee« (Museumsverein Lindau/B.
1967) und »Das Bürgerhaus der Stadt Lindau im Bodensee« (= Band XI der Reihe »Das Deutsche Bürgerhaus«,
Tübingen 1969). Im Eigenverlag des Autors erschienen die

Sonette »Lindenhof« (1973). In Lindauer Mundart gab Heinrich Götzger die zwei Bändchen »Stiller Tag« (1946) und »'s Lindauer Buebejohr« (1948) heraus; weitere Mundartgedichte, zumeist aus der Kriegszeit, sind ungedruckt, ebenso Gedichte in der Hochsprache.

Max Gropp
(Max Treutwein)

Geboren 2. November 1878 in Scherstetten.
Gestorben um 1950 in Schweinfurt.
Max Treutwein gab sich nach dem Groppenhof, in dem er zu Scherstetten geboren war, den Dichternamen Gropp. Er besuchte die Lateinschule Kaufbeuren und das Gymnasium Dillingen (Absolvia 1899), studierte an der Technischen Hochschule München und trat 1901 in den Dienst der bayerischen Zollverwaltung. Seit 1904 gehörte er dem Hauptzollamt Schweinfurt an. Jahr für Jahr verbrachte der Zollfinanzrat seinen Urlaub in der Heimat und blieb so mit der Sprache der Kinderjahre vertraut. Zuerst schrieb er die Heftchen »Fuirijooh!« und »D' Wallfahrt«. Ende der 1920er und in den 1930er Jahren ließ er dann noch zahlreiche weitere genrehafte Mundartbilder in urwüchsigem Dialekt folgen, unter ihnen »D' Gold'na Hoachzeut«, »D' Fäschtpröödig«, »D'r Schwaubaschnapper«, »D' Pflööglhänka«, »D'r Hammeltanz«, »G'sondheitsrögla«, »D'r Klopferstaa'«, »D'r Faasenachtsrommel« und »Die Schwäbische Ilias« (nach Ludwig Aurbacher). Die Länge dieser Versfolgen verbietet hier eine Wiedergabe. Nur ein Gedicht für das Wörishofener Fremdenbuch ist wiedergegeben.

Tone Haslach

Geboren 17. November 1908 in Scheidegg.
Gestorben 1961.
Tone Haslach begann als kaufmännischer Lehrling in der Strohhutindustrie seiner Westallgäuer Heimat, war später

im Verkehrsamt Kempten tätig und trat gelegentlich als Mitarbeiter am Bayerischen Rundfunk hervor. Sein Mundartbändchen »Loub und Nodla« erschien 1948, herausgegeben vom Westallgäuer Heimatverein »Hostube« in Scheidegg, im Selbstverlag des Verfassers.

Maria Hefele

Geboren 4. Oktober 1909 in Amberg (Landkreis Unterallgäu).
Maria Hefele wuchs in Türkheim auf, besuchte die Lehrerinnenbildungsanstalt Wettenhausen und war als Lehrerin in Türkheim, Wörishofen und Immenstadt tätig. Anregungen zu schwäbischen Gedichten empfing sie von Arthur Maximilian Miller. Ihm widmete sie das Leseheft »Für die schwäbische Jugend« (1976), außerdem stellte sie einen »Schwäbischen Kalender« zusammen. Von ihren Mundartgedichten sendete der Bayerische Rundfunk einige, sonst sind sie bisher nicht veröffentlicht.

Friedrich Wilhelm Hermann

Geboren 16. September 1888 in Memmingen.
Gestorben 30. Juni 1973 in Memmingen.
Friedrich Wilhelm Hermann lebte als Schneidermeister in seiner Vaterstadt. Einer seiner Lehrer war Hugo Maser gewesen, dessen Andenken er in seinem Bändchen »An d'r blaua Saul« ein Gedicht widmete. »Mir Memminger«, die erste Gedichtsammlung, brachte er anläßlich des großen Fischertages 1930 heraus. Die freundliche, ja herzliche Aufnahme, die sie fand, ermunterte ihn zur Herausgabe des zweiten Büchleins, eben »An d'r blaua Saul«, und einer erweiterten Neuauflage des ersten. Nach dem zweiten Weltkrieg, als diese Ausgaben längst vergriffen waren und ihr Autor sich dem 70. Lebensjahr näherte, stellte er nochmals alte Gedichte zusammen und gab neue dazu für den 1959 erschienenen Gedichtband »Schpiaglschwaub ond

Schwaubaschpiagl«. Die heiteren und besinnlichen Gedichte Hermanns waren zunächst nicht für den Druck bestimmt. Was ihn veranlaßte, in der Muttersprache zu dichten, das war nach eigenem Zeugnis einfach die »Freude an allem, was Heimat heißt und aus dem heimatlichen Boden herausgewachsen ist.« Er habe manches Memminger Vorkommnis, rühmlich oder unrühmlich, in Reime gesetzt, um in guter Stunde seinen lieben Memmingern ihre eigenen »Heldentaten« zum eigenen und gegenseitigen Ergötzen vorzuhalten, bemerkte er im Schlußwort zur zweiten Gedichtsammlung.

Fridolin Holzer

Geboren 29. September 1876 in Weiler im Allgäu.
Gestorben 25. September 1939 ebenda.
Fridolin Holzers Vater Gebhard (1848–1918) stammte aus Maierhöfen, war zunächst Volksschullehrer, dann seit 1886 Redakteur und Herausgeber des »Anzeigeblattes für das westliche Allgäu«. Der Sohn Fridolin hätte sich nach dem Besuch der Oberrealschule Ravensburg gerne dem höheren Lehramt zugewendet, mußte jedoch die väterliche Druckerei übernehmen. Mit Umsicht und Geschick baute er das Anzeigeblatt zum »Westallgäuer« aus, der Heimatzeitung für das westliche Allgäu. In den schwierigen Jahren nach dem Ersten Weltkrieg (1919) zum Bürgermeister der Marktgemeinde Weiler gewählt, behielt er dieses Ehrenamt bis zu seinem Rücktritt im Jahre 1936 und war so recht ein Vater seiner Gemeinde, zu dem alle Bürger vertrauensvoll kamen und der eine vielseitige und fruchtbare Wirksamkeit entfaltete. Seine Mundartdichtungen gab er auf Drängen von Freunden heraus, zuerst »D' Schnäddrbäs vu Wilar« (1929), die begeisterte Aufnahme fand und rasch zwei Auflagen erlebte, dann »D' Boschejohlar« (1934), weiter »D' Krottebluma« und »Nommas Luschdegs« mit oft aufgeführten Einaktern. Das Gedichtbändchen »Der Dorfpoet« erschien in hochdeutscher Sprache. Die Söhne Dr. Wolfgang und Siegfried Holzer gaben

1967, nach dem 25. Todestag des Vaters, eine Auswahlsammlung seiner Dichtungen (»Der Westallgäuer Heimatdichter Fridolin Holzer«) heraus.

Gottfried Jakob

Geboren 24. Februar 1839 in Deiningen (Ries).
Gestorben 26. Januar 1905 in Nördlingen.
Jakob verlor früh den Vater; die Mutter Maria Margarete, eine Wirtstochter aus Bühl im Ries, wohnte bei Verwandten in Deiningen. Durch Vermittlung des Nördlinger Kaminkehrermeisters Conrad kam Gottfried Jakob nach dem Besuch der Volksschule Deiningen auf die Gewerbeschule zu Nördlingen (1853) und schließlich bis 1858 nach Schwabach ins evangelische Lehrerseminar. Anschließend war er zwei Jahrzehnte im schwäbischen Volksschuldienst tätig, und zwar als Schulgehilfe in Ebermergen, als Schulverweser in Herkheim (1859), als Lehrer in Unterringingen (1862) und dann dreizehn Jahre als Lehrer, Mesner und Organist in Wörnitzostheim (1865–1878). 1864 heiratete er die Lehrerstochter Anna Barbara Körber aus Windsbach, eine Schwester des Pfarrers von Wörnitzostheim. 1878 gab Jakob den schlecht bezahlten Schuldienst auf, gründete ein kaufmännisches Geschäft in Nördlingen und war nebenbei als Versicherungsinspektor tätig. Dabei kam seine praktische Veranlagung, wie schon zuvor in Wörnitzostheim, vielen zugute. In Fach- und Tagesblättern behandelte er landwirtschaftliche Fragen und beriet seine Landsleute insbesondere im Obstbau, bei der Bienenzucht und bei Bodenverbesserungsarbeiten. Seine Frau, die ihm acht Kinder geschenkt hatte, verlor er im Herbst 1902. Von den vier Söhnen lebte Dr. Christfried Jakob als bedeutender Psychiater und Universitätsprofessor in Buenos Aires, Heinrich Jakob als Direktor der medizinischen und forensischen Universitätsveterinärklinik in Gießen, Gottfried Jakob als Brauereiingenieur und Gründer der Forschungsbrauerei in München sowie Karl Jakob als Reichsbahnamtmann in Augsburg. Von den Töchtern kamen zwei im Oktober

1941 bei einem Bombenabwurf auf das »Deutsche Haus« in Nördlingen ums Leben. – Zur Herausgabe seiner Mundartgedichte veranlaßten – wie des öfteren in ähnlichen Fällen – auch Gottfried Jakob Freunde, denen er seine Dichtungen vorgetragen hatte. Zuerst trat er 1893 mit dem im Kommissionsverlag Th. Reischle in Nördlingen erschienenen Bändchen »Allerloi. Gedichte in Rieser Mundart« vor einen größeren Leserkreis. 1897 folgte im Verlag der C. H. Beck'schen Buchhandlung zu Nördlingen als zweites Bändchen »Aus'm Rias. Neue Gedichte in Rieser Mundart.«

Johannes Kähn

Geboren 1. Februar 1810 in Baldingen bei Nördlingen. Gestorben 25. Juli 1874 ebendort.
Johannes Kähn war der Sohn eines Dorfschmieds und erlebte in kinderreicher Familie eine harte Jugend. Auf der Lateinschule in Nördlingen war der Rieser Dichter Melchior Meyr sein Mitschüler. Kähn besuchte die Veterinärschule und wurde Tierarzt, fand aber in der Heimat lange keine Stellung und übte während dieser Wartezeit neben seinem Vater den Beruf eines Schmieds aus. Später erhielt er den Aufgabenbereich eines Distriktstierarztes in Nördlingen übertragen. Seine »Gedichte in Rieser Mundart« erschienen in drei Auflagen (1861, 1872, 1894) in Kommission der C. H. Beck'schen Buchhandlung in Nördlingen. Melchior Meyr schrieb über sie: »Johannes Kähn ... spricht darin eine Sprache, die ihm ebenso lieb ist, wie sie ihm natürlich vom Munde geht. Zum großen Teil erzählt er Geschichten, die auf einen Spaß hinauslaufen, selbst erlebte Vorfälle und überlieferte Anekdoten in der Art, wie sie die Bauern sich selbst erzählen und wie sie stets behagliches Lachen hervorzurufen pflegen ... Es geht ein reiner Hauch des Rieses durch dieses Büchlein.«

Franz Keller

Geboren 24. Oktober 1824 in Günzburg an der Donau.
Gestorben 8. Oktober 1897 in Unterroth bei Illertissen.
Keller war der jüngste Sohn eines armen Weißgerbers und sollte selbst Handwerker werden. Geistliche und Lehrer drängten den Vater, seinen begabten Sohn studieren zu lassen. Das Studium am Gymnasium und Lyceum in Augsburg war Franz Keller nur mit Hilfe von Unterstützungen und unter mancherlei Entbehrungen möglich. Der Gymnasiast erhielt stets Auszeichnungen, die damals üblichen Preise, und für das Theologiestudium einen Freiplatz im Georgianum zu München. Nach der Primiz wirkte er zunächst als Kaplan in Altusried, dann als Pfarrer in Haldenwang bei Burgau, wo er nebenbei sieben Jahre die Hauslehrerstelle in der Familie der Freiherren von Freyberg versah. Nach vierzehnjähriger Seelsorgstätigkeit in Waldkirch übernahm er die Pfarrei Unterroth. Hier leitete er als Dekan auch ein Landkapitel. –
Den poetischen Sinn und die heitere Laune dankte Keller seiner gemütvollen Mutter. Das Dichten begann er als Student in Augsburg; Kostproben aus eigenen Gedichten trug er bei Versammlungen des pädagogischen Volksvereins in den 1860er Jahren größeren Zuhörerkreisen vor und wurde von Freunden aufgefordert, die Mundartgedichte in Druck zu geben. Im Verlag Joseph Kösel erschienen von ihm sechs Sammlungen: »Doaraschleah von feart und huir«, 1872 (6. Auflage 1906); »Etle Hagabutza'«, 1874 (4. Auflage 1891); »Erdbörla os m Wald«, 1875 (3. Auflage 1900); »Duranand«, 1881 (2. Auflage 1891); »Brau'börla«, 1887; »Hoidlbörla«, 1891. Nach dem Tode des Dichters erschienen die »Himbörla. Nachgelassene Gedichte«, 1898, sowie in zwei Bänden »Sämtliche Gedichte in schwäbischer Mundart«, 1898. Die Honorare, die Franz Keller für seine Gedichtbändchen empfing, wendete er in edler Gesinnung den schwäbischen Cretinen- und Blindenanstalten (Glött, Lautrach, Ursberg) zu.

Hugo Kittinger

Geboren 20. März 1860 in Neuburg an der Kammel.
Gestorben November 1907 in Klosterlechfeld.
Vielseitig talentiert, besuchte Hugo Kittinger nach der Volksschule im Heimatort eine lithographische Anstalt in München. Der Verlust der Sehkraft eines Auges zwang ihn zu mehrmaligem Berufswechsel. Zeitweise verdiente er sich in Weißenhorn, Ulm, Dillingen und Straßburg sein Brot als Kaminkehrer. Dann ließ er sich in seinem Geburtsort Neuburg an der Kammel nieder, heiratete und arbeitete dort als Maler, Lackierer und Buchbinder; schließlich pachtete er dort die Schloßwirtschaft. »Als fabulierender Wirt war er der beste Unterhalter seiner Gäste, die bald seine Mundartgedichte schätzten, in denen er die Schwaben bei der Arbeit und am Feierabend, im Sonntagsstaat und im Werktagshäs, bei ernster Besinnlichkeit und fröhlichem Unsinn schilderte« (Theodor Jörg). Die letzte Zeit seines Lebens verbrachte Kittinger als Zeitungskolporteur in Klosterlechfeld, ohne seine verschiedenen Nebengeschäfte aufzugeben. Nach längerem Leiden starb er mit 47 Jahren und hinterließ seine Frau und eine Tochter.

Lili Knauss-Weinberger

Geboren 22. Januar 1914 in Nancy.
Sie wuchs bei den Großeltern im Lehrerhaus zu Oberschöneberg (bei Dinkelscherben) heran, besuchte das Lyzeum im Sternkloster zu Augsburg und heiratete Hanns Weinberger. Die musische Neigung hat sie wohl vom dichtenden und komponierenden Großvater geerbt. In Augsburg sicherte sie sich als Angestellte den Lebensunterhalt. Zunächst trat sie mit Prosa und Versen in den »Augsburger Blättern«, dann mit dem Gedichtband »Reiche Welt der Kinder« hervor. Das 1976 von Richard Ringenberg in Augsburg herausgegebene Bändchen »Begegnungen in Schwaben«, zweite Folge, enthält aus ihrer Feder Gedichte in hochdeutscher Sprache und in Mundart.

P. Aegidius Rudolf Kolb OSB

Geboren am 13. August 1923 in Sonthofen.
P. Aegidius Kolb ist der Sohn eines k. b. Hofbeamten und einer schwäbischen Lehrerin. Von 1934 an besuchte er das Gymnasium Dillingen a. d. Donau und wohnte im dortigen Bischöflichen Knabenseminar. Nach dem Kriegsdienst (1941–1945) begann er seine Studien an der Hochschule und im Priesterseminar Dillingen, trat 1946 in die Benediktinerabtei Ottobeuren ein und studierte weiterhin an der Universität München. Nach der Priesterweihe (1950) diente er seinem Kloster zunächst als Kaplan und Stiftsarchivar, außerdem acht Jahre als Dorfpfarrer in Lachen. Nebenbei besuchte er die Bayerische Archivschule München und wirkt seither im Archiv, in der Bibliothek und in den Kunstsammlungen der Abtei Ottobeuren. Die Benediktiner-Akademie wählte P. Aegidius zum Dekan der Historischen Sektion, er ist Herausgeber der »Studien und Mitteilungen zur Geschichte des Benediktinerordens und seiner Zweige« und der »Germania Benedictina«. Des weiteren gehört er der Schwäbischen Forschungsgemeinschaft an, ist Archiv- und Heimatpfleger im Landkreis Unterallgäu sowie auf Zeit Universitätsarchivar zu Salzburg. In Aegid Kolbs vielfältigem Schaffen kommt der Mundartdichtung nur eine untergeordnete Rolle zu, dennoch verdient sie Beachtung, weil in ihr zielbewußt das schwäbische Mundartgebet gepflegt wird.

Maximilian von Lingg

Geboren 8. März 1843 in Nesselwang.
Gestorben 31. Mai 1930.
Max Lingg war der Sohn eines Allgäuer Bäckers, der nach dem Theologiestudium und der Promotion zum Dr. theol. und Doktor beider Rechte eine glänzende geistliche Laufbahn beschritt. Zeitweise stand er als Prinzenerzieher in königlich-bayerischen Diensten, wurde dann 1874 Professor der Kirchengeschichte und des Kirchenrechtes am Ly-

ceum in Bamberg, später Domkapitular und Dompropst ebenfalls in Bamberg und 1902 Bischof von Augsburg. Das bayerische Königshaus verlieh ihm den persönlichen Adel (Maximilian Ritter von Lingg). In jungen Jahren schrieb er Mundartgedichte, die er auf Drängen von Freunden in Druck gab; sie erschienen unter dem Titel »G'müethle. Gedichte in der Mundart des östlichen und mittleren Allgäu« bei Kösel in Kempten in zwei Auflagen (1874, 1891). Mitunter enthalten sie autobiographische Details aus der Jugend- und Studentenzeit (»Der leichtsinneg Bue«, »Sorge in d'r Hui'mat von am Schtudente«, »Der g'stroft Bue«), teilweise knüpfen sie an Ereignisse an (»D' Bearejagd«, »Der Schah vo' Persien«) oder sind Gelegenheitsdichtung. »Muettersege« bezieht sich auf Erzbischof Friedrich von Schreiber († 1890) in Bamberg, einen schwäbischen Landsmann aus Bissingen im Kesseltal.

Georg Mader

Geboren 17. September 1874 in Zusamzell.
Gestorben 16. März 1921 in Baschenegg.
Georg Mader verlor seinen gleichnamigen Vater, der Schullehrer war (geboren 1. Mai 1843 in Bubesheim, gestorben 9. November 1877 in Zusamzell) bereits im Kindesalter. Die Mutter Anna (geboren 19. Juni 1846 in Hohenreichen, gestorben 18. April 1910 in Augsburg) zog daraufhin in ein Zusamzeller Bauernhaus, wo ihr Sohn eine glückliche Jugend erlebte. Die Liebe zu seiner Heimat im Zusamtal erwachte in diesen Jahren, und er kehrte später immer wieder gerne an die Stätten der Kindheit zurück, sowohl von Mödishofen, als auch von Augsburg, wo er im Postdienst ein bescheidenes berufliches Einkommen fand. Der Kgl. Postsekretär mußte wegen eines Lungenleidens vorzeitig seinen Beruf aufgeben und sich auf dem Gutshof Zott in Baschenegg bei Ustersbach in Pflege begeben. Seine letzte Ruhestätte erhielt er im Familiengrab unweit der Kirche von Zusamzell unter drei schmiedeeisernen Kreuzen. Die Eigenschaften und Tugenden, die den Menschen

Georg Mader charakterisierten, seine Bescheidenheit, Genügsamkeit, sein Frohsinn, die Naturliebe, Hilfsbereitschaft und Gottergebenheit, sie sprechen auch aus seinen Mundartdichtungen, von denen hauptsächlich »Im Hoimgarta« und »Was d' Baurabäs vom Krieg erzählt« weitere Verbreitung fanden. Maders Namen tragen außer dem Grab in Zusamzell ein Bildstöckle auf dem Gäulberg in der Nähe des Dorfes, die Georg-Mader-Schule in Zusamzell und ein Gedenkstein in Baschenegg. Die Erinnerung an den Dichter pflegen der Freundeskreis Georg Mader e. V. und das Heimatmuseum Zusmarshausen.

Hugo Maser

Geboren 5. Oktober 1862 in Memmingen.
Gestorben 6. August 1929 in Memmingen.
Hugo Maser war zuerst Volksschullehrer, später Direktor des evangelischen Ludwigs-Lehrerinnen-Seminars in Memmingen. Seinen Gedichtband »Unterm Memminger Mau« gab Maser in vorgerücktem Alter heraus und schickte in seiner Widmung voraus, er habe seine »Gschichtla« lange gesammelt und gewußt, was es »um d'Hoimetliabe sei«. Mehr als sechzig längere und kürzere Mundartgedichte, meist launiger und humorvoller Art, mitunter aus Memminger Chroniken, Sagen oder dem Volksmund, wurden von dem liebenswerten Lokalpoeten zusammengestellt und von dem angesehenen Maler Joseph Madlener mit Illustrationen versehen. Im Unterschied zu den sieben Weltwundern des Altertums weiß Maser über »Acht Wunderwerk vo Memminga« zu plaudern; »D'r Kampf mit em Memminger Dracha«, »D'r Gaul in d'e Wiaga« und »D'blau Saul« führt einige der Memminger Wahrzeichen vor Augen, im »Schlorghans« berichtet er von einem mitternächtlichen Geist und in »D' Schlüsseljungfer« von einem erlösten Gespenst. Friedrich Wilhelm Hermann, sein Schüler, rühmte den Pädagogen Maser als einen der tüchtigsten Lehrer seiner Zeit, nicht minder gerecht als ge-

streng – einen Erzieher, der sich seiner Verantwortung Gott und den Menschen gegenüber voll bewußt war.

Arthur Maximilian Miller

Geboren 16. Juni 1901 in Mindelheim.
Arthur Maximilian Miller bereitete sich nach dem Besuch der Volks- und Präparandenschule in der Vaterstadt von 1917 bis 1920 in der Lehrerbildungsanstalt Lauingen auf den schwäbischen Volksschuldienst vor. Die Praktikantenzeit führte ihn an vier verschiedene Orte: nach Mindelheim, Wiggensbach, Ettringen und Haselbach bei Neuburg a. d. Donau. Nach der Anstellungsprüfung wirkte er seit 1924 in Immenstadt. 1938 übernahm er die einklassige Schule in Kornau bei Oberstdorf, 1959 trat er als Oberlehrer vorzeitig in den Ruhestand. Seit 1930 ist Miller mit Magdalene Kleiner aus Mindelheim verheiratet.
Unablässig arbeitete er an seinem dichterischen Werk, das stetig wuchs und mit dem er alle drei Hauptgattungen der Literatur bereicherte. Die Titel seiner Dichtungen allein füllen nahezu eine Spalte von Kürschners Deutschem Literatur-Kalender. Ebenso meisterhaft wie die hochsprachliche Dichtung beherrscht er die in schwäbischer Mundart. Dies beweisen neben den »Schwäbischen Gedichten« (1932, 1954), »Das Mindelheimer Weihnachtsspiel« (1936), die »Schwäbische Weihnacht« (1962), die »Schwäbische Bauernbibel« (1969), »Das schwäbische Jahr« (1970), die »Schwäbischen Sinnsprüche« (1973), »Mei' Pilgerfahrt durchs Schwabeländle« (1975) und mehrere Bühnenstücke. Eine Ausstellung des dichterischen und malerisch-graphischen Werkes von A. M. Miller veranstalteten der Schwäbische Volksbildungsverband und der Heimatpfleger von Schwaben 1971 in Eggisried bei Ottobeuren im Hause Schickling. Eine Buchausstellung »Das dichterische Werk von Arthur Maximilian Miller und seine Verbundenheit mit Gertrud von le Fort, Peter Dörfler und Joseph Bernhart« sowie »Schwäbische Mundartdichtung aus zwei Jahrhunderten« zeigte der Bezirk Schwaben in Verbindung mit der Staats-

und Stadtbibliothek Augsburg im Sommer und Herbst 1976 anläßlich des 75. Geburtstages des Dichters im Stiftsmuseum Ottobeuren und in der Staats- und Stadtbibliothek Augsburg. Zu den Auszeichnungen, die Arthur Maximilian Miller in seinem Dichterleben zuteil wurden, zählen der Romanpreis der Deutschen Buchgemeinschaft (1954), das Bundesverdienstkreuz 1. Klasse (1960), der Ehrenring des Landkreises Sonthofen (1962), der Bayerische Poetentaler (1967), die Verdienstmedaille des Bezirks Schwaben (1975) und der Preis der Bayerischen Volksstiftung (1977). Die Heimatstadt Mindelheim ernannte ihn zu ihrem Ehrenbürger (1971), die Marktgemeinde Oberstdorf verlieh ihm die Bürgermedaille (1976). Außerdem ist er Träger des Komturritterkreuzes des Sylvesterordens.

Adolf Paul

Geboren 20. November 1859 in Günzburg.
Gestorben 3. Mai 1909 in Günzburg.
Adolf Paul war Buchdruckereibesitzer, Verleger und Redakteur des »Günz- und Mindelbote«, der einzigen Günzburger Ortszeitung. In seiner Zeitung hat Paul dem örtlichen Neuigkeitsbedürfnis breiten Raum gegeben, so war sie sehr beliebt. Paul selbst war stets für harmlose Streiche zu haben.
Daneben war Adolf Paul Protektor und Förderer gemeinnütziger Bürgerangelegenheiten. Die alten Günzburger lobten den vornehmen Charakter, dem das Wohl der Vaterstadt sehr am Herzen lag. Das Zeitungmachen lag der Familie Paul im Blut; schon der Vater war von Stoffenried nach Günzburg gezogen, um das »Günzburger Wochenblatt« zu übernehmen. Später übernahm Hermann Paul, der Sohn, das Blatt als verantwortlicher Redakteur, fiel aber schon 1914 in Flandern.
Kein schwäbischer Mundartdichter wurde mit neuen Auflagen seiner Gedichte so oft in die Erinnerung zurückgerufen wie Adolf Paul, dessen Sammlung »Ebbes Luschtig's« bereits in zwölfter Auflage vorliegt. Sein Witz und Hu-

mor, aber auch seine Derbheiten – erinnert sei an den »Schmied von Schreatza« – finden immer aufs neue Liebhaber.

Adam Rauh

Geboren 1866 zu Augsburg.
Gestorben 1929 daselbst.
Adam Rauh war Lehrer in seiner Vaterstadt, zuletzt Oberlehrer an der Roten-Tor-Schule. Seine Sammlung heiterer Gedichte in schwäbischer Mundart brachte er mit sechzig Jahren heraus. In ihr spiegeln sich Erlebnisse mit Schülern und Kindern wider, kurz »aus'm Schual- und Kinderleba«. Zugeeignet ist das Bändchen dem Augsburger Regierungsschulrat Wilhelm Biber. Das halbe Hundert Gedichte will nur einen Zweck erfüllen, meint ihr Autor: den Trübsinn stillen. Das gelingt ihnen wohl auch für einige Stunden.

Clara Rothärmel

Geboren 17. November 1919 in Oberbeuren bei Kaufbeuren.
Clara Rothärmel wuchs als jüngstes von drei Kindern heran, besuchte das Mädchenlyzeum, war dann Büroangestellte, bildete sich in einem Abendseminar für Englisch weiter und ist seither Fremdsprachenassistentin beim Sprachendienst der Bundeswehr. Sie liebt die Natur und die Heimat, hört gerne Volksmusik und Volksgesang. Die Lust am Schreiben in der Mundart weckten in ihr Mundartbücher Alfred Weitnauers. Zuerst veröffentlichte sie in den beiden Kaufbeurer Zeitungen und im Allgäuer Heimatkalender einige Gedichte. Bei einem Mundartwettbewerb des Bayerischen Rundfunks im Herbst 1974 war sie mit ihrem »Fasnachtsbrief« unter den Preisträgern. Ein von ihr verfaßtes Hirtenspiel gelangte in Kaufbeuren zur Aufführung. Schließlich entschloß sich Clara Rothärmel 1975, alle bisherigen Mundartgedichte in dem Mundartbuch »Kaufbeurer Leckerle« zusammenzufassen.

Alois Sailer

Geboren 5. Januar 1936 in Lauterbach an der Zusam.
Nach dem Besuch der Volksschule sowie der Berufs- und Landwirtschaftsschule Wertingen übernahm Alois Sailer das kleine landwirtschaftliche Anwesen der Eltern in Lauterbach. 1963 verheiratete er sich mit der Bauerntochter Martha Kraus von Lauterbach. Seine ersten epischen und lyrischen Versuche in Schriftdeutsch und Mundart gehen in die Zeit des Besuchs der Landwirtschaftsschule zurück. Anregungen verdankt er Dichtungen von Michel Eberhardt und dem Maler Franz Hummel († 1974). Mit dem Titel »Der Wasserbirnenbaum« gab Sailer 1969 sein erstes Lyrik- und Prosabändchen heraus. Gleichfalls 1969 und 1970 wurde in Waal bei Buchloe sein Passionsspieltext aufgeführt. Seit 1970 ist Sailer Heimatpfleger für den Landkreis Wertingen, seit 1972 einer der Heimatpfleger des Landkreises Dillingen. Als freier Mitarbeiter steht er mit dem Süddeutschen, Bayerischen und Österreichischen Rundfunk in Verbindung. 1977 erschien ein Auswahlband seiner Mundartgedichte mit dem Titel »Wallfahrt und Doaraschleah«.

Sebastian Sailer

Getauft 12. Februar 1714 in Weißenhorn.
Gestorben 7. März 1777 in Obermarchtal.
Sebastian Sailer (seine Taufnamen hießen Johann Valentin) war der Sohn eines gräflich fuggerischen Amtsschreibers, kam bereits als Knabe in die Klosterschule des reichsunmittelbaren Prämonstratenserstiftes Obermarchtal und erhielt dort eine gute Ausbildung. 1732 legte er die Ordensgelübde ab und empfing 1738 die Priesterweihe. Zunächst lehrte er in seiner Abtei Kirchenrecht und übernahm 1745 in Seekirch am Federsee die Stelle eines Hilfsgeistlichen. Von 1753 bis 1757 pastorierte er die Pfarrei Reutlingendorf, dann siebzehn Jahre die Pfarrei Dieterskirch (bis 1773). Ein schwerer Schlaganfall setzte seiner Seelsorgetätigkeit vorzeitig ein Ende. Im jahrzehntelangen, tagtäg-

lichen Umgang lernte er seine schwäbischen Bauern und ihre Sprache gründlich kennen. Die letzten Jahre seines Lebens verbrachte er in seinem Profeßkloster. Da Sebastian Sailer ein hervorragender Prediger war, holte man ihn des öfteren zu Festpredigten nach auswärts, u. a. nach Ottobeuren und Kempten, nach Unterfranken, ja sogar bis nach Wien, wo er vor der Schwäbischen Landesgenossenschaft am Tage ihres Schutzpatrons St. Ulrich die Festansprache hielt und von Kaiserin Maria Theresia in Privataudienz geehrt wurde. Seine Singspiele in schwäbischer Mundart verfaßte er zur Erheiterung seiner Mitbrüder im Kloster. Die nicht in der ursprünglichen Sprachform erhaltenen Stücke erschienen erst 1819 im Druck. Es sind: »Die Schöpfung des ersten Menschen, der Sündenfall und dessen Strafe« (in drei Aufzügen), »Der Fall Luzifers« (in zwei Aufzügen), »Die schwäbischen heiligen drey Könige« (in einem Aufzug), »Die sieben Schwaben oder: Die Hasenjagd« (in zwei Aufzügen) und noch einzelne weitere Dichtungen.

Hermann Sandtner

Geboren 19. Dezember 1899 in Waldkirch.
Gestorben 4. März 1954 in Lautrach bei Memmingen.
Hermann Sandtner entstammte einer künstlerisch begabten schwäbischen Lehrer- und Orgelbauerfamilie in Steinheim bei Dillingen. Er war, nach dem Urteil seiner Schwester Hilda, »ein sehr begabter, nimmermüder Lehrer und als Mensch von besonderer Liebenswürdigkeit, gesellig, feinfühlig. Man mochte ihn überall gut leiden, und er bildete schnell den Mittelpunkt, nicht nur seiner besonderen Begabung für Musik wegen.« Aus dem zweiten Weltkrieg kehrte er mit zerrütteter Gesundheit zurück. Zuletzt wirkte er als Hauptlehrer in Lautrach, wo er seine Schwäbische Weihnachtslegende »Der Schtearn von Bethlehem« verfaßte. Seine Schwester Hilda Sandtner zeichnete dazu die Bilder. Einige der nachgelassenen Mundartgedichte Hermann Sandtners vertonte Professor Hans Gebhard in Augsburg, im Druck sind sie bisher nicht erschienen.

Johann Georg Scheifele

Geboren 8. Februar 1825 in Mindelheim.
Gestorben 19. Juli 1880 in Ettringen.
Johann Georg Scheifele, der Sohn armer Webersleute, kam durch Vermittlung des Mindelheimer Stadtpfarrers und des Landrichters, beide erkannten und förderten die Begabung des Buben, zur Dommusik und zum Studium am Gymnasium St. Stephan nach Augsburg. An der philosophisch-theologischen Hochschule (dem Lyceum) und im Klerikalseminar zu Dillingen erhielt er die weitere Ausbildung für den geistlichen Beruf, die er 1850 mit der Priesterweihe abschloß. Die drei Jahrzehnte seines priesterlichen Wirkens begann er als Kaplan in Rain am Lech (1850 bis 1856), anschließend betreute er die nahe gelegene Pfarrkuratie Niederschönenfeld (1856 bis 1869). Als Pfarrer wirkte er dann bis 1878 in Krugzell bei Kempten und in seinen letzten Lebensjahren in Ettringen bei Türkheim. Schon während der Augsburger Gymnasialzeit schrieb er seine ersten Mundartdichtungen, die bei seinen Studienkameraden und nicht weniger bei öffentlichen Veranstaltungen in Augsburger Lokalen größten Beifall fanden. Anregungen zu den frühen poetischen Versuchen im Dialekt verdankte er dem oberschwäbischen Mundartdichter Carl Borromäus Weitzmann aus Munderkingen. Bei der Herausgabe seiner Mundartgedichte bediente sich Scheifele des Pseudonyms »Jörg von Spitzispui«. Vielfach verfaßte er längere Versschöpfungen meist humorvollen Inhalts, die er auch noch als Priester hin und wieder in geselligem Kreise vor geistlichen Mitbrüdern rezitierte. Als er mit 55 Jahren einer Lungenentzündung erlag, war er eben dabei, die fünfte Auflage seiner Gedichte vorzubereiten. Welch großer Beliebtheit sie sich bei den Zeitgenossen erfreuten, beweist dies wohl am deutlichsten. Zweifellos zählte Johann Georg Scheifele neben Hyazinth Wäckerle zu den besten schwäbischen Mundartdichtern des neunzehnten Jahrhunderts. Geistige Nachfahren im geistlichen Gewande fand er in Max Lingg und Franz Keller.

Ludwig Scheller

Geboren 23. September 1906 in Weiler im Allgäu.
Ludwig Scheller wählte den Lehrberuf und wirkte seit 1927 als Lehrer in Missen, Weiler im Allgäu und in Stätzling bei Augsburg. Jetzt lebt er in seinem Westallgäuer Geburtsort im Ruhestand. Er gab verschiedene heimatgeschichtliche Arbeiten heraus: »Lindenberg, Klein-Paris genannt, eine kleine Kultur- und Wirtschaftsgeschichte«, »Vom Pferdehandel im Allgäu, Bilder zur Wirtschafts- und Kulturgeschichte des westlichen Allgäus«, »Aus vergangenen Tagen. Ein Lesebüchlein« sowie Beiträge in den »Westallgäuer Heimatblättern«. In der Mundart des Westallgäus verfaßte er außer der Gedichtsammlung »Mi Huimat« (1948) mehrere zum Teil mit großem Erfolg aufgeführte Theaterstücke, darunter »'s Hoiligtum«, ein Spiel aus dem Dreißigjährigen Krieg, die Lustspiele »Fränzl«, »Hehle Katza krötzet gean«, »D'r Sündebock« und den Schwank »D' Wunderkur«.

Jakob F. Schmidt

Geboren 1840 zu Memmingen.
Gestorben 1886 in Reutin bei Lindau.
Er war Volksschullehrer in Memmingen, Schmähingen und Reutin. In seine Gedichte in schwäbischer Mundart (1863), die er bereits in jungen Jahren schrieb und herausgab, nahm er verschiedene Gelegenheitsdichtungen auf: Geburtstags-, Hochzeits- und Abschiedsgedichte, ebenso Verse, die er anläßlich lokaler Ereignisse verfaßte, so »Zum Cäcilienfeste« 1860 und 1861, »Bei einer musikalischen Unterhaltung der Feuerwehr« (November 1861), für musikalische Unterhaltungen der Memminger Liedertafel, zur Fahnenweihe des Memminger Turnvereins und zur Eisenbahn-Eröffnung (am 11. Oktober 1862). Seine Sammlung enthält außerdem einen satirischen »Prolog zum Tannhäuser« und Gedichte mit verschmitztem Humor und Wortwitz wie »Beruhigung«, »Der zurückgegebene Schatz«, »Die Klosterbibliothek«.

Scholza Vere
(Xaver Raiser)

Geboren 21. März 1879 in Pfronten-Halden.
Gestorben 10. April 1948 ebendort.
Sein Vater war Markus Raiser. Franz Xaver Raiser war Bauer auf dem Scholzenhof in Pfronten-Halden und wählte als Mundartdichter das Pseudonym Scholza Vere, seinen Haus- und Rufnamen im Pfrontner Tal. 1926 gab er die »Pfruntar Schtraich und Schprüch i Pfruntar Schprach« heraus, eine Broschüre mit 25 Mundartgedichten.

Luitpold Schuhwerk

Geboren 11. November 1922 in Türkheim (Landkreis Unterallgäu).
Luitpold Schuhwerk besuchte in seinem Heimatort die Volksschule und trat 1936 bei seinem Vater in die Malerlehre ein. Es folgten Arbeitsdienst, Kriegsdienst und amerikanische Gefangenschaft. Nach der Heimkehr im Jahre 1946 bereitete er sich in seinem Beruf auf die Meisterprüfung vor, die er 1950 ablegte. Im Jahr darauf verheiratete sich Schuhwerk und übernahm das elterliche Malergeschäft. Seitdem ist er als selbständiger Malermeister in Türkheim tätig. Seine Neigungen gelten der Natur sowie schönen alten Dingen. Zunächst erschienen einige seiner Gedichte in der Fischerei-Zeitung, 1974 wagte er sich mit seinem ersten Gedichtbändchen »Des hau mer denkt« vor einen größeren Kreis von Lesern. Gewidmet ist die Sammlung seiner Frau, »der verständnisvollen Stallmeisterin aller meiner Steckenpferde«.

Hans Seitz

Geboren 1840 in Kaufbeuren.
Gestorben 1911 in Burtenbach.
Von seinem beruflichen Leben ist nur bekannt, daß er

Kaufmann und langjähriger Postagent in Burtenbach war. 1886 gab er im Verlag Ph. Metzler zu Memmingen einen Gedichtband heraus: »Funken und Schlacken eines Reimschmiedes. Liadla und Lieder.« Das hübsche farbige Titelbild zeigt eine Schmiede mit lohender Esse; davor schlägt ein bärtiger Schmied in altdeutscher Tracht auf seinem Amboß Funken aus einem Stück Eisen, während seitwärts bei einem Rosenstrauch am Wegesrande das geflügelte Dichterroß, der Pegasus, ungeduldig darauf wartet, geritten zu werden. Der Hauptteil der Gedichte von Hans Seitz ist in hochdeutscher Sprache geschrieben, dazwischen sind als »Intermezzo« zwölf schwäbische Gedichte, durchweg heiteren Charakters, eingeschaltet, darunter »Der Schlegelbrauta«, »Aus meim Jägerleaba«, »'s nui Schäsle« und »Der Gäshiat«.

Hermann Josef Seitz

Geboren 30. November 1902 in Ellzee.
Hermann Josef Seitz entstammt einer Handwerkerfamilie, erhielt in Lauingen die Ausbildung zum Lehrer und trat später in die Gewerbelehrer-Laufbahn über. Er lebt in Lauingen, wo er zuletzt als Berufsschuldirektor wirkte. Seine Neigungen sind vielseitig, gelten jedoch hauptsächlich der Vor- und Frühgeschichte. Er ist einer der Heimatpfleger des Landkreises Dillingen und Mitglied der Schwäbischen Forschungsgemeinschaft. Neben seinen zahlreichen wissenschaftlichen Veröffentlichungen stellen seine bisher unveröffentlichten Mundartgedichte in Sonettform ein unbekanntes Blatt seiner literarischen Tätigkeit dar.

Heinrich Unsin

Geboren 1865 in Augsburg.
Gestorben nach 1923.
Unsin war von Beruf Kaufmann in seiner Vaterstadt. 1923 gab er im Selbstverlag die »Feldbleamle« heraus, eine

Sammlung von Gedichten in schwäbischer und oberbayerischer Mundart.

Hyazinth Wäckerle
(Josef Fischer)

Geboren 16. Mai 1836 in Ziemetshausen.
Gestorben 2. Februar 1896 in Lauingen.
Josef Fischer, der seine Mundartgedichte unter dem Pseudonym Hyazinth Wäckerle herausbrachte, entstammte einer armen Botenfamilie. Den hochtalentierten Sohn schickten seine Eltern in die Präparandenschule Schwabmünchen (1849–1853) und dann ins Schullehrerseminar nach Lauingen. Der Junglehrer erhielt 1855 die erste Schulstelle in Waltenhofen bei Kempten. 1858 rief man ihn nach Lauingen zurück und übertrug ihm am Lehrerseminar den Musikunterricht für seinen erkrankten ehemaligen Lehrer Friedrich Kempter. 1865 erhielt er den Aufgabenbereich eines Chorregenten und Lehrers in Kaufbeuren, wo er sich mit der Wirtstochter Philomena Schmid verheiratete. Die sechseinhalb Jahre in der Wertachstadt gehörten zur glücklichsten Zeit seines Lebens. Die Ernennung zum Seminarlehrer für deutsche Sprache holte ihn 1872 abermals in das Donaustädtchen Lauingen zurück, wo er nun bis zu seinem Tode wirkte. Seine Frau verlor er bereits 1889, die Tochter Barbara wurde später Oberin des Verbandes katholischer weltlicher Schwestern, der Sohn Raimund ein verdienstvoller Pädagoge. Als Mundartdichter trat Hyazinth Wäckerle zuerst mit dem Bändchen »Gau! Stau! Bleiba lau!« (1875) hervor. 1881 ließ er die Sammlung »Nägelastrauß. Neue Gedichte in schwäbischer Mundart« folgen. Eine umgearbeitete, stark vermehrte Neuauflage des Erstlingswerkes trägt den Titel »Bis aufs Würzele«. Als pädagogischer Schriftsteller gab sich Josef Fischer den Decknamen Quintus Fixlein II. Er schrieb nicht nur seine Lehrbücher, eine Literaturgeschichte sowie eine Stilistik, Metrik und Poetik, die beide in mehreren Auflagen erschienen, sondern publizierte außerdem in den »Wohlanständigen Reflexionen über Schulen und Lehrer, Erziehung und Un-

terricht« sowie in der Schrift »Zur Phraseologie der Volksschulpädagogik« seine pädagogischen Erfahrungen und Erkenntnisse und aktuelle Gedanken über das zeitgenössische Schul- und Erziehungswesen. Der Geburtsort Ziemetshausen benannte nach Hyazinth Wäckerle eine Straße, der Sterbeort Lauingen den Hyazinth-Wäckerle-Weg. Das erhaltene Grab des Dichters nahm der Heimatverein Lauingen in seine Obhut. Eine Auswahl seiner Gedichte, erweitert um Kostproben aus der ungedruckt gebliebenen Sammlung »Gelbfüßler«, gab 1926 Hans Schindlmayr heraus. Ein wesentlich umfassenderer Auswahlband, redigiert von Adolf Layer, erschien 1975 im Anton H. Konrad Verlag.

Georg Wagner

Geboren 27. Juli 1853 in Nördlingen.
Gestorben 21. Mai 1911 in Neu-Ulm.
Als Sohn des Post- und Bahnexpeditors Peter Wagner geboren, kam Georg Wagner mit den Eltern nach Möttingen, wo er mit drei Geschwistern eine glückliche Jugendzeit erlebte. Der Vater stammte aus Geigant bei Waldmünchen im Böhmerwald, die Mutter war Nördlingerin. Nach dem Besuch der Volks-, Latein- und Präparandenschule im heimischen Ries trat er ins evangelische Lehrerseminar Schwabach ein; dort wagte er die ersten dichterischen Versuche. Die 19jährig herausgegebene Gedichtsammlung widmete er mit dem Abschiedsgruß »Ade« seinen Freunden und Kursgenossen. Nach kürzeren Lehrtätigkeiten in Mönchsdeggingen, Langerringen und Schwabmünchen wurde am 1. November 1877 Neu-Ulm seine neue Heimat. Hier wirkte er an der Volksschule und auch an der Realschule, der gewerblichen Fortbildungs- und der Kapitulantenschule des 12. Bayerischen Infanterie-Regiments. Aus seiner Ehe mit Maria Bach, einer Ulmerin, gingen acht Kinder hervor. Ein ehemaliger Schüler charakterisierte Wagner so: »Er war ein fürsorglicher, aber auch sehr strenger Familienvater, ein guter Lehrer und Zeichner, ein ausgezeichneter Vogel-, Schmetterlings-, Pflanzen-,

Mineralien- und Steinkenner, aus Liebhaberei widmete er sich der Holzschnitzerei, und besonderen Spaß machte es ihm, den Schuhmachern ins Handwerk zu pfuschen. Musik und Gesang waren ihm Lebensbedürfnis...«. Die »Sängergesellschaft«, der »Frohsinn«, »Teutonia« und »Ostheim« (Ulm), vier tonangebende Vereine im gesellschaftlichen Leben der Donaustädte, beriefen ihn zum Dirigenten oder Vorstand. Gern komponierte Wagner selbst, so die Operette »Gaudeamus igitur« (1890 im Stadttheater Ulm uraufgeführt), ein Oratorium »Die Geburt Christi«, Orgelstücke oder Märsche: »In Treue fest« und »Den alten Zwölfern«. 1907/08 zählte er zu den Gründungsmitgliedern des Historischen Vereins und des Heimatmuseums Neu-Ulm. Seine Mundartdichtungen begann Georg Wagner erst gegen Ende seines Lebens zum Druck zu bringen. Drei Bändchen nannten sich: »Luschtige Reimereia aus'ra schwäbischa Reimschmiede« (1908, 1911), »Hommseler« und »Schwartamaga« (o. J., 1911).

Alfred Weitnauer

1. Februar 1905 Kempten – 6. Juni 1974 ebenda
Dr. Dr. Alfred Weitnauer entstammte einer Allgäuer Familie, die ihren Namen offenbar von dem Dorfe Weitnau herleitet. Nach dem Besuch der Oberrealschule in Kempten und München studierte er an der Universität München Volkswirtschaft und promovierte 1929 zum Doktor der Staatswissenschaften. Seine erste Anstellung erhielt er in der Wirtschaftsredaktion des »Berliner Lokalanzeigers«. In Berlin sowie an der Universität Würzburg setzte er das Studium der Geschichte, Paläographie und Kunstgeschichte fort, das er mit der Promotion zum Doktor der Philosophie abschloß. Gleichzeitig war er für das internationale Preisforschungsinstitut der Rockefeller-Stiftung tätig, die 1935 durch die Hitler-Regierung aufgelöst wurde. Damals gewann ihn der Präsident des Schwäbischen Kreistags, Oberbürgermeister Dr. Otto Merkt von Kempten, für die Aufgabe eines Heimatpflegers im Allgäu. Nach dem Militär-

dienst (1939–1943) und der Organisation und Durchführung einer großangelegten Bergungsaktion von Kunstwerken aus Museen und Kirchen Westdeutschlands und Südwestdeutschlands (1943–45) übernahm Dr. Weitnauer die Leitung und den weiteren Ausbau der Heimatpflege im gesamten Regierungsbezirk Schwaben. Während der dreieinhalb Jahrzehnte seiner Wirksamkeit gingen von ihm zahlreiche Initiativen und Impulse aus. Eine außergewöhnliche Zahl von Veröffentlichungen legte er als Schriftsteller und ebenso als Verleger vor. Seine vorwiegend intellektbetonten Mundartdichtungen fanden, nicht zuletzt durch Rundfunk und Fernsehen, eine starke Verbreitung. Dr. Weitnauer war Mitglied der Kommission für bayerische Landesgeschichte (seit 1948), Vorsitzender des Heimatbundes Allgäu (1945–1965) und stellvertretender Vorsitzender des Bayerischen Landesvereins für Heimatpflege (1960–1974). Ausgezeichnet wurde er mit dem Bayerischen Verdienstorden (1959), dem Bayerischen Poetentaler (1961) und dem Bundesverdienstkreuz 1. Klasse.

Georg Weixler

Geboren 19. April 1874 in Kempten.
Gestorben 31. Juli 1895.
Georg Weixler absolvierte das humanistische Gymnasium seiner Vaterstadt und starb als Student der Technischen Hochschule München. Mit ihm verlor das Allgäu ein vielversprechendes dichterisches Talent, das den Dialekt von Kempten-Neustadt und von Heiligkreuz treffend wiedergab. Aus seinen handschriftlichen Gedichtbüchlein (im Archiv der Akademischen Ferienvereinigung »Algovia« in Kempten) und aus einigen Briefen stellte sein Bundesbruder Michel Bickel unter dem Titel »Saurampfar und Burzeschtengl) einen ansprechenden Erinnerungsband zusammen, der 42 Jahre nach dem frühen Tode des Studenten Weixler erschien.

Heinrich Wiedemann

Geboren 15. Juli 1925 in Oberreute (Landkreis Lindau i. B.). Heinrich Wiedemann lebt in Röthenbach im Allgäu und ist dort als Forstamtmann und Revierleiter bei der Bayerischen Staatsforstverwaltung tätig. Bis 1966 wirkte er in Mittelschwaben. Auf literarischem Gebiet trat Wiedemann hauptsächlich als Lyriker hervor. Von ihm erschienen der Gedichtband »Zwischen Licht und Dunkel« (Buxheim 1962), der lyrische Streifen »Machtwechsel« (Salzburg 1973) sowie Veröffentlichungen in Anthologien wie »Menschen im Schatten« (Salzburg 1972), »Quer« (Regensburg 1974), »Funkenflug« (Salzburg 1975), außerdem in Zeitungen und Zeitschriften. 1969 erhielt er in Salzburg den Literaturpreis »Silberne Rose«. Seine Gedichte in Westallgäuer Mundart wurden zum Teil in den »Westallgäuer Heimatblättern« gedruckt. Als Frucht seines Berufes kann ein »Waldführer durch das westliche Allgäu« (Frankfurt a. M. 1969) bezeichnet werden.

Michael Karl Wild

Geboren 1837 in Löpsingen (Ries).
Gestorben 1907 in Wöhrd (bei Nürnberg).
Sein Vater Friedrich Karl Wild, 1836 bis 1850 Pfarrer in Löpsingen und anschließend in Kirchheim am Ries, war bereits als Volksschriftsteller hervorgetreten. Von ihm erbte er die Neigung zu dichterischer Gestaltung. Michael Karl Wild begann in jungen Jahren mit Versuchen in Mundartdichtung; sein Vorbild war dabei Johannes Kähn. Nachdem er sich für den Beruf des Vaters entschieden hatte, wirkte er von 1866 bis 1879 als Pfarrer in Hürnheim, dann noch mehr als ein Vierteljahrhundert in Wöhrd bei Nürnberg. Seinen Gedichtband »Riaser G'wächs« nannte er einen Abschiedsgruß an das Ries. Von der Mundartpoesie fordert er: »Es muß sich in der Dialectdichtung die Eigenart der betreffenden Gegend und ihrer Bewohner deutlich widerspiegeln, sonst wirkt sie auf Geist und Herz wie

unreife Äpfel auf die Zähne, die einem davon aufstehen.«
Aus Wilds Gedichten sprechen Heimatliebe, Naturverbundenheit, Frömmigkeit und ein versöhnlicher Humor. Sie gehören mit zum Besten, was in der Rieser Mundart geschrieben wurde. Seiner 1880 erschienenen Sammlung gab Wild im Anhang Gedichte in hochdeutscher Sprache bei. Die Erzählung »Die Hoppeltsmühle im Karthäusertal« führt ins Jahr 1634 zurück, in die Zeit, in der das Ries unter dem Dreißigjährigen Krieg zu leiden hatte.

Otmar Wirth

Geboren 9. März 1902 in Illertissen.
Otmar Wirth war das achte Kind einer zehnköpfigen Kinderschar. Er besuchte im Geburtsort die Volksschule und von 1915 bis 1921 die Lehrerbildungsanstalt Lauingen. Nach Praktikanten- und Aushilfslehrerjahren war er seit 1925 Lehrer in Memmingen. 1929 nahm er an einem Lehrgang bei Singschuldirektor Albert Greiner in Augsburg teil und gründete die Städtische Singschule Memmingen. Während des Zweiten Weltkrieges leistete er von 1939 bis 1945 Kriegsdienst und wurde 1941 schwer verwundet. Nach nochmaliger Rückkehr in den Schuldienst (1946) schied er 1951 aus und übernahm hauptamtlich die Leitung der Singschule in Kempten. Seit 1967 lebt er im Ruhestand.

Wilhelm Wörle

Geboren 3. Januar 1886 in Silheim bei Neu-Ulm.
Gestorben 20. Januar 1959 in Augsburg.
Wilhelm Wörle war das dritte von vier Kindern des musisch begabten Lehrers Hans Wörle (geb. 14. Februar 1859 in Mittelstetten). Nach dem frühen Tod des Vaters zog die Mutter Ursula, geb. Kempfle, auf den elterlichen Hof in Unterreichenbach, leistete dort Dienste und ließ zwei Söhne (Wilhelm und Karl) zu Lehrern ausbilden. Wilhelm besuchte zunächst die Präparandenschule in Marktober-

dorf, dann das Lehrerseminar in Lauingen. Als Junglehrer mußte er, wie es damals üblich war, mehrmals die Schulstelle wechseln: Stationen dieser Lehr- und Wanderjahre waren Holzgünz, Balderschwang, Uttenhofen, Baiershofen und schließlich 1912 Willmatshofen. Hier in den Stauden unweit Fischach blieb Wörle ein gutes Vierteljahrhundert. 1914 verheiratete er sich mit der Postassistentin Olga Merz, die ihn forthin treu umsorgte und in einer glücklichen Ehe günstige Voraussetzungen für sein umfangreiches dichterisches Werk schuf. In den Jahren 1938 bis 1943 unterrichtete Hauptlehrer Wörle in Augsburg an der Pestalozzischule und an der Löweneckschule, dann trat er wegen eines Herzleidens vorzeitig in den Ruhestand. Außer etwa 2200 Gedichten, von denen nur ein kleiner Bruchteil in zwei Bändchen (»I bi a Baur«, 1935, und »I bleib a Schwaub«, 1956) an die Öffentlichkeit gelangte, verfaßte er zahlreiche Hörspiele, Volksstücke und geschichtliche Studien. Verschiedene Komponisten (Karl Hubel, Karl Lampart, Dr. E. Loeffler, Max Welcker u. a.) vertonten Gedichte von Wilhelm Wörle. Bei Vorgesetzten und Kollegen fand jedoch seine schriftstellerische Tätigkeit nicht die Beachtung und Anerkennung, die sie verdient hätte. In dankenswerter Weise nahmen sich um sein Werk Richard Ringenberg und der »Schwäbische Heimatkreis« an, dessen Mitbegründer Wörle war. Im Todesjahr des Dichters gaben sie den Auswahlband »D' siadig Liab« heraus. Die Stadt Augsburg ehrte Wilhelm Wörle posthum durch die Benennung einer Straße nach ihm.

Nachwort

Mundartdichter aus dem bayerischen Schwaben seit Sebastian Sailer

Adolf Layer

Schwäbische Mundartlyrik vom 18. bis zum 20. Jahrhundert enthält das vorangehende Florilegium. Die namhafteren Mundartlyriker vom Ries bis zum Bodensee, vom Ulmer Winkel bis zum Ostrachtal sind in ihm vertreten. Allein mit Gedichten erstrangiger Meister unserer Heimatsprache hätte eine umfangreiche Sammlung angefüllt werden können, es sollten jedoch der Reichtum und die Vielfalt schwäbischer Dialektdichtung in den verschiedenen Teillandschaften Ostschwabens aufgezeigt werden. Das Gold und Silber reiner, geläuterter Verskunst findet sich freilich nur bei einem Teil der Autoren. Manche ihrer Schöpfungen dürfen zu den Kleinodien in der Schatztruhe unserer Heimatsprache gerechnet werden, sie sollten bewahrt, gepflegt und immer wieder gelesen und vorgetragen werden. Aber auch andere Gedichte verdienen es, einem größeren Kreise von Freunden der Mundartdichtung mitgeteilt und nicht vergessen zu werden.

Bevor nun die Mundartlyriker in einem Abriß zur Geschichte der schwäbischen Mundartliteratur einzeln vorgestellt und charakterisiert werden, muß einiges über die Mundartregionen im östlichen Schwaben gesagt werden. Diese sind zwar das wesentliche Anliegen der Mundartforschung oder der Dialektologie, dürfen hier aber nicht unerwähnt bleiben. Ostschwaben war nie eine einheitliche Mundartlandschaft, ebenso wie es keine geographische und geschichtliche Einheit darstellt. Ja, die naturräumliche Vielfalt und die geschichtliche Entwicklung haben wohl auch die Verschiedenartigkeit der Idiome mitbestimmt. Zum Teil waren es die Mundartdichter selbst, die sich mit den regionalen Besonderheiten beschäftigten. Michael Karl Wild etwa schrieb Beobachtungen und Gedanken zur Rieser Mundart im Vorwort seines Bändchens »Riaser G'wächs«

nieder. Er gelangte zu der Überzeugung, die zwar etwas schwerfällige und ins Breite gehende, aber doch biegsame und formenreiche, dabei nicht unmelodische Rieser Mundart lasse sich so gut wie irgendeine poetisch gestalten. Zudem lasse sie, wohl leichter als beispielsweise Platt oder Alemannisch, auch von Fremden sich lesen und verstehen. Charakteristisch sind bei ihr die geschleiften Nasenlaute, welche ähnlich dem Französischen, aber viel weicher gesprochen werden, z. B. oos statt uns. Kurze Vokale spricht der Rieser oft gedehnt, so statt Recht: Reecht und statt Nacht: Naacht. Vielfach stößt er die Selbstlaute aus, etwa im Artikel dr(der), ds(das) oder im persönlichen Fürwort -mr(mir), dr(dir). Die harten Verschlußlaute sind im Munde des Riesers selten, statt p und t spricht er b oder w (hawa = haben) und d. Wie sich die Mundart und ihr Wortschatz im mittleren Teil Ostschwabens entwickelt hat, insbesondere im Mindelheimer Raum, das hat Arthur Maximilian Miller in seiner Betrachtung »Nau schwetzat mier halt mitanand« (im Mindelheimer Landkreisbuch, 1968) dargestellt. Eines der Hauptmerkmale des Schwäbischen im Unterschied zum Hochalemannischen, wie es im oberen und westlichen Allgäu gesprochen wird, ist die Diphthongierung der langen i, ü, u, zu, ei, eu, au. Die im südöstlichen Teil der schwäbischen Mundartlandschaft gesprochenen Dialekte sind der hochdeutschen Schriftsprache mehr angeglichen und weicher als das allgäuische Alemannische, das vor allem wegen der rauhen Gaumenlaute härter und urtümlicher wirkt. Mitten durch das Allgäu führt der Grenzsaum zwischen dem Ost- oder Südostschwäbischen und dem Hochalemannischen. Im nördlichen Allgäu ist die Mundart durchsetzt von Elementen des Hochalemannischen, donauwärts teilt sie (nach A. M. Millers Beobachtungen) die Haltung, die Aufgeschlossenheit und die Wort- und Satzformen mit dem schwäbischen Dialekt, »nur daß nach Norden zu alles breiter, behäbiger und beschaulicher wird (wie auch die Wasser in weiteren Tälern gemächlicher fließen), und man der größeren Bequemlichkeit halber auf die Bildung heller, offener Selbstlaute verzichtet«. Im Donautal und nördlich davon im Ries und in der Ostalb sind i und u vor Nasalen zu e und o gesenkt. Die Oberallgäuer, Westallgäuer und Lindauer Mundart sind von der zunehmenden Verdrängung und Nivellierung der Regionaldialekte mit am stärksten bedroht. Mit diesen Sonderformen des Hochalemannischen haben sich Toni Gaßner-Wechs, ihr Gatte Josef Gaßner (im Ostrachtal), Anton Gruber (im Westallgäu) und Heinrich Götzger (in Lindau) eingehend befaßt. Diese Idiome sind die nordöstlichen Ausläufer der hochalemannischen Mundartlandschaft, die das südliche und westliche Allgäu, Vorarlberg, den Bodenseeraum, das südliche Baden samt dem benachbarten Elsaß sowie die Nord- und Innerschweiz umfaßt. Lautung und Wortbestand gehen hier unmittelbar auf das Mittelhochdeutsche zurück, auf die Sprache der Hohenstaufenzeit. Das erschwert für die übrigen Angehörigen der alemannischen Stammesgemeinschaft das Verstehen dieser Dialekte.

Das östliche Schwaben darf mit Recht *Sebastian Sailer* als guten Patron für die hier geschaffene Dialektpoesie in Anspruch nehmen und herausstellen. Sailer war ja gebürtiger Weißenhorner und sprach in seiner Jugend das Idiom des Rothtals. Später mag der jahrzehntelange Umgang mit oberschwäbischen Bauern auf die in seinen Dichtungen verwendete Sprache abgefärbt haben. Zeitlebens blieb er ein unverfälschter Schwabe: »Unser Sailer (Sebastian ist sein Klostername) schaut nicht bloß die ganze Welt, sondern auch den Himmel mit schwäbischen Augen an. Er macht sogar die Bewohner des Himmels allesamt zu richtigen Schwaben. Nur von diesem Gesichtspunkte aus ist er zu begreifen, eben nur als solcher Originalschwabe auch zu entschuldigen, wenn er Gottvater selbst auf die Schaubühne stellt, um ihn gleichsam in der Verkleidung eines schwäbischen Dorfschulzen eine stammheitliche Rolle spielen zu lassen« (August Holder). Selbständige Gedichte hat Sebastian Sailer eigentlich nur wenige verfaßt, oder es sind nur wenige überliefert, nämlich die jeweils strophenreichen Sechszeiler »Peter als Gottvater«, die »Bauernhochzeit« und ein »Trauerlied auf ein altes Weib«. Reiner lyrischer Atem weht vor allem in den Arien und Arietten seiner Singspiele. Es kann nicht verwundern, daß er in den zwei Jahrhunderten seit seinem Tod manchen Nachahmer gefunden hat, angefangen von Johann Georg Scheifele bis zu Alfred Weitnauer.

Als fruchtbarer Boden für die Mundartpoesie erwies sich schon früh Memmingen. 1815 und 1826 erschienen hier von dem Modelstecher und Anwaltsschreiber *Johannes Müller* Gedichte im schwäbischen Dialekt. Er wählte in ihnen die Form des Zwiegesprächs und schilderte in lebendiger Rede und Gegenrede mit viel Humor seine Stadt und ihre Leute im Biedermeier. Josef Rottenkolber nannte die harmlos-gemütlichen Gelegenheitsgedichte »ein schätzenswertes Stück Memminger Kulturgeschichte«; nach Max Unold beschwören sie ein Memmingen vom Anfang des vorigen Jahrhunderts herauf, das fast so tief versunken liegt wie Pompeji: »In seinen Gassen mischt sich der Duft von Spezereiwaren mit ländlichen Gerüchen, behäbige Gestalten gehen ihren Geschäften nach, deren Beginn und Feierabend vom Läuten der Torglocke bestimmt wird, Kaufladentüren klingeln, übertönt von den Schlägen des Küfers und des Schmieds. Da laufen in der ersten Morgenfrühe die ›Baderg'sella‹ zum ›Scheara‹, Lehrbuben schleichen sich vor die Mauern, Schnecken, den beliebten Leckerbissen, zu sammeln, die Gerber kommen mit ihren Häuten, die sie im Stadtbach gespült haben. Trommelnd wandert der Ratsdiener durch den Ort, eine Versteigerung anzusagen; die Magd lädt im Sonntagsputz zum Kindbettbesuch bei ihrer Herrin ein und schildert entzückt den Erstgeborenen« (Lueg ins Land 1936, Nr. 35, S. 138).

Einige Jahrzehnte nach dem Tode Müllers und wohl noch unter seinem Einfluß entstanden die Gelegenheitsgedichte des Lehrers *Jakob Schmidt*. Auch er erhob nicht den Anspruch, einem Johann Peter Hebel nachzueifern und zu höheren literarischen Ehren zu kommen. Doch gelang ihm manches, was den Memmingern noch heute kulturgeschichtlich bemerkenswert sein kann und was auch über die Stadt hinaus gefälliges Schmunzeln weckt. Eine biedere Musikantenseele tut sich in seinen Liedlein auf: »Wie ihr Meister sie geschaffen, so wollen sie als lustige Stegreifkinder genommen werden, die einem urwüchsigen Volksgemüt entstammen« (Eduard Gebele).

Der Mindelheimer *Jörg von Spitzispui*, wie sich *Johann Georg Scheifele* selbst nannte, war ein Zeitgenosse, Landsmann und Amtsbruder des Pfarrers Sebastian Kneipp, mit dem er nicht nur den Priesterberuf, sondern auch die Volksnähe und die Volkstümlichkeit seiner Sprache gemeinsam hatte. Der fröhliche Poet wollte nach seinen eigenen Worten das provinzielle Leben und Treiben in humoristischer Weise der Nachwelt überliefern und dadurch der heiteren Laune Nahrung und der Melancholie Heilung verschaffen. Seine Gedichte neigen häufig zu epischer Breite und mitunter schrieb er sie in Dialogform, darunter die »Erschaffung der Eva«, »Drei Stund nach dem ersten Apfelschnitz« und »'S earscht Hausweasa«. Die alttestamentarische Geschichte von »David und Goliath« bot ihm Gelegenheit, die ungleichen Helden ihren Entscheidungskampf mit großsprecherischen Kraftausdrücken vorbereiten zu lassen. Kritik an politischen Vorgängen seiner Zeit und an Zeitgenossen übte er im »Rapport des Merkurius an den Jupiter«, in »Die elysäische Wachtstube« ließ er den hl. Petrus Napoleon III. und Abdel-Kader zu Mäßigung und Ruhe auffordern und die Gesundheit samt dem Geld zu schonen. »Scheifele ist ein Dialektdichter von ganz seltener Kraft und einer Unmittelbarkeit in der Wiedergabe seiner Beobachtungen, die nach ihm keiner mehr so leicht erreichen wird« (August Holder).

In Sailer und Scheifele besaß der mittlere Teil Ostschwabens frühzeitig hervorragende Repräsentanten der Mundartdichtung. Zu Augsburg, wo um die Mitte des 19. Jahrhunderts das Vereinswesen aufblühte und im Revolutionsjahr 1848 kurioserweise sich sogar ein Anti-Hutabnehmungs-Verein konstituiert hatte, trug der aus Kaufbeuren gebürtige Kaufmann *Friedrich Lastin* in der Gesellschaft »Gemüthlichkeit« gerne seine humoristischen Gedichte vor. Eines widmete er dieser Bürgergesellschaft und nannte es nach ihr »Die Gemüthlichkeit«. Darunter verstand er eigentlich mehr Fröhlichkeit und Frohsinn. Was er da deklamierte, das plätscherte fröhlich und anspruchslos fort und fand gewiß bei seinen Zuhörern und Lesern Gefallen. Die Hinterbliebenen gaben 1881, zwei Jahre nach seinem Tode, als Blätter der Erinnerung an ihn das Büchlein »Aus reichem G'müath« heraus. Im Dialekt des östlichen Allgäus, wie er in seiner Heimat zwischen Füssen und Kempten gesprochen wird, schrieb *Max Lingg* seine Mundartgedichte, die in ihrer Natürlichkeit und Echtheit als Urheber keinesfalls den hochgelehrten geistlichen Herrn vermuten lassen. Ebenso wie bei Scheifele entstanden die frühen Zeugnisse seiner Dialektpoesie bereits während der Studienzeit, vielleicht schon bei den Benediktinern zu St. Stephan in Augsburg. Max Lingg, der nachmalige Bischof von Augsburg, bewies mit seiner Gedichtsammlung, daß sich gelehrte Bildung und wissenschaftliche Tätigkeit bei einem sprachbegabten Autor durchaus mit dichterischer Gestaltung der Sprache einfacher Menschen vereinbaren läßt. Dafür gibt es übrigens auch in unseren Tagen gute Beispiele (Helmut Zöpfl und Franz Ringseis).

Eine gewichtige Stimme erklang seit den 1870er Jahren in den Gedichtbändchen des Pfarrers *Franz Keller*, einer prächtigen Gestalt unter den schwäbischen Mundartautoren des 19. Jahrhunderts. Trotz der strengen Erziehung des Vaters und trotz späterer körperlicher Leiden bewahrte er neben einem gütigen Herzen ein Leben lang seinen von Witz und köstlichen Einfällen übersprudelnden, trockenen Humor. Zu seinen autobiographischen Gedichten zählen »Verwirrung«, »Der Weißgerber«, »Bhüet di Gott«, »Verzag nu nit«. Bei allen möglichen Gelegenheiten fielen Keller Verse ein, häufig solche moralisierenden oder heiteren Inhalts, beispielsweise in den »Erdbörla os'm Wald« solche, die er in den drei Gruppen »G'schpaß und Earescht«, »Kind'r-G'schichtla'« und »Laeppische Gedichte und Afforismen« zusammenfaßte. Gelegenheitsgedichte widmete er mitunter bekannten schwäbischen Persönlichkeiten des vorigen Jahrhunderts wie Dr. Valentin Thalhofer, dem Direktor des Georgianums zu München und späteren Dompropst in Eichstätt, oder Dominikus Ringeisen, dem Gründer der Ursberger Anstalten. Franz Kellers Gedichtbände fanden weite Verbreitung, was schon die verhältnismäßig vielen Neuauflagen beweisen. Ja, sogar bei den schwäbischen Landsleuten in Nordamerika wurden sie gerne gelesen. Manche Gedichte wie »D'r Müllerhanns von Knoringa«, »Schwaubastroich« und die »Sueviade« konnte man immer wieder in froher Runde vortragen, die »Fünfazwanzga« in Schnadahüpflart vorgesungen hören. Hyazinth Holland, ein Zeitgenosse, urteilte über die teils lehrhaften, dennoch naturwüchsigen und bei aller heilkräftigen Herbheit echt poetischen Beerenfrüchte des Dekans von Unterroth: »Dieselbe hohe Stufe, welche Franz von Kobell durch seine in altbayerischer und pfälzer Mundart gelieferten Dichtungen errang, kann auch Keller für seine meisterhaften Leistungen in dem fröhlich breiten schwäbischen Dialekt beanspruchen. Sie sind ein treuer Spiegel von Land und Leuten ...«.

Kurz nach Keller brachte der Lauinger Seminarlehrer *Josef Fischer* unter dem Pseudonym *Hyazinth Wäckerle* seinen ersten Gedichtband heraus. Keller erblickte in ihm einen unliebsamen Konkurrenten, so kam es zwischen beiden zu einer mit Mundartstrophen und -gedichten ausgetragenen schwäbischen Dichterfehde. Schließlich verzichtete Wäkkerle auf die Herausgabe weiterer Gedichtbände und verlegte sich mehr auf pädagogische Veröffentlichungen. Das ist schade! Denn er brauchte hinsichtlich seiner dichterischen Begabung und seines lyrischen Könnens mit keinem zeitgenössischen Mundartautor in Schwaben einen Vergleich zu scheuen. Er war eine durch und durch musische Natur, geschult an den besten Meistern deutscher Dichtkunst, vornehmlich an Goethe und Hebel. Während Franz Kellers Gedichte heute großenteils vergessen sind, werden die Hyazinth Wäckerles im Schwabenland mit Freude und Hingabe vorgetragen, gesungen und geliebt. Kein anderer schwäbischer Mundartdichter vor ihm hat solche sangliche Verse geschrieben, von keinem anderen sind so viele Gedichte vertont worden. Das Denken und Fühlen seiner Landsleute getreulich widerzuspiegeln, zu zeigen, wie sie sich freuten, wie sie litten, liebten und haßten, wie sie dachten, sprachen und handelten, das war und blieb sein

Streben. Sein »Schwabeland« wurde zu einem der meistgesungenen Lieder zwischen Iller und Lech. Aus zahlreichen Versen von Wäckerles Gedichten spricht ein milder, goldener Humor, und kein anderer schwäbischer Dialektdichter hat so köstliche, volksliedhafte Liebesgedichte geschaffen wie er. Viele seiner Gedichte sind aber auch reich an volkskundlichen Beobachtungen. Den politisch engagierten, liberal gesinnten Dichter Wäckerle, der treu zum Kaiser und zu Bismarck hielt, den kennt man allerdings längst nicht mehr. Hyazinth Wäckerle verwendete, abgesehen von wenigen Gedichten mit Allgäuer Einschlag, eine abgeschliffene Mundart, wie sie zu seiner Zeit in Bürgerkreisen zwischen Augsburg und Ulm gesprochen wurde.

Ein etwas jüngerer Landsmann, *Hans Seitz*, ein gelernter Weber, der lange im Mindeltal zu Burtenbach lebte, schrieb hochdeutsche und schwäbische Gedichte, letztere in der Minderzahl, doch nicht ungeschickt. Holder urteilte über ihn (in seiner »Geschichte der schwäbischen Dialektdichtung«): »Die Abgeschiedenheit seines Wohnorts bringt es mit sich, daß er die rauhere und vollere Bauernsprache mit ihren häufigeren Doppellauten ohne Rücksicht auf fremde Ohren überall anwendet, wo sie je vorkommen«. Seitz scheint die Natur und das Jägerleben geliebt zu haben, er war aber auch ein Patriot, dessen Gefühle nach dem Deutsch-Französischen Krieg in einzelnen Gedichten ihren Niederschlag fanden. Den Mitmenschen hinterließ er verschmitzte »Monatsregeln nach dem tausendjährigen Kalener« und »Ein katzengolden ABC« nach altbewährtem Muster: »Arbeit das Leben sehr versüßt; doch Nichtstun manchem lieber ist«.

Im nördlichen Teil Ostschwabens, im Ries, begann man der einheimischen Sprache bereits im frühen 19. Jahrhundert Aufmerksamkeit zu schenken. Stadtpfarrer Johann Friedrich Weng in Nördlingen und Pfarrer Guth in Wallerstein-Ehringen nahmen erstmals in ihre Zeitschrift »Das Ries, wie es war und ist« (Nördlingen 1836 bis 1844) ein Mundartgedicht auf, das den Titel »'s Rias ond der Riasarr« trägt. In dichterischer Gestaltung beschäftigte sich Melchior Meyr mit den Menschen seiner Heimat, jedoch schrieb er seine Gedichte und Erzählungen in hochdeutscher Schriftsprache. Sein Freund *Johannes Kähn* entdeckte im Umgang mit Werken von Claudius und Hebel den dichterischen Wert und herben Reiz der Rieser Mundart, nachdem auch er seine frühen Gedichte in schriftsprachlicher Form verfaßt hatte. Meist in den 1840er Jahren entstanden dann seine »Gedichte in Rieser Mundart«, die es später zu drei Auflagen brachten. Der Nördlinger Stadtschreiber Georg Monninger widmete Kähn in seinem Buch über das Ries und seine Umgebung (1893) die folgenden Worte freundlichen Angedenkens: »Zu seinen volkstümlichsten Söhnen zählt das Ries den Tierarzt J. Kähn, der, von Natur aus trefflich veranlagt, mit gutmütiger Laune eine schlichte religiöse Tendenz vereinigte und in seinen Rieser Gedichten das Volk unseres Gaues, wie es leibt und lebt, zu schildern verstand...«.

Kähns bester Dichterschüler wurde der evangelische Pfarrer *Michael Karl Wild*, der seinem Vorbild zu Ehren eine Elegie dichtete. Die ersten Versuche in Mundart veröffentlichte Wild anonym im Nördlinger Anzeigeblatt (»Zwea Politiker«, 1859). Vor allem die Jahre in Hürnheim nützte er für sein dichterisches Schaffen mannigfachen Genres. »Sein Rieser Schwäbisch ist indessen ein Naturgewächs. Sein feines Ohr für die mundartlichen Laute zeigte ihm den sicheren Weg für die Wahl der Schriftzeichen, welche den Leser an den landschaftlichen Klang erinnern oder für die Nachahmung desselben befähigen sollen. Auch der Wortschatz ist echt riesisch« (August Holder). Leider ging Wild durch seine Versetzung ins Mittelfränkische, wo er in Nürnberg das Gymnasium und in Erlangen die Universität besucht hatte, dem Ries frühzeitig verloren. Von ihm wäre noch manche gute und schöne Mundartdichtung zu erwarten gewesen.

Im letzten Jahrzehnt vor der Jahrhundertwende trat als dritter Rieser Mundartdichter *Gottfried Jakob* mit zwei Sammelbändchen hervor. Sie enthalten »Allerloi«, wie der Titel des Erstlingswerkes von Jakob verrät, Gedichte über »D' Riaser Oearter«, »D' Riaser Schproch«, Schelmeliedle, kurz vielerlei Heiteres und Ernstes. Das Echo war erfreulich und ermutigend. Im Nördlinger Anzeigeblatt (1893, Nr. 105) schrieb ein Rezensent: »... Die Wiesen in ihrem Frühlingsschmuck zeigen ja auch in bunter Mischung Gras und Blumen; das gehört zum Farbenspiel der Natur. Ebenso entspricht es dem Wesen der mundartlichen Dichtung, wenn in der vorliegenden Sammlung das Scherzhafte überwiegt. Die Dialektsprache ist das natürliche Kleid für das volkstümlich Witzige. Ist der Witz nicht von erster Güte, so hilft schon die Sprache zum Spaß. Indessen finden sich im ›Allerloi‹ auch ernste und gemütswarme Stücke eingestreut. Über ein paar derbere Sachen werden wir mit dem Dichter nicht rechten; als Repräsentanten des Volkstones sollen sie offenbar dartun, daß der Rieser, wenn es gerade die Umstände erheischen, auch etwas deutlich werden kann...« Wesentlich positiver urteilte ein Kritiker im Oettinger Amts- und Anzeigeblatt (1893, Nr. 188): »... In den verschiedenen Gedichten ist nicht nur der Dialekt, sondern die ganze Denkweise des Riesers so treffend wiedergegeben, daß es großes Vergnügen gewährt, das Bändchen durchzulesen. Hr. Jakob ist ein scharfer, zugleich aber humorvoller Beobachter unseres Volksstammes, was seinen Dialektdichtungen einen eigenen Reiz verleiht...« In der Zeitschrift »Bayerns Mundarten« (II. Band, 2 Heft) wurde Jakobs erste Sammlung zum Besten gerechnet, was seit längerer Zeit in Bayern an Mundartwerken erschienen war, und besonders die Reinheit sowie die genaue und deutliche Wiedergabe der Mundart hervorgehoben.

Ebenfalls gegen Ende des vorigen Jahrhunderts (1891) erschienen erstmals die Schwäbischen Gedichte des Günzburger Buchdruckereibesitzers *Adolf Paul*. In seinem Vorwort bezeichnete er sie schlichtweg als Lehrbubenarbeit, die nichts nutz sei. Er kündigte auch ein zweites Buch an, falls er Beifall fände. Diese zweite Sammlung erschien allerdings nicht, obwohl Pauls Gedichte, unter ihnen der unverwüstliche »Schmied von Schreatza«, weiteste Verbreitung fanden und seit etwa achtzig Jahren immer aufs neue aufgelegt wurden. Pauls Vorbild war Franz Keller, mit dessen Meisterschaft er sich keinesfalls messen wollte. Er wählte den Dialekt, wie er in Günzburg und dessen nächster Umgebung gesprochen wird. »Wauhr's und Verloges von der alta Bürg'rwöhr aus de vierz'ger Jauhr« nannte er den ersten, »Allerhand Vers« den zweiten Teil seiner Sammlung. Die dick aufgetragene Derbheit, die ihm nicht selten in die Feder floß, entschuldigte er auf folgende Weise: »Diese originellen, drastischen Ausdrücke, die der echte Schwabe so häufig anzuwenden pflegt, sind eben unerläßlich, soll ein schwäbisches Gedicht auch wirklich schwäbisch sein.«

Die Neigung zum Drastischen, Schwankhaften blieb in der schwäbischen Mundartdichtung auch nach 1900 längere Zeit im Schwang und in der Mode, ja man glaubte in übertriebener Derbheit und oft allzu drastischer Ausdrucksweise ein untrügliches Merkmal echten, urwüchsigen Schwabentums erkennen zu können. Das gilt nach Adolf Paul zunächst für *Hugo Kittinger* und seine Uhlandparodie »Des Sängers Fluach«, deren ordinär-saftiges Schimpfwörterarsenal einstmals viele Liebhaber fand. Kittinger verstand sich freilich auch auf feinere, gemütvolle Töne, wie sein Gedicht »Beim Kripple« zeigt. Volkskundlich bemerkenswert sind die »Erinnerunga an da Klopfersta'«, die verschwundenes Brauchtum festhielten, oder »Im Hoi'garta«. Ein Schul- und Jugendfreund Kittingers, der dessen Gedichte 1909 herausgab, berichtete über ihn, das komische Element sei seine zweite Natur gewesen und er habe, auch in der ernstesten Unterhaltung, kaum einen Satz sprechen können, der nicht etwas Komisches enthielt. Seine Wortverdrehungen, Knittelreime usw. seien einfach köstlich gewesen. Im »Voarwoart« rechtfertigte Kittinger seine mitunter recht derb gewürzte Kost, mit der er sicherlich den Volkston seiner Heimat im Kammeltal gut traf und manchen anderen schwäbischen Mundartautor an Ausdrucks- und Sprachkraft übertraf. Zwanzig Jahre nach dem Erscheinen der Erstauflage des Kittinger-Büchles ließen es Frida Kittinger und Berta Spörrer in zweiter Auflage erscheinen (1929), weitere drei Jahrzehnte später wurden die Gedichte in Krumbach nochmals gedruckt.

Lustige Episoden aus dem Alltag, mit Vorliebe aus der Schule, Schwächen der Mitmenschen und andere ihrer Eigenschaften griff gerne *Georg Wagner* auf, ein Neu-Ulmer Mundartautor, der im Ries zuhause war. Die Dichter seiner Heimat, unter ihnen vornehmlich Gottfried Jakob, mögen ihn zu eigenen dichterischen Versuchen angeregt haben. Erst kurz vor seinem Tode wagte er sich mit den »Luschtige Reimereia« in Buchform vor einen größeren Leserkreis. Dieser fand darin einen heiteren Spiegel, in dem viel Menschliches, Allzumenschliches gezeigt ist: neben der Streitsucht (»Zwoi bibelfeschte Schtreiter«, »Vergeaba«) und der Pfiffigkeit (»D'r pfiffig Mesner«, »A pfiffiger Wähler«) nicht zuletzt auch die Einfalt und Dummheit (»D' Schweizerpilla«). Der Ehezank (»A edla Aufgab«), das Bier, der Schnaps, das Trinken und die Trinker (»D'r Bandale«, »D'r Schreackschuß«, »'s guet Bier«) spielen gleichfalls ihre Rolle. Biblische Stoffe wählte Wagner im »Schwartamaga« (»D' Erschaffong vom airschta Weib«, »Saul und David. A historisch Epos in sieba G'säng«), mit dem politischen Geschehen (»D' Reichstagswahl«) beschäftigte er sich gelegentlich auch. Wagner lag vorwiegend das Heitere, darin schienen seine Einfälle unerschöpflich zu sein. Manches von ihm verdiente es, wieder in die Erinnerung zurückgerufen zu werden.

Aus ganz anderem Holze geschnitzt war *Georg Mader*, ein stark introvertierter kränklicher Junggeselle, der sich als Dichter des Zusamtals in seiner engeren Heimat ein ehrenvolles Andenken sichern konnte. Seine Mundartgedichte, die kurz vor dem ersten Weltkrieg und während dieses Krieges erschienen, sind reich an volkskundlichen Beobachtungen, sie schildern die stille Welt des Heimattals und der Menschen, bei denen Mader als Halbwaise heranwuchs, die er kannte und liebte wie kaum ein anderer. Heimatsinn, Naturverbundenheit und Heiterkeit des Herzens charakterisieren die Verse im »Hoimgarta« (1913). Der Dichter wanderte gerne und viel, schon wegen seines Lungenleidens; in Bescheidenheit und Demut sah er, wie in dem Gedicht »Schneazoicha« (einem seiner schönsten Gedichte), seine eigene Existenz als die eines armen Boten auf der Straße des Lebens. Der früh heimgegangene Heimat- und Volksschriftsteller hinterließ außer seinen Ge-

dichten verschiedene heimatkundliche Schriften, darunter »Unser Städtle« (gemeint ist Augsburg, wo Mader einige Jahre studierte und bei der Post tätig war), weiter »Unser Zusamtäle« (1918) und »Das Staudenbähnle. Ein Wanderbüchlein durch das Staudenland und sein Nachbargebiet«.
Augsburg brachte zwar hervorragende Dichter hervor, die in hochdeutscher Sprache schrieben, jedoch keinen Mundartautor, der in der Geschichte der schwäbischen Mundartdichtung Rang und Namen hat. Wer hier in der Dialektdichtung das Mittelmaß übertraf, wie zeitweise Georg Mader und später Wilhelm Wörle, der kam aus dem schwäbischen Umland der Hauptstadt am Lech. Wie schon Fritz Lastin war *Heinrich Unsin* Kaufmann. Er versuchte sich in schwäbischer und zugleich oberbayerischer Mundart und brachte 1923 im Selbstverlag »Feldbleamle« heraus. Seine Stoffe fand er im Alltag, etwa in der Schule und Ehe, und er schrieb sie, vielleicht für den Stammtisch, in anspruchs- und harmloser Art nieder, zumeist am Schluß mit einer Pointe versehen.
Einige Jahre nach im bot der Augsburger Lehrer *Adam Rauh* seine »Pfeffernüßla und Zwibeba aus'm Schual- und Kinderleba« zur Unterhaltung an, heitere Gedichtle, meist in dreistrophigen Vierzeilern, die man mit Schmunzeln liest. Der Verlag Bayerisches Schulmuseum Augsburg, der sich einige Zeit um die Pflege schwäbischer Mundartdichtung annahm, gab das Bändchen in einem bunten, blumenreichen Einband heraus (1926). Der Pädagoge Rauh, der mit seinen Kindern Spaß und Freude erlebte, hinterließ auch eine handschriftliche Sammlung, betitelt »Glasscherben«.
Das Schmuttertal nannte der Zollfinanzbeamte *Max Treutwein* seine Heimat, der er im fränkischen Schweinfurt zeitlebens verbunden blieb. Als Mundartdichter nannte er sich *Max Gropp*. Er schilderte das Leben und Treiben, besonders das Brauchtum, wie es sich in den letzten Jahrzehnten des vorigen Jahrhunderts im weltabgeschiedenen Heimatdorf abgespielt hatte, in herzerquickender Weise und in lebenswarmen Bildern. Seine in episch breiten Versen verfaßten Mundartwerkchen, die seit 1926 in rascher

Folge vervielfältigt und im Selbstverlag des Autors erschienen, erhalten den unverfälschten Staudendialekt, wie er südwestlich von Augsburg gesprochen wurde und noch wird, insoweit er nicht schon verdrängt ist. Christian Frank, der Herausgeber der »Deutschen Gaue«, schrieb über »D' Fäschtpröödig«: »Urwüchsige und bei aller Derbheit gemütstiefe Mundartdichtungen, die einen hocherfreulichen Beitrag zur Volkskunde und Soziologie des östlichen Schwabentums darstellen. Der Dichter ging ganz in seinem Bauernvolk auf, das in den verschiedensten Typen und Gestalten in unverwüstlicher Lebens- und Schaffenskraft und in oft zwerchfellerschütternder Komik aus diesen Versen hervorschaut... Die Dichtungen verdienen weiteste Verbreitung und einen Verleger, der sich tatkräftig um sie annimmt«. Diesen Verleger fanden sie allerdings nicht, und die hauptsächlichen Abnehmer blieben Verwandte, Bekannte und ehemalige Studienfreunde des Autors.

War Gropp in der waldreichen Staudenlandschaft südwestlich Augsburg geboren, jedoch durch seinen Beruf in die Fremde gekommen, so stammte *Wilhelm Wörle* zwar aus dem Bibertal um Weißenhorn, lebte jedoch lange als Lehrer in der ländlichen Einsamkeit eines Staudendorfes. In den letzten beiden Jahrzehnten seines Lebens wurde er dann noch zum Augsburger. Mögen dort andere, etwa Adam Rauh und Heinrich Unsin, ihre Mundartpoesie mehr oder weniger als Zeitvertreib und lustige Unterhaltung aufgefaßt haben, so kann das bei dem wesentlich umfangreicheren und tieferschürfenden Dialektwerk Wörles keinesfalls behauptet werden; denn Wilhelm Wörle fühlte sein Dichtertum als Berufung. Was ihm die Mundart bedeutete, das schrieb er in seinem Aufsatz »Sind Mundart und Mundartdichtung etwas Zweitrangiges?« nieder: »Die Mundart ist die naturgewachsene, im Munde des Volkes lebendige Sprache eines Volksstammes... Der bescheidene, gutmütige, breitmaulige, sprechbequeme Schwabe muß es sich gefallen lassen, sich wegen seiner Sprache von Andersdenkenden belächeln, hänseln, bespötteln und bemitleiden zu lassen, ja sogar für dumm gehalten zu werden... Die schwäbische Mundart verdiente schon wegen ihres ehrwürdigen Alters mehr Pietät... Dieses Schwäbisch hat sich oft durch harte geschichtliche und wirtschaftliche Erschütterungen hindurch zäh behauptet, eigenwillig entwickelt sowie allen Widerständen zum Trotz ursprünglich erhalten. Dieses uralte schwäbische Kulturgut der Sprache kann wohl administrativ eingedämmt, aber nicht ausgerottet werden, solange es Schwaben gibt...«. Wilhelm Wörle, der leidenschaftliche Anwalt der Sprache des schwäbischen Menschen, in der er den »Ausdruck der schwäbischen Seele und Sitte« sah, fand in mancher Zeitschrift und Heimatbeilage Platz für Gedichte, der Rundfunk brachte des öfteren Sendungen von ihm zu Gehör, und gerne besuchte man seine Vortragsveranstaltungen, ja ihm wurde die Ehre zuteil, daß ein Münchener Germanistikprofessor mit Studenten sich in Augsburg zu einer Dichterlesung mit ihm traf (wobei der Autor dieses Buches zugegen war). Trotzdem blieb die weiterreichende Resonanz aus, die dieser Mundartdichter eigentlich verdient hätte. Nur ein beklagenswert kleiner Bruchteil seiner Gedichte gelangte zur Veröffentlichung. Dennoch glaubte Wörle an sich und daran, daß man später sich seiner erinnern werde, wie er es in dem Gedicht »Schicksal« ausdrückt. Es braucht nicht verschwiegen zu werden, daß der Lehrer Wilhelm Wörle (wie zwei Generationen vorher sein engerer Landsmann Hyazinth Wäkkerle) auch politische Gedichte schrieb, benannt »Us d'r nuia Zeit«. Die sieben in dem Bändchen »I bi a Baur!« erschienenen Beispiele, unter ihnen »Deutsch'r Früehling« und »Deutschlands Erwacha im Himm'l«, können eher wie eine wenig geglückte linkische Verbeugung denn als leidenschaftliches Bekenntnis gewertet werden. Das Dritte Reich entlohnte ihn dafür keineswegs, am wenigsten in seinem beruflichen Werdegang. In freundschaftlicher Treue hält vor allem Richard Ringenberg die Erinnerung an den Dichter Wilhelm Wörle wach.

Der Krumbacher *Karl Dietmann* war wohl ein Schüler Hyazinth Wäckerles in Lauingen gewesen. In seinen beiden Krumbacher Gedichtheften findet sich neben zeit- und ortsgebundenen Gelegenheitsdichtungen zu mancherlei

Anlässen die eine oder andere Köstlichkeit. Ein längeres Gedicht widmete er dem Andenken des beliebten Lauinger Seminarlehrers und Komponisten Karl Deigendesch. Dietmann verfaßte aber auch Verse im Dialekt des Oberallgäus, wo er lange beruflich wirkte.

Im Allgäu, um Kempten und südlich davon, kam das Dichten nach dem Volksmund – im Unterschied zu dessen frühen Anfängen in Memmingen – erst ziemlich spät in Schwang. Einer der ersten, der dort Gedichte im Dialekt verfaßte, war bald nach der Mitte des 19. Jahrhunderts der Junglehrer Josef Fischer in Waltenhofen bei Kempten. Etwa zwei Jahrzehnte später veröffentlichte er dann unter dem Decknamen Hyazinth Wäckerle diese Erstlingsschöpfungen in Allgäuer Mundart, nämlich »Aus'm Kemptischa«, die Sage vom »Schmied von Durach«, »D' Gott's-ackerwänd z' Obermaiselstoi« und »'s wild G'jäg«. Wäckerle beherrschte zwar die Sprache der Allgäuer nicht so, als wäre er dort aufgewachsen. Doch er hörte bei den Erwachsenen in seiner neuen Umgebung und bei den Kindern in der Schule genau hin. So kam bei ihm eine Art Mischung von mittelschwäbischem und kemptischem Idiom zustande.

Zu Kempten in der Vorstadt der Inneren Rottach wuchs *Georg Weixler* heran und lernte in seiner Umgebung unverfälschte heimische Mundart kennen. Im humanistischen Gymnasium beschäftigten ihn die Altphilologen offenbar zur Genüge mit klassischen Versmaßen. Als er dann 1893 die Reifeprüfung ablegte, wendete sich der lebensfrohe Student dem Studium der Technik zu und trat der kurz zuvor entstandenen Akademischen Ferienvereinigung »Algovia« bei, einer studentischen Verbindung, aus deren Freundeskreis bald mehrere um die Heimat hochverdiente Persönlichkeiten hervorgehen sollten. Wohl für die Kneipen der »Algovia« begann er das Reimen in seiner Mundart. Er schrieb die Gedichte in ein kleines Buch und in die Kneipzeitung, ohne zu ahnen, daß sie später einmal gedruckt würden. Diese Mundartgedichte gelten in ihrer treuen Wiedergabe der Ausdrucks- und Redeweise von Weixlers Landsleuten bis in die letzte Silbe hinein als

»Musterleistung ihrer Art« (Michael Bickel). Was ursprünglich für den Studenten nur »eine willkommene sprachliche Spielerei nach dem jahrelangen strengen Sprachzwang der Schule« gewesen sein mag, untermischt mit Gedankengängen von Allgäuer Bauern in altklassischen Versmaßen, das wurde schließlich zum Torso eines leider viel zu früh verstorbenen Mundartdichters, von dem man manches Meisterwerk erhoffen durfte. Algovische Bundesbrüder sorgten dafür, daß Weixlers Gedichte nicht verlorengingen und vergessen wurden, sondern mehr als vier Jahrzehnte nach dem Tod des Autors in Druck kamen. Der Herausgeber, Pfarrer Michael Bickel in Oberostendorf, widmete den Band dem Allgäu.

Ein zweiter Kemptener, der in heimischer Mundart Gedichte verfaßte, war der Großkaufmann *Wilhelm Schnetzer* (1866–1923). Für Angehörige und Freunde ließ er zu Weihnachten 1908 »Neue Verse. Unter den Christbaum!« drucken. Im Jahr darauf folgte »Da bin i meh!« Am Christkindle 1909. Die beiden Privatdrucke gelangten nicht in den Buchhandel.

In die Dialektgedichte des Pfronteners *Scholza Vere* (Xaver Raiser) floß manches vom geruhsameren und auch mühsameren Leben der Zeit ein, als im Pfrontener Tal noch nicht der Tourismus den Alltag beherrschte. Damals kam vom Unterland nach Pfronten, um dort Rösser zu kaufen (»A Mötzgargang«), die langen Winter mögen den einen oder anderen vom dauernden Hocken auf der Stubenbank »lagg und völlig krank« gemacht haben (»Ra vu dr Gautscha«) und bei Kleinhäuslern bekamen die Armut nicht allein die Menschen, sondern auch Tiere zu verspüren (»Vrhungret«, »Zwea Tierfreund«). Als es noch keine Bahn und kein Auto gab, da fuhren die Knechte mit dem Fuhrwerk häufig nach Kempten (»Naus«). Die nicht durchweg leicht verständlichen, teils holprigen Vierzeiler sind vorwiegend erheiternd. Scholza Vere hielt in ihnen manchen derben Streich und Einfall fest, aber auch volkskundlich bemerkenswerte Beobachtungen.

Die Liebe zur Vaterstadt, das Lokalpatriotische, herrschte bei den Memminger Dialektautoren schon im 19. Jahrhundert vor. Diese Tradition setzte *Hugo Maser* fort, allerdings wesentlich anspruchsvoller als Jakob F. Schmidt in seinen Gelegenheitsdichtungen. Maser begnügte sich nicht mit Beobachtungen im Alltag und bei besonderen Anlässen, er suchte seine Stoffe auch in Chroniken, Historien, Sagen. Aus der Unold'schen und Schorer'schen Chronik entnahm er die Anregungen für »D'Pfeifer vo Memminga« und »D'r Teufelskarra«. Auch stadtbekannte Persönlichkeiten von ehedem fehlen nicht: der Weißochsenwirt und Komponist Christoph Rheineck (1748–1797), der Dichter und Komponist Christian Friedrich Daniel Schubart (1739–1791), den man öfters aus Ulm nach Memmingen einlud, und der Hutmacher, Schulmeister und Dichter Christoph Städele (1744–1811). Mit Ortsneckereien in Versen bedachte Maser einige liebe Nachbarn, die ihm für die Gedichte »D'r Naudelschtupfer vo Sonthoi'«, »D' Hawanger Gucker«, »D' Bärafanger vo Niederdorf«, »D' Kempter Mois« und »D' Mindelhoimer Gäbelesschteaka« bestimmt nicht gram waren. Im Unterschied zu den sieben Weltwundern des Altertums weiß er über »Acht Wunderwerk vo Memminga« zu plaudern. »D'r Kampf mit em Memminger Dracha«, »D'r Gaul in d'e Wiaga« und »D'blau Saul« führen Memminger Wahrzeichen vor Augen, im »Schlorghans« berichtet Maser von einem mitternächtlichen Geist und in »D' Schlüsseljungfer« von einem erlösten Gespenst.

Eine eineinhalb Jahrzehnte jüngere Zeitgenossin Masers, die Schriftstellerin *Adelheid Scherle*, gab unter dem Titel »Z' Memminga« gleichfalls Gedichte im Memminger Dialekt heraus. Sie scheint lange die einzige Frau Ostschwabens gewesen zu sein, von der Mundartgedichte in Buchform erschienen.

Den Schneidermeister (und späteren Auktionator) *Friedrich Wilhelm Hermann* kann man den fruchtbarsten Mundartpoeten Memmingens nennen. Rund vier Jahrzehnte hielt er den Spiegelschwaben mutig und ehrlich den Spiegel vor. Und das seit 1925 bei vielen Anlässen, so wenn er beim Stadtfest, dem Fischertag, seine witzigen und zeitkritischen Fischersprüche vortrug oder für den

Hebauf öffentlicher Bauten eigene Gedichte verfaßte. Im Laufe der Zeit wurde er als Oberfischer und Stadtkritikus zu einer Art besonderer Instanz, gleichsam zum lebenden Stadtgewissen, das sich kein Blatt vor den Mund nahm. Hermann war zugleich ein lyrisches und dramatisches Talent. Seine für den Fischertagsverein gedichteten Heimatfestspiele gelangten teils im Stadttheater, teils im Stadion zur Aufführung. Geradezu zur Memminger Lokalhymne wurde, vertont von Hermann Winthuis, das Gedicht »Mir Memminger«. Hermann erzählt kauzig und humorvoll vom »Schtädtle«, von dessen Leben und Bräuchen, den Festen, Originalen und gerne immer wieder von den Kindern. Mitunter blickt er über die Stadttore hinaus, am wohlsten freilich fühlt er sich dort, wie er es in dem Gedicht »Mei Muettrschprauch« ausdrückt, wo er schwätzen kann, wie ihm der Schnabel gewachsen ist. Seine Stimme verdient es, im vielstimmigen Chor der schwäbischen Mundartdichtung weiterhin gehört zu werden.

In der näheren Umgebung von Memmingen, auf dem Dorffriedhof von Lautrach, liegt unweit des Eingangs zur dortigen Barockkirche, in der er so oft die Orgel gespielt hat, der Hauptlehrer *Hermann Sandtner*. Er gehörte zu den Stillen im Lande, zu denen, die mehr waren als sie schienen. In seinem Nachlaß bewahrte die Witwe eine Anzahl köstlicher Gedichte, von denen es schade wäre, wenn sie nicht erhalten blieben. Sie rücken den Dichter, von dem nur seine Schwäbische Weihnachtslegende im Druck erschien, neben die feinsinnigen Lyriker vom Range eines Hyazinth Wäckerle und Arthur M. Miller. Leider starb Hermann Sandtner zu früh, offenbar unter Nachwirkungen des Krieges. Von ihm hätte die schwäbische Mundartlyrik noch manche weitere Kostbarkeit erwarten dürfen.

Wer *Joseph Bernhart* als Philosophen und Theologen kennt und schätzt, mag vielleicht überrascht sein, ihn in dieser Zusammenfassung zu entdecken. Bernhart schrieb mancherlei in seiner schwäbischen Muttersprache, darunter Briefe an seinen Freund Michael Bickel und außerdem mehrere Gedichte. Er beherrschte auch den altbayerischen Dialekt, wie die Texte seines Spitzweg-Buches beweisen.

Aus dem oberen Allgäu, aus Hindelang, stammte *Konrad Heckelmiller* (1853–1893), der sich frühzeitig mit dem heimatlichen Dialekt beschäftigte und Gedichte schrieb, die er an verschiedenen Stellen veröffentlichte. Sie wurden bisher nirgends gesammelt. Da Heckelmiller in Straubing und Würzburg Neuphilologe war, scheint er in seiner Heimat wenig beachtet worden zu sein.

Unabhängig von ihm entdeckte *Toni Gaßner-Wechs* die kraftvolle ursprüngliche Schönheit der Mundart im Ostrachtal. Zusammen mit ihrem Gatten Josef Gaßner erhob sie Hindelang zu einem Zentrum der Dialektpflege im Allgäu. »Unermüdlich waren sie tätig, trugen zusammen, was der Vergessenheit anheimzufallen drohte, und untergegangener Schönheit und Traulichkeit setzten sie ein Denkmal in Schrift und Wort« (Hildegard Wechs). In einem Nachruf für Toni Gaßner-Wechs rühmte Erich Günther von ihr: »Sie holte die Musikalität der Ostrachtaler Mundart an das Licht. Wenn man ihre Mundartgedichte langsam vor sich hinsagt, erlebt man mit immer neuem Staunen den melodischen, etwas schweren und herben Klang unserer Allgäuer Sprache«.

Noch zwei weitere Frauen beschenkten das obere Allgäu mit Dichtungen in Mundart: *Eugenie Scholl-Rohrmoser* in Hindelang und *Regine Zirkel-George* in Oberstdorf.

Gebürtiger Oberallgäuer aus Sonthofen ist *P. Aegidius Kolb OSB* in Ottobeuren. Sein »Allgäuer Heimatlied« schuf er im Dialekt seiner engeren Heimat; die Texte seiner »Schwäbischen Singmesse« (vertont von Wilhelm Fritz in Mittelberg im Kleinen Walsertal) sind so einfach und verständlich in einem allgemeinen Schwäbisch gehalten, daß sie im gesamten Schwabenland die jeweilige orts- und landschaftsgebundene Aussprache zulassen. Das 2. Vatikanische Konzil erlaubte den Gebrauch der Landessprachen im Vollzug der Liturgie, dadurch kann die Mundart auch in den Kirchen Eingang finden. Deshalb meint P. Aegidius in der Einführung zur »Schwäbischen Singmesse«: »Aus diesem Grund sollte auch dem schwäbischen Raum in unserem Heimatbistum die Möglichkeit geboten werden, in unserer schwäbischen Muttersprache zur Feier des Hl.

Opfers beizutragen, vor allem in ländlichen und heimatbewußten Gemeinden«.
Reicher als das hochalemannisch sprechende Oberallgäu ist das Westallgäu mit Dichtern gesegnet. An ihrer Spitze steht *Fridolin Holzer* aus Weiler, in dem seine Landsleute und Zeitgenossen ihren Heimatdichter und den großen Förderer von Brauchtum, Tracht und Eigenart schätzten und verehrten. Freude und Zufriedenheit über das harmonische Leben in der Westallgäuer Heimat nach den Notjahren des Ersten Weltkrieges und der Inflation, Liebe zur Natur, ein trockener Humor, Schlagfertigkeit, Ironie, Mißtrauen und realer Geschäftssinn, all das gelangt in seinen Dichtungen, besonders auch in den Theaterstücken, zum Ausdruck. »Er war ein lächelnder Weiser, dem gegeben war, hinter den Sinn von Leben und Sterben, hinter Menschen und Dinge zu sehen« (Josef Rottenkolber). Erst in seinem letzten Jahrzehnt wagte er sich daran, die oft fremdartig klingenden Laute der Westallgäuer Mundart in Versmaß und Reim zu zwingen. Wenn es ihm gelänge, die Liebe zur Heimat zu wecken und die Freude an ihrer Sprache zu heben, dann habe die »Schnäddrbäs« ihren Zweck erreicht, meinte er zu seinem ersten Mundartbuch.
Das Problem der lautgerechten Schreibweise bei Mundartgedichten, das Fridolin Holzer manchen Kummer bereitete, beschäftigte auch den geistesverwandten Arzt *Dr. Albert Baldauf*. Im Vorwort seiner heiter-besinnlichen Gedichtsammlung äußerte er sich dazu und entschied sich schließlich für einen Verzicht auf eigene Zeichen oder Akzente. Den Dichterarzt verschlug die berufliche Tätigkeit ins Sachsenland, er blieb jedoch dem Westallgäu in Treue verbunden und kehrte im Urlaub stets gerne dorthin zurück. Im hochdeutschen Geleitgedicht seiner »Krutt und Rüebe« nannte er diese »ein Büschel Blumen ... gepflückt im Garten der Erinnerung«. Er bekennt, in seiner Praxis habe mancher vielleicht dem Heimatklange seiner Sprache mehr als dem Geist der Medizin vertraut. Am Ende des Vorwortes sprach er den Wunsch aus: »Möge auch diese Sammlung von heimatlichen Mundart-Gedichten wie Fridolin Holzers famose ›Schnäddrbäs vu Wilar‹ dazu beitra-

gen, daß das Verständnis für den Wert unserer historisch so interessanten Mundart und damit berechtigter Stolz auf den Besitz eines so köstlichen Sprachgutes sich bei unseren Landsleuten mehr und mehr Bahn bricht!« Über Baldaufs »Höibat« urteilt Heinrich Götzger: »Für mich ist dieses Gedicht in seiner ebenso schlichten wie allumfassenden Beschreibung, in seiner sprachlichen wie klanglichen Meisterschaft (5. Strophe!) das Hohe Lied des Allgäuer Bauernlebens schlechthin. Überdies ist es, der Umstellung auf Maschinen wegen, bereits zur Darstellung geschichtlicher Vergangenheit geworden«.

In die Fußstapfen von Holzer und Baldauf trat nach dem zweiten Weltkrieg *Ludwig Scheller* mit einem zu Weihnachten 1948 vom Westallgäuer Heimatverein Weiler herausgegebenen Bändchen Westallgäuer Mundartdichtung. Die Sammlung »Mi Huimat« umfaßt 34 Gedichte und ist in drei Teile gegliedert, in ernste, besinnliche Gedichte, in »Nommas Luschtegs« sowie in »Liadle«, an die sich noch »Ettle Schprüch« anfügen. Vom vielseitigen Schaffen Schellers, das vornehmlich in zahlreichen Veröffentlichungen in den »Westallgäuer Heimatblättern« und im Ausbau des Heimatmuseums Weiler seinen sichtbaren Ausdruck fand, zeugen neben seinen gerne gespielten herzhaften Mundartschwänken, seinem »Wörterbuch Westallgäuer Mundart« und der Broschüre »Schnitze und Witze aus dem Westallgäu« auch verschiedene, von ihm komponierte schwäbische Lieder.

Ebenso wie Schellers Sammlung erschien in den Nachkriegsjahren, als sich viele nach den Enttäuschungen, Bitternissen und Leiden des vorausgegangenen Jahrzehnts aufs neue der Werte der Heimatidee entsannen, in Scheidegg der Gedichtband »Loub und Nodla«. *Tone Haslach*, der Verfasser, nannte ihn »Zähmetbäschtlete Versle i iser Schpro«. Er strebte eine weitgehend lautgetreue Schreibweise an und wendete sich gegen die Auffassung, seine Sprache sei unschön. Man solle sich zur Sprache der Heimat bekennen, forderte er und argumentierte, ein bißchen rechte Leute seien damit zufrieden, und wenn sie nicht zufrieden seien, so seien sie dumm. Inhaltlich bietet sein

Mundartband etwas zum Nachsinnen, etwas Lustiges, etwas von Frühling, Herbst und Weihnachten, etwas über die Scheidegger und »A klei a Duranond«. Zum Singen oder Lesen sind »Isa Isebah« und »D' Lindeberger Liedle« bestimmt.
»Lindebiargar Gedichte« veröffentlichte schon früher, nämlich in den 1920er und 1930er Jahren, *Michael Ohmayer* oder Omichl, wie er sich auch nannte, regelmäßig in der Lindenberger Heimatzeitschrift »Heimat-Kunde«. Diese Verse beschäftigten sich ausschließlich mit lokalen Verhältnissen, Begebenheiten oder Persönlichkeiten.
Hauptsächlich mit hochdeutscher Lyrik trat in jüngerer Zeit *Heinrich Wiedemann* hervor und kam damit weit über den heimatlichen Bereich hinaus zu Beachtung und Ehren. Er ist aber ebenso ein feinfühliger Mundartdichter, obgleich diese Seite seines literarischen Wirkens bisher nur wenigen bekannt wurde.
Das jüngste Bändchen mit Gedichten im Westallgäuer Idiom, »Us dr Brennterpfanne« von *Leo Jäger*, erschien 1975 zur Erinnerung an das Allgäuer Alphornbläsertreffen in Scheidegg. Der Autor schickte ihm eine kurze Einführung in die Westallgäuer Mundart voraus und bot eine abwechslungsreiche Mischung von heiteren und nachdenklichen Versen.
Wie die Oberallgäuer und Westallgäuer Mundart so ist ebenso die Sprache von Alt-Lindau heute in Gefahr. Sie wird schon auf der Bodenseeinsel selbst nicht mehr gesprochen; etwas besser steht es lediglich in Landgemeinden unweit des Inselbereichs. Von dort sind Mundartgedichte – mit kleinen Abweichungen von der Stadtmundart – durch Veröffentlichungen von *Willi Späth*, 1905–1975) in Wasserburg a. B. bekannt geworden; sie erschienen in der »Lindauer Zeitung«.
Überkommenes Sprachgut in Lindau überliefern in dichterischer Gestaltung zwei schmale Bändchen von *Heinrich Götzger*. Weitere Gedichte von ihm und ein verdienstvolles Wörterverzeichnis der Lindauer Mundart harren noch der Herausgabe. Kurz nach dem zweiten Weltkrieg veröffentlichte Heinrich Götzger, der sich schon als Architekt

einen geachteten Namen erworben hatte, mit Genehmigung der französischen Besatzungsmacht als erste Publikation der »Bücher vom Bodensee« die Gedichtsammlung »Stiller Tag«, für die Gerda von Bodisco reizvolle Holzschnitte schuf. Der Jan Thorbecke Verlag, der später nach Konstanz, dann nach Sigmaringen übersiedelte, ließ die qualitätvolle Gabe in Lindenberg drucken. Sehnsucht nach Frieden und Ruhe, Geborgenheit in der Heimat am Bodensee, neue Hoffnung nach dem Ende des Krieges (»Noch'm Krieg«) sprechen aus den verhaltenen Versen des gefühlsreichen Lyrikers, dem insbesondere auch sensible Naturbeobachtungen zu eigen sind. Zwei Jahre später brachte er, abermals im Thorbecke Verlag Lindau, die Sammlung »'s Lindauer Buebejohr« heraus, an der man seine helle Freude haben kann. Sie erschien zum Kinderfest 1948, den Bildschmuck schuf wiederum Gerda von Bodisco. In jedem der zwölf Mundartgedichte, je einem für jeden Monat des Jahres, schildert der Dichter Erlebnisse und Freuden der Lindauer Buben. Offenbar knüpfte er dabei an eigene Jugenderinnerungen an. Beide Mundartbändchen erschienen in kleinen Auflagen und sind leider längst vergriffen. Man möchte ihnen eine größere zusammenfassende Neuauflage wünschen.

Im Zentrum und im Osten des Allgäus, wo Sonderformen des Schwäbischen und nicht des Hochalemannischen gesprochen werden, übte nach einigen Kleinmeistern wie dem Getränkefabrikanten *Joseph Weiß* in Obergünzburg und dem Pfarrer *Philipp Guggemos* in Blöktach bei Marktoberdorf vor allem *Dr. Dr. Alfred Weitnauer* in Kempten jahrzehntelang einen beherrschenden und tonangebenden Einfluß auf die Mundartdichtung aus. Sein scharf ausgeprägter Intellekt verwehrte ihm gefühlsbetonte Arten der Lyrik. Mit seinen Klassikerparodien und den Allgäuer Sprüchen erreichte er erstaunliche Auflagenziffern. Der Verlag für Heimatpflege in Kempten trug wesentlich zur Verbreitung seiner mundartlichen Werke bei. Weitnauer übertrug Homers Epen in die Sprache der Allgäuer, wie schon Hugo Kittinger vor ihm parodierte er »Des Sängers Fluch« von Uhland und bekannte Balladen von Schiller,

Goethe und Gustav Schwab. Sein Dialekt ist dabei plastisch-drastisch und zweifellos sehr gekonnt. Mitunter erinnern seine Schöpfungen, etwa die nach Sebastian Sailer dramatisierten biblischen Stücke, an eine Mischung von Sailer und Nestroy, wobei er sich wie der letztere mitunter nicht scheut, die Grenzen des Geschmacks – selbst bei deren weitherzigster Ausdehnung – zu überschreiten. Die Entscheidung, was Witz, Komik, Humor, Parodie, Travestie, Satire, Groteske, Persiflage ist, fällt nicht immer leicht. Lustig, übermütig, gelegentlich derb sind die »Versle aus dem Schwabengau«, 240 Vierzeiler in der Art der altbairischen Schnaderhüpfl. Insgesamt kann man wohl sagen, die Bedeutung Dr. Weitnauers liegt zweifellos mehr als auf dem Gebiet der Mundartdichtung auf dem der vielseitigen und engagierten Heimatpflege, Heimatkunde und des Heimatschrifttums.

Unter dem Titel »Allarhand Duranand, mager und fett« brachte zunächst 1944 in Kempten, dann 1953 in Marktoberdorf anläßlich der Erhebung der Marktgemeinde zur Stadt *Carl Gulielminetti* lustige Geschichten und wahre Begebenheiten aus dem alten Oberdorf heraus. Daß die Restauflage schließlich eingestampft wurde, das hatte sie gewiß nicht verdient. Besseren Anklang fand und findet in seiner Allgäuer Heimat *Korbinian* (= *Karl Fleischhut*). Zunächst erschien um 1950 im Eigenverlag »Na und nauf aus dr Schublad vom Korbinian«. Das Bändchen enthält teils Gedichte, teils Erzählungen in Mundart. In ihnen steckt mancherlei Lebenserfahrung und Lebensweisheit. Außerdem stehen der Jahreslauf (»Später Winter«, »Es opret«, »Oschtr-Morge«, »Es wärmelet«, »Es herbschtelet«, »Weihnächte zue«) und das Brauchtum (»Am heilige Obed«, »Johrmarkt«) im Vordergrund. Mundartgedichte von Korbinian erschienen außerdem 1964 und in zweiter Auflage 1968 im Verlag für Heimatpflege in Kempten. Witzig, zeitkritisch sind seine »Hobelspäne« von 1974, Gedichte in hochdeutscher Sprache mit je zwei Vierzeilern und der Pointe in einem abschließenden Zweizeiler.

Die jüngste Mundartsammlung aus dem Marktoberdorfer Raum nennt als Autor *Baldrian Haberstock*, der seiner

Publikation den langatmigen, kaum verständlichen Titel »Die Alpenstange. Schwäbische Synfonei: O mei! Ein Souvenirband aus dem Ostallgäu mit Originalitäten für Preiß'n und Hagebuchana« gab. Der Autor betont, es sei ein seltener Mundart-Band, zwar orthographisch falsch, aber volkstümlich richtig. Über letzteres kann man allerdings geteilter Meinung sein. Haberstock lobt zwar die Schönheit des Dialektes, falls er nicht in Übertreibung und »Ordinärisation« verfalle, aber gerade er neigt in seinen Reimereien zu diesen problematischen Extremen. Möglicherweise finden sie bei Lesern Beifall, die volkstümlich mit vulgär gleichsetzen.

Erfreulicher sind die »Kaufbeurer Leckerle« von Clara Rothärmel in Oberbeuren, die für ihre Mundartgedichte Anregungen von Alfred Weitnauer empfing. Ihr Band ist in zwei Teile gegliedert, in »A Jauhr bei eus« und »Um fümf Pfenning Duranand«. Bei manchem Gedicht bleibt der Grundton besinnlich (»Zum Muttertag«, »Allerseale«, »Advent«), liebevoll gibt die Dichterin sorgfältige Beobachtungen in der Natur oder an Mitmenschen wieder (»Oestra«, »Im Grund dauhind«, »Herbst«), sie kann aber auch eine völlig andere Tonart anschlagen, in der es nicht an unverfälschten schwäbischen Grobianismen fehlt (»Fasnachtsbrief«, »Mannsbilder«, »Weibsbilder«). Die den Kaufbeurern liebgewordene, historisch allerdings unhaltbare Geschichte von der Einführung des Stadtfestes durch Kaiser Max bringt in Paarreimen »'s Tänzelfest«. Der Nuancenreichtum und die Differenziertheit der Kaufbeurer Mundart wurde bisher in der Mundartdichtung wohl nie so treffend wiedergegeben wie von Clara Rothärmel.

Im Allgäu und im übrigen bayerischen Schwaben gab und gibt es noch manchen Mundartautor, der in der Heimatzeitung mit Gedichten hervortrat. Sie können und sollen in diesem Überblick nicht alle erwähnt werden; denn ihre gelegentlichen Versfolgen drangen nicht über den lokalen Bereich hinaus. Letzteres gilt beispielsweise in Pfronten für *Anton Rist* und sein Mundartalbum, für *Ludwig Eberle* oder für *Pius Lotter*, den Vorstand des Heimatvereins Pfronten-Nesselwang, der auch hochdeutsche Gedichte verfaßt hat, ebenso für die Füssener Mundartautorin *Maria Geisenhof*. Liebe zur Heimat und Freude an ihrer Sprache ist ihnen allen zu eigen.

Mancher Mundartdichter ist zu bescheiden, um mit seinen Musenkindern an die Öffentlichkeit zu treten. Der frühere Singschuldirektor *Otmar Wirth* in Kempten gehört zu ihnen. In seinen nur wenigen Freunden bekannten Gedichten aus dem weihnachtlichen Festkreis, die er selbst vertonte, weht echter lyrischer Atem. Zu dem Arthur Maximilian Miller nahestehenden Kreis zählt neben Wirth die Lehrerin *Maria Hefele*, die sich von dem großen Meister der Mundartdichtung in Kornau zu eigenen kleinen Schöpfungen inspirieren ließ.

Arthur Maximilian Miller wohnt zwar seit Jahrzehnten im obersten Allgäu, er ist aber seiner Herkunft und Mundartdichtung nach Schwabe aus dem breiten Grenzsaum vom Allgäu ins nördlich davon sich hinbreitende, von Tälern zerschnittene mittlere schwäbische Hügelland. Johann Georg Scheifele (Jörg von Spitzispui), dem er in seinen erzählenden Gedichten ein literarisches Denkmal gesetzt hat, und Ludwig Auerbacher sind seine Landsleute im engeren Sinne. Wie nur wenige kultivierte Miller das schwäbische Idiom zur Dichtersprache. Er ist ein Lyriker hohen Ranges, vergleichbar mit Mörike. Seine Sprache ist schlicht, echt, innig, und seine oft zarte, vergeistige Diktion dringt zuweilen in die tiefsten Bereiche der menschlichen Seele vor. Zur ersten Auflage seiner »Schwäbischen Gedichte« schrieb Joseph Bernhart: »Wer dieses kleine Buch in die Hand nimmt und seiner Sprache mächtig ist, darf sich einer großen Freude versehen. Im Mutterlaut der Heimat erhebt ein Dichter von Geblüt seine Stimme...«. Und ein anderer Freund des Dichters, Erwin Holzbaur, ein meisterhafter Interpret der »Schwäbischen Weihnacht«, zählte die Mundartgedichte Millers mit zu dessen innigsten und besten Schöpfungen; zum Themenkreis des dichterischen Werkes von Miller urteilte er, es spanne sich von der heimatlichen Welt weit hinaus, verlasse aber diese Mitte nie: »So ist Arthur Maximilian Miller im besten Wortsinn ein Dichter seiner Heimat geworden, doch wur-

de er zugleich viel mehr als ein ›Heimatdichter‹ in der üblichen oder gar in der abwertenden Wortbedeutung«. Kein Wunder, daß hervorragende schwäbische Komponisten wie Otto Jochum und Joseph Haas Verse von Miller für geistesverwandte Kompositionen bevorzugten!
In Krumbach fand in jüngerer Zeit Karl Dietmann in *Martin Egg* einen Nachfolger, der zunächst mit kleineren und größeren Bühnenstücken im Dialekt hervortrat. In einem Autorenwettbewerb, den der Heimatpfleger von Schwaben veranstaltete, gewann Egg mit dem inzwischen oftmals aufgeführten Dreiakter »So a Glückstag« den zweiten Preis, während Arthur Maximilian Miller der erste Preis zuerkannt wurde. Eggs Mundartgedichte sind bisher größtenteils nicht veröffentlicht, wurden jedoch vom Autor des öfteren bei Heimatabenden vorgetragen. Einige brachten der Bayerische und Süddeutsche Rundfunk in Sendungen.
Der Generation, die zwischen den beiden Weltkriegen heranwuchs, gehört auch der Türkheimer *Luitpold Schuhwerk* an, ein Handwerksmeister, der mit seinen Gedichten sich und anderen Freude schenkt. Über die Entstehung seiner Gedichte schrieb er im Geleitwort zu »Des hau mer denkt«: »Auf einsamen Wanderwegen, im Wald und am Wasser sind mir Gedanken zugeflogen, die ich für wert hielt, sie aufzuzeichnen. Was lag näher, als das, was ich empfand, in den Lauten der Heimat – in schwäbischer Mundart – zu Papier zu bringen?« Schuhwerk ist ein sorgfältiger Beobachter des Jahresbrauchtums, der Natur und des Alltags. Damit vorzugsweise, gelegentlich auch mit Mitmenschen und eigenen Liebhabereien beschäftigen sich seine Gedichte. Nicht selten klingen die Verse mit einer Schlußwendung aus, die zum Nachsinnen oder auch zum Schmunzeln anregt.
Eine der jüngeren Hoffnungen der ostschwäbischen Mundartdichtung ist der Bauer und Heimatpfleger *Alois Sailer* in Lauterbach im unteren Zusamtal. Nach dem Urteil seines Vorbildes Michel Eberhardt gelingen ihm am besten kleinere Stimmungsbilder. Wie schon Hyazinth Wäckerle wagt er sich auch an Mundartlyrik ohne Reime. Sailer gehört zu den typisch schwäbischen Sinnierern, zu den Au-

toren, die um ihre dichterische Aussage ringen, die ihre Sprache gestalten, denen es nicht von selber in die Feder fließt. Für 1977 hat er eine Gedichtsammlung »Wallfahrt ond Doaraschleah« vorbereitet.

Die Stadt Donauwörth besaß ihren Mundartdichter in *Benno Benedicter* (1883–1958), nach dem dort eine Straße benannt ist. Der Gewerbelehrer und Heimatforscher betreute das Stadtarchiv und das Heimatmuseum. Seine Mundartgedichte scheinen nicht über den engeren heimatlichen Bereich hinaus bekannt geworden zu sein.

Ebenso wäre es vielleicht den Gedichten des Zahnarztes *Dr. Karl Fackler* in Höchstädt ergangen, wenn er sie nicht wenige Monate vor seinem Tode in dem Bändchen »Doanaschpritz'r« (1976) herausgegeben hätte. Diesen heiteren Gedichten in donauschwäbischer Mundart sollte noch eine Auswahl mit ernsten und hochdeutschen Gedichten folgen. Dr. Facklers Gedichte in der Mundart, wie sie in und um Höchstädt an der Donau zu hören ist, zeichnet ein hintergründiger, treffsicherer Humor aus, der auch nicht vor Derbem und Deftigem zurückscheut. Ludwig Thoma war für den gebürtigen Altbayern eines der großen Vorbilder; wie dieser verstand er es, seine Leser und (bei Rezitationen in geselligem Kreise) seine Hörer zum Schmunzeln, Lachen und Nachdenken anzuregen. In manchen seiner Verse erwies er sich zudem als Meister subtiler Naturbeobachtung.

Nicht ans Licht der Öffentlichkeit wagte sich bisher *Hermann Josef Seitz* in Lauingen mit seinen Mundartgedichten. Wie schon der Lauinger Wäckerle wählte er dafür die sonst in der Mundartdichtung ungewöhnliche Form des Sonetts. Die verhaltenen »Bildla« lassen ihn nachdenklich, erinnerungsselig zurückblicken in längst vergangene Jugendtage.

In verwandter Gemütsverfassung mag der Kaufmann *Andreas Dirr* in Günzburg die Gedichte »Wo send dia alte Zeita na« geschrieben haben. Das Günzburg von ehedem mit biedermeierlichem Einschlag wird in ihnen lebendig, leicht nostalgisch, teils anekdotenhaft und mit Humor gewürzt, kurz ein Städtle, in dem noch Brunnen ihr Lied

plätscherten, in dem man sich anschickte, die ersten Telefone und das elektrische Licht einzurichten.
Der selben Generation wie Dirr gehörte der Rieser Lehrer und Heimatdichter *Friedrich Völklein* (geb. 1880 in Lehmingen, gest. 1960 in Nördlingen) an. Auch er schrieb mit Vorliebe über die sogenannte gute alte Zeit, vornehmlich im Heimatdorf und im Ries, in das er, ausgebombt in Würzburg, nach vierzigjähriger Abwesenheit 1945 zurückkehrte. Seine Gedichte verfaßte er meist in hochdeutscher Schriftsprache, nur vereinzelt in Mundart.
Ähnlich wie die Gedichte Masers und Hermanns Memminger Lokalkolorit auszeichnet, so gilt das im Hinblick auf Nördlingen von einer Sammlung, die nach dem zweiten Weltkrieg *Karl Wörlen* unter dem Titel »Riaser Leut in alter Zeit« im Selbstverlag herausgebracht hat. Zum Privatvergnügen und aus Liebe zur Vaterstadt seien diese Gedichte entstanden, bemerkt ihr Autor. Im Erzählton bringen sie größtenteils wahre Episoden aus der Nördlinger Geschichte. Die ersten Gedichte sind dem Ries und dem Nördlinger Wächterruf »So, Gsell', so!« gewidmet, weiter schildert Wörlen den »Verrat des Torwächters Hans Bös und Genossen«, »Die Rettung der Stadt« durch ein entlaufenes Schwein, »Nördlinger Originale«, »Das Nördlinger Gottesgericht«, »Rieser Schwabenstreiche« und mancherlei andere Begebenheiten. Ins Reich der Sage führt »Der Schmied vom Niederhaus«, in eine dunkle Zeit geistig-seelischer Verwirrung »Der Hexenwahn im Mittelalter«, »Die Lebensgeschichte der Maria Holl« und »Des Straußenbaders Hexentod«.
Mit dem besten Dichter der Schwäbischen Ostalb und des Rieses in der jüngeren Vergangenheit sei dieser Überblick und Rückblick auf zwei Jahrhunderte ostschwäbischer Dialektpoesie abgeschlossen: mit *Michel Eberhardt* aus Zoltingen im Kesseltal. Dem Kleinbauernsohn, der in einem strohgedeckten Häusle aufwuchs, war es nicht in die Wiege gelegt, einmal weit über das Heimatdorf hinaus genannt, bekannt und geachtet zu werden. Was er als Heimatdichter wurde, das verdankte er keiner Schule, sondern seinem früh erwachten Lesehunger, einem zähen Fleiß, offenen

Sinnen und dem untrüglichen kritischen Gespür für Echtes und Wahres. Bauern- und Dichtertum sind bei ihm eins geworden. In einem Aufsatz »Mein Dichten – mein Schaffen« (in den »Schwäbischen Blättern« 1958) hat dies Michel Eberhardt selbst betont, und er fuhr darin fort: »... Denn ich könnte niemals Schriftsteller sein, wenn ich nicht zugleich auch Bauer wäre. Der Hof, das Dorf, die Feldmark und die weiten Wälder sind meine Welt... Ich betrachte mich als kleines Glied an einer langen Kette, denn alle meine Vorfahren waren Bauern, Rieser Bauern, nachweisbar seit Anfang des 16. Jahrhunderts, und vorher werden sie auch nichts anderes gewesen sein. Es ist mir von keinem bekannt, daß er den Versuch gemacht hätte, aus seiner kleinen Welt auszubrechen, ja, selbst in dieser sind sie immer bescheiden im Hintergrund geblieben«. In seinem Dorf freilich war Michel Eberhardt ein Einsamer, einer, der Ungewöhnliches tat, auf den man zwar stolz war, den man aber nicht verstand. Doch ist das nicht häufig das Schicksal außergewöhnlicher Menschen?!

Alphabetisches Inhaltsverzeichnis
nach Gedichttiteln und Gedichtanfängen

A Ausröd *Scholza Vere* 338
A Baurabüable, no ganz kloi *Johannes Kähn* 93
A Bettelweible kommt ällbot *Michael Karl Wild* 100
A Bibele vu Noburs Henn *Tone Haslach* 391
A Bua, der 's Radla no it ka(nn) *Karl Dietmann* 204
A Büable mit d'r Muad'r fahrt *Heinrich Unsin* 129
Ach Gott und nei' Heiliga *Arthur Maximilian Miller* 259
Adam *Sebastian Sailer* 27
Advent *Michel Eberhardt* 122
Advent *Lili Knauss-Weinberger* 155
Advent *Alois Sailer* 179
Advent! *Luitpold Schuhwerk* 277
Advent *Hermann Josef Seitz* 84
Advent *Otmar Wirth* 323
Äpfele, Bäpfele *Hermann Sandtner* 306
A Fräule namens Adelheid *Jakob F. Schmidt* 288
A fürchtig's Leaba hat d'r Klaus *Heinrich Unsin* 130
A gonze Nat hots gschtöberet *Tone Haslach* 391
A guat'r Raut *Heinrich Unsin* 128
A guet's nui's Jährle wünsch i ui *Georg Mader* 174
A' Händler bringt a' mal a' Uhr *Franz Keller* 48
A Häusle still ond nebadom *Michel Eberhardt* 115
A Katechet vum Bodesee *Fridolin Holzer* 375
A Kinderaug *Hyazinth Wäckerle* 54
A Kindla in ma Spitzakissa *Luitpold Schuhwerk* 282
Allaweil bergauf ond -aa' *Wilhelm Wörle* 140
Allerseale *Clara Rothärmel* 348
Aller Weisheit letzter Schluß *Michel Eberhardt* 123
Alle Wege führen heim *Michel Eberhardt* 124
Alle Vögel send vrzoga *Michel Eberhardt* 123
Allgäuer Heimatlied *Ägidius Kolb* 362
Alperoase *Toni Gaßner-Wechs* 355
Als Engelspeis ond Brot zum Leabe *Ägidius Kolb* 364
A luschtiger Kauz *Hugo Maser* 289
A Ma, der haut zwei Weiber ghött *Hermann Sandtner* 310
Am Abend *Arthur Maximilian Miller* 262
A Mädele am frühe Dag *Heinrich Götzger* 406
Am Bächle *Ludwig Scheller* 384
Am Dill verkrattland d'Jörgaroasa *Alois Sailer* 177
A Memminger Fräule *Hugo Maser* 289
Am Firmungstag *Andreas Dirr* 78
Am frühe Dag *Heinrich Götzger* 406
Am Gärtle, am kluine *Ludwig Scheller* 384
Am Hannesle sei' Hearz *Georg Wagner* 75

ALPHABETISCHES INHALTSVERZEICHNIS

Am jeda Rauhreifstauda hangt a Fonka Michel Eberhardt 122
A Mötzgargang Scholza Vere 336
Am Quellriß Luitpold Schuhwerk 284
Am 6. Jänner Hyazinth Wäckerle 55
Am Tisch beim Ofa sitzt der Lenz Adam Rauh 133
An Allerseelen Arthur Maximilian Miller 252
Ane ischt as doch a Gwolt Fridolin Holzer 374
An iahrer Klaidertrucha Arthur Maximilian Miller 263
Annala, mach iatz und komm Arthur Maximilian Miller 246
A Nudel, die schea bacha ist Georg Mader 163
A' nuier Salomo Franz Keller 46
Ar eigschmoarete Fehle Georg Weixler 318
Arie des Bannwart Sebastian Sailer 32
Arien Gott Vaters Sebastian Sailer 24
Ariette des Adam Sebastian Sailer 25
A Schtodderar Albert Baldauf 383
A Schtückle daußda voar d'r Schtadt Karl Fackler 90
As hiörbschteled Fridolin Holzer 370
As hiörbschtelet Heinrich Wiedemann 396
As ischt amal a Weible gschtoarbe Scholza Vere 337
As ischt so schtill Heinrich Wiedemann 397
As ischt wohl 's böscht Scholza Vere 338
As mueß so si Heinrich Götzger 408
A sonniger Morga Johann Georg Scheifele 219
As stoht an Boum im Garte Heinrich Götzger 407
A Tromm Tone Haslach 392
Au a Nachtraubtier Georg Wagner 72
Auf, auf, ihr Hiata Otmar Wirth 326
Auf dia Sächla ka ma ganga Michel Eberhardt 116
Auf Gott vertrau! Michael Karl Wild 100
Auf ma Krautskopf groaß und rond Luitpold Schuhwerk 281
Auf mei Hoimat Ägidius Kolb 362
Auf'm G'sicht von meiner Schwester Andreas Dirr 78
Augsburg im Mondschein Wilhelm Wörle 137
Augsburger Mädchen Wilhelm Wörle 138
Aus d'r Leaseschtond Georg Wagner 74
Aus 'ma dunkla Gängala Luitpold Schuhwerk 284
Aussetzungslied Ägidius Kolb 363
A Weartstück Georg Mader 163
A will it dra Scholza Vere 337

Bändel und Blacha Toni Gaßner-Wechs 357
Bärbl, hascht ja d' Härla g'schnitta Karl Fackler 87
Bauernregeln im Frühling Michel Eberhardt 116
Bauernsorgen im Heuet Michel Eberhardt 118
Bauraweis' Michael Karl Wild 99
Baureregla Georg Weixler 316
Begegnung Lili Knauss-Weinberger 156

ALPHABETISCHES INHALTSVERZEICHNIS

Begegnung mit den Toten   *Arthur Maximilian Miller*   268
Beim Moischt'r fraugt d'r Lehrbua a   *Karl Fackler*   89
Beim Schneider   *Andreas Dirr*   79
Beim Schtoff'ljörg ischt d'r Notar   *Wilhelm Wörle*   149
Bildla   *Hermann Josef Seitz*   81
Bi'n iis die Groß   *Tone Haslach*   390
Böse Zeit   *Arthur Maximilian Miller*   242
Böttscheiß'r (Löwenzahn)   *Wilhelm Wörle*   148
Bruderliebe   *Adam Rauh*   134
B'schaulich   *Joseph Bernhart*   237
Bschisse   *Fridolin Holzer*   374

Christkindlesbrief   *Hyazinth Wäckerle*   54

Dackl's Früahlingsliad   *Hugo Kittinger*   197
Dann noch ein guter Rat   *Ägidius Kolb*   365
Daohui   *Albert Baldauf*   382
Das Hauptwort   *Adam Rauh*   133
Das Herz   *Wilhelm Wörle*   143
Das Mühlenwehr   *Arthur Maximilian Miller*   255
Dau doba send Kräha am Tura so hoch
   Friedrich Wilhelm Hermann   296
Dau dund, dau dund in Vatters Mihl
   Arthur Maximilian Miller   255
D' Aufheit'rung   *Wilhelm Wörle*   145
Dau isch' a maul voar alter Zeit   *Hugo Kittinger*   199
Dau, wo ma's no it ei'gschperrt haut   *Maria Hefele*   273
D' Beicht   *Michael Karl Wild*   100
D' Brautwahl   *Franz Keller*   43
D' Dorfkirch   *Lili Knauss-Weinberger*   152
Den Bergfexen   *Karl Dietmann*   205
Der alte Bauer   *Arthur Maximilian Miller*   254
Der alte Mann   *Wilhelm Wörle*   150
Der Apfel   *Arthur Maximilian Miller*   251
Der Augsburger   *Wilhelm Wörle*   138
Der Bauer hot am Obed schpät   *Gottfried Jakob*   108
Der billige Wachhund   *Karl Fackler*   90
Der echte Name   *Arthur Maximilian Miller*   240
Der erscht Üstrib   *Toni Gaßner-Wechs*   357
Der erste Reif   *Michel Eberhardt*   121
Der Franzöff hött an Appedit   *Albert Baldauf*   382
Der g'scheide Rechner   *Adam Rauh*   133
Der Hennagreifer   *Hyazinth Wäckerle*   59
Der Herbst   *Johann Georg Scheifele*   224
Der Höibat   *Albert Baldauf*   377
Der Kirchaschlof   *Michael Karl Wild*   101
Der kleine Roßdieb   *Johannes Kähn*   93
Der Kometsteara   *Hans Seitz*   189

Der Landbot'   Georg Mader   161
Der Mond und der Kranke   Arthur Maximilian Miller   265
Der nui Beasa   Hans Seitz   183
Der nützliche Onkel   Adam Rauh   134
Der Schäfer   Georg Mader   162
Der Schmied von Durach   Hyazinth Wäckerle   61
Der Schnupfer   Luitpold Schuhwerk   283
Der Sepp hot d' Maurer auf'm Dach   Michael Karl Wild   99
Der Seppl fallt ins Wasser nei'   Adam Rauh   134
Der Sonntegmorga wär' so still   Hyazinth Wäckerle   61
Der Toni bringt sei' Aufsatzheft   Adam Rauh   132
Der treffende Vergleich   Johannes Kähn   95
Der Übersetzer   Maria Hefele   274
Der Vater an der Leiche seines Kindes
   Arthur Maximilian Miller   266
Der Vater bei sei'm Büable sitzt   Adam Rauh   135
Der Weltenbaum   Arthur Maximilian Miller   270
Der Wettstreit   Adam Rauh   135
Der Wunderdoktor   Hans Seitz   185
De scheaner Engel Gabriel   Arthur Maximilian Miller   259
De See isch zue!   Heinrich Götzger   412
Des ganze Rias auf und a'   Gottfried Jakob   112
Des Jauhr gauht na   Friedrich Wilhelm Hermann   297
Des Sängers Fluach   Hugo Kittinger   199
D' Fahnaweih'   Adolf Paul   63
D' Gfrörne   Heinrich Götzger   412
D' Hawanger Gucker   Hugo Maser   293
D' Hiata bei dr Krippa   Otmar Wirth   326
D' Holzstöck   Georg Mader   165
D' Huimatspro'h   Ludwig Scheller   386
Dia Burgamoischterwahl   Adolf Paul   65
Dia Weg, wo's git, wear möcht se zähla?   Michel Eberhardt   124
Die Bauernhochzeit   Johann Georg Scheifele   219
Die dumme Schwobe   Ludwig Scheller   387
Die earscht' Eise'bah'fahrt   Heinrich Unsin   129
Die ewig Ruah   Johann Georg Scheifele   228
Die Fahrt auf das Volksfest   Johann Georg Scheifele   222
Die goldene Leiter   Arthur Maximilian Miller   270
Die große Wandlung   Luitpold Schuhwerk   281
Die Mädchen flohen in der Nacht   Georg Wagner   74
Die Menschenalter   Johann Georg Scheifele   215
D' Kässchpätzle   Hermann Sandtner   305
d' Katz   Hermann Sandtner   310
D' Kempter Mois   Hugo Maser   293
D' Konferenz   Georg Wagner   73
D' Liab im Schprichwoat   Friedrich Wilhelm Hermann   297
D' Maurer   Michael Karl Wild   99
D' Muetter ischt ganga   Hermann Sandtner   303

ALPHABETISCHES INHALTSVERZEICHNIS

Doba am Himm'l *Wilhelm Wörle* 146
Dörfle kenn i viel im Ländle *Hermann Sandtner* 303
Dös g'höart d'rzua *Wilhelm Wörle* 149
Dös hoißt a Schneid! *Adolf Paul* 65
Dös Lumpeglötscht und Featzlestaond *Toni Gaßner-Wechs* 357
Do wo ganz kloe des Bächle fliaßt *Michel Eberhardt* 114
Dr äschrig Mikde *Clara Rothärmel* 344
D'r Bua kommt vom Strawanze hoim *Hermann Sandtner* 307
D'r Earscht ischt d'r Dokt'r *Adolf Paul* 68
D'r earscht Schneea *Gottfried Jakob* 108
Drei Reasle *Toni Gaßner-Wechs* 354
D'r ganze Garte isch vol Schnea *Lili Knauss-Weinberger* 155
D'r Golme *Fridolin Holzer* 371
D'r grätig Hans *Adolf Paul* 67
D'r Hä-et *Gottfried Jakob* 104
Dr Herrgott git eis viele Gabe *Ägidius Kolb* 362
D'r Kempter Burgamoischter *Hugo Maser* 293
D'r Krieasperbom im Garte *Heinrich Wiedemann* 394
D'r Krippawiat *Hugo Maser* 289
D'r Leahr'r, dear tuet grad *Georg Wagner* 72
D'r luschtig Jackl *Adolf Paul* 66
Dr Mau *Hermann Sandtner* 302
D'r Mich'l jaumrat Tag und Nacht *Heinrich Unsin* 128
D'r Mo' *Gottfried Jakob* 104
D'r Müllerhanns von Knoringa' *Franz Keller* 41
Dr nahrhafte Friahleng *Alois Sailer* 178
Dr Obad sagt zom langa Tag: *Michel Eberhardt* 120
D'r Pantofflheld *Heinrich Unsin* 130
D'r Peater mag de Michel it *Clara Rothärmel* 350
D'r Politik'r *Karl Fackler* 89
D'r rüschtig' Großvat'r *Karl Fackler* 89
D'r schwäbisch' Fasnachtsprecher *Karl Dietmann* 205
Druckt der Toad eus d' Auge zue *Hermann Sandtner* 311
D'r verkeh't Mau' *Hugo Maser* 289
D'r Vierzgerschlag *Friedrich Wilhelm Hermann* 298
Dr Weabschtuahl *Alois Sailer* 176
Ds Bauragärtle *Alois Sailer* 177
D's Gräble *Gottfried Jakob* 103
Ds Hörbschtengale *Alois Sailer* 179
D's Landleba ischt doch ebbes Prächtings! *Johannes Kähn* 93
D' Schuah *Hermann Sandtner* 307
D' Schumpewoid *Tone Haslach* 389
D' Sonne haut heut bloeß no so *Clara Rothärmel* 348
D' Sunneuhr *Ludwig Scheller* 387
D' Suppehenna *Fridolin Holzer* 375
D's Vergessa *Gottfried Jakob* 102
Du, doschigs Blüamele auf die Moiawiesa *Wilhelm Wörle* 148

Du Gottesmagd hosch s'Jawort geabe! *Ägidius Kolb* 363
Du, Hansl, geschtig hau im Schtädtle *Georg Wagner* 71
Du hausch dei' Sächla wacker gmachat
  Arthur Maximilian Miller 243
D' Uhra' *Franz Keller* 48
Du liebe Fröu im Oaschtrachtal *Josef Gaßner* 361
Du luagascht meah beim Fenschter rei'
  Arthur Maximilian Miller 265
Du, Maj; Was hau-n-e müeßa seah *Georg Wagner* 69
Dumma Läätsche! Kascht it liidte! *Albert Baldauf* 383
Dussa sig i's Koara reifa *Luitpold Schuhwerk* 276
D' Widekätzle glitzgered *Heinrich Wiedemann* 393

Edelwiß-Strißle *Toni Gaßner-Wechs* 355
Ei, Büeble, mach doch kui so Pfännle! *Ludwig Scheller* 386
Ei grüaß di' Gott! mei' liaber Mau! *Johann Georg Scheifele* 230
Eija! Wie prächtig die Biörke *Albert Baldauf* 380
Ein Abend *Michel Eberhardt* 119
Eine Exklamation an den Memminger Mau'
  Johann Georg Scheifele 230
Einsame Stunde *Michel Eberhardt* 122
Eiser Herr im Himmel doba *Ägidius Kolb* 366
Em Tierpark isch ma nächte gwea *Karl Fackler* 88
Em Wirt sei'm kloina Hansel *Adam Rauh* 133
Engel des Herrn *Ägidius Kolb* 363
Engelwirts Tonele *Hyazinth Wäckerle* 58
Entferntes Nachtgewitter *Arthur Maximilian Miller* 264
Entfremdete Stille *Michel Eberhardt* 124
Erinnerungen an da Klopfersta' *Hugo Kittinger* 190
Erlkönig *Alfred Weitnauer* 321
Er ziacht sei Dos vom Hosasack *Luitpold Schuhwerk* 283
Es dunrat halblaut in der Nacht
  Arthur Maximilian Miller 264
Es gauht a Seages um und um *Arthur Maximilian Miller* 250
Es gibt Wört'r *Martin Egg* 207
Es haut a weng en Neablduft *Arthur Maximilian Miller* 251
Es heinet a' Kätzle *Franz Keller* 44
Es hockt a guldigs Engale *Alois Sailer* 179
Es isch bekannt, daß i a Freindin hau *Martin Egg* 209
Es isch im Wartsaal z' Augschburg g'west
  Lili Knauss-Weinberger 156
Es ischt amaul a Mannsbild gwea *Johann Georg Scheifele* 225
Es ischt a Zeit *Arthur Maximilian Miller* 242
Es ist im ganza Dorf koi Ma' *Hyazinth Wäckerle* 59
Es klopft, es klopft *Otmar Wirth* 325
Es kommt a Zeit, dau gang i nomma
  Arthur Maximilian Miller 270
Es lätschet wia mit Kübel ra *Hugo Maser* 290

Es schneibalat   *Arthur Maximilian Miller*   253
Es schneit und schneit   *Otmar Wirth*   323
Es stauht a alter Apfelbaum   *Arthur Maximilian Miller*   270
Es staut so schöa   *Hyazinth Wäckerle*   53
Es weard aheba kalt   *Georg Mader*   169
Es weard mr oft gschpässeg   *Joseph Bernhart*   237
Euser Recht   *Johann Georg Scheifele*   231

Fasenacht   *Georg Mader*   166
Fasnachtsbrief   *Clara Rothärmel*   341
Fasnachtsschpruch 1947   *Hermann Sandtner*   312
Fasnachtsschpruch 1948   *Hermann Sandtner*   312
Faß ei', wirf aus!   *Arthur Maximilian Miller*   244
Fastnacht   *Hyazinth Wäckerle*   56
Firobed   *Gaßner*   360
Fleißig im Schtich   *Friedrich Wilhelm Hermann*   299
Fränzle, hascht iatz au scho nauchdenkt   *Wilhelm Wörle*   148
Franz Xaveri – so an Fischzug   *Joseph Bernhart*   238
Frau Zett hat Stiefela' nag'lnui   *Franz Keller*   46
Freundlichkeit in alter Zeit (1868)   *Karl Dietmann*   203
Friahleng   *Michael Karl Wild*   97
Friahlengsobad   *Alois Sailer*   178
Fritz und Franz, zwoi böase Buaba   *Adam Rauh*   135
Früehleng im Land   *Friedrich Wilhelm Hermann*   296
Früehleng am See   *Fridolin Holzer*   369
Früehlingsgrueß uß de Berg   *Maximilian von Lingg*   333
Früener sind vum Undrland   *Scholza Vere*   336
Für eiser Schaffe, Sinne, Rege   *Ägidius Kolb*   366
Fürs Fischle   *Joseph Bernhart*   238

Gang i in mei' Schneckaheisla   *Arthur Maximilian Miller*   257
Ganz hofele will's blüehe   *Heinrich Götzger*   405
Gar so dumm send d'Schwoba it   *Ägidius Kolb*   364
Geburtstagsgratulation   *Jakob F. Schmidt*   287
Gloria   *Ägidius Kolb*   366
Gold'ne Schneckla', blaue Auga'   *Franz Keller*   43
Grüeß Gott, ihr Fischer alt und jung   *Hugo Maser*   290
Gschdattla voller guata Sacha   *Luitpold Schuhwerk*   277
G'spässiger Troascht   *Franz Keller*   44
Guat's Jauhr, guat's Jauhr   *Hugo Kittinger*   190
Guetzlebache   *Ludwig Scheller*   385

Hans Schnebelin   *Johann Georg Scheifele*   225
Haoscht be gwieget   *Toni Gaßner-Wechs*   356
Hausa   *Alois Sailer*   176
Hean a Bergale, dean a Bergale   *Wilhelm Wörle*   141
Hearet, ihr schwäbische Mand!   *Franz Keller*   35
Hei! grüeß di Gott Ländle   *Hyazinth Wäckerle*   51

Herbergssuche   *Otmar Wirth*   324
Herbst   *Hermann Sandtner*   302
Herbstzeitlose   *Michel Eberhardt*   120
Herr Eustachius Hasaschättle   *Jakob F. Schmidt*   287
Heut isch dia Welt voll lauter Schwung   *Andreas Dirr*   77
Hinterm letzschta Haus im Dorf   *Lili Knauss-Weinberger*   154
Hinterm sella Hölzle dunda   *Arthur Maximilian Miller*   256
Hirtenliedle   *Otmar Wirth*   326
Hoahe Häuser, scheane Bronna   *Wilhelm Wörle*   138
Hofele faocht s nachte a   *Toni Gaßner-Wechs*   360
Hoileg Naht   *Heinrich Wiedemann*   397
Hoimliche Liab   *Wilhelm Wörle*   146
Holder und Hasel   *Michel Eberhardt*   115
Huit hot d' Sunne Wasser zoge   *Georg Weixler*   316
Huit passet d' Bueba anderscht auf   *Georg Wagner*   75
Hundstäg   *Heinrich Wiedemann*   396

Iatz zind i gauh mei' Liachtla a'   *Arthur Maximilian Miller*   252
I bi a Weschtallgöiar   *Heinrich Wiedemann*   401
I bin der Schäfer drauß vom Land   *Georg Mader*   162
I bin der schwäbisch' Bot   *Georg Mader*   161
I bi so müad, mir isch so weah   *Wilhelm Wörle*   143
I gang zom Bach im schwaza Bronna   *Hermann Sandtner*   300
I han di und du hasch mi   *Lili Knauss-Weinberger*   153
I hau' amaul a Hundla ghött   *Johann Georg Scheifele*   234
Ihr Kind'r, hat d'r Leahrer g'sait   *Heinrich Unsin*   127
Ihr kleinere Vögala merket wohl auf!   *Sebastian Sailer*   25
I kenn a Dorf, wo gschtanda isch   *Hugo Maser*   293
Im Früahling   *Hermann Sandtner*   300
Im Haus weard mir's so ödele   *Hermann Sandtner*   308
Im Herzschtuck von d'r Reischenau   *Lili Knauss-Weinberger*   153
Im Hof duss' schtatt a Hüttle   *Georg Wagner*   76
Im Hoi'garta   *Hugo Kittinger*   192
Im Korb dau hockt a Gockl dinn   *Hermann Sandtner*   309
Im Maie   *Heinrich Götzger*   407
Im Miörz   *Heinrich Wiedemann*   393
Im Schtadtmagischtrat von Günzburg   *Andreas Dirr*   77
Im Schwaubaländla leit a Nescht   *Johann Georg Scheifele*   231
Im schwaza Bronna donta   *Hermann Sandtner*   302
Im Wasemoos   *Heinrich Wiedemann*   399
In am schwäbischa Städtle   *Andreas Dirr*   80
In am Tobel lit an aolta Schnee   *Albert Baldauf*   381
In de Berg bin i gern   *Maximilian von Lingg*   331
In ein Album   *Maria Hefele*   275
In Haselbach, deam kloina Nest   *Heinrich Unsin*   127
In meim Schtübele bin i dahoim!   *Hermann Sandtner*   304
Isar Ländle mueß ba möge   *Ägidius Kolb*   362

Isch, was i will, denn o'botmäße *Michel Eberhardt* 116
Ischt a Schäf'r schtill ausg'fahra *Wilhelm Wörle* 150
Ischt der Januar recht kalt *Hugo Kittinger* 195
It allat blöihet Bluma *Ludwig Scheller* 387
I woiß a Hisle vor am Holz *Tone Haslach* 392
I wüßt koi Stadt von Rom bis Kiel *Wilhelm Wörle* 138

Ja, d'r Moi *Karl Fackler* 86
Ja, guck doch na, was ischt denn heit? *Michel Eberhardt* 121
Jatz bi i gwäscha ond frisiart *Wilhelm Wörle* 150
Jatz' isch' doch mea Früahling *Hugo Kittinger* 197
Jatz leischt halt dinna unterm Boda *Johann Georg Scheifele* 228
Jede Mohlzit goht dr Hannes *Fridolin Holzer* 376
Jetz sind mir g'stellt im Baurawerk *Georg Mader* 168
Jetzt hant 'r Uire guld'ne Ring' *Heinrich Unsin* 129
Juhe, Bathlamö! *Hugo Maser* 290
Juli *Heinrich Götzger* 410
Juni *Heinrich Götzger* 409

Kalupp *Gottfried Jakob* 109
Kan as naommas Schäners geabe *Albert Baldauf* 382
Kapelle zu Siefenwang *Lili Knauss-Weinberger* 153
Karsamstag *Arthur Maximilian Miller* 246
Kathreina-Tanz *Georg Mader* 172
Kind'r, mueß i's nomal saga'? *Franz Keller* 47
Klagegesang der Eva *Sebastian Sailer* 28
Klausadag *Luitpold Schuhwerk* 278
Kleinigkeiten *Maria Hefele* 273
Kloine Viecherle *Hermann Sandtner* 308
Koi Vog'l ma' singa, koi Sonn ischt it dau *Wilhelm Wörle* 145
Komm, ons gent en Bodabeerla *Michel Eberhardt* 118
Kotz sikerlint! Was sott i sa'? *Johann Georg Scheifele* 224
Küste *Arthur Maximilian Miller* 254
Kui Helmle rüehrt se und kui Laub *Heinrich Wiedemann* 396

Laoß d'Weattre nu kumme *Toni Gaßner-Wechs* 353
Liaber Gott, i glaub, Du weischt *Luitpold Schuhwerk* 276
Liatle *Fridolin Holzer* 369
Lieb Herze nimm die Däg *Heinrich Götzger* 408
Liebesorakel *Arthur Maximilian Miller* 241
Lieb's Christkind im Himmel *Hyazinth Wäckerle* 54
Lied des Schultheiß *Sebastian Sailer* 31
Lobliedle auf d' Bauranudla *Georg Mader* 163
Löcher im Käs *Ludwig Scheller* 388
Los, hearsch du mi? *Arthur Maximilian Miller* 266
Loß dei Gezappel, dei Geschwanzel *Michel Eberhardt* 123

Mädala, muascht it gar so weidla *Maria Hefele* 275
Mädle, gang, laß d'r s' sa' *Wilhelm Wörle* 144
Ma' ischt a Mensch *Arthur Maximilian Miller* 240
Ma sait ons Schwauba nauch *Friedrich Wilhelm Hermann* 298
Ma' soll da Tag it voarm Aubad loba *Hyazinth Wäckerle* 52
Maumöndla *Arthur Maximilian Miller* 264
Mei Alterszualag *Hans Seitz* 186
Meidle am Garteshag *Toni Gaßner-Wechs* 355
Mei Freid *Wilhelm Wörle* 147
Mei Freindin *Martin Egg* 209
Mei' Herz isch schwerer wia a Stoi *Arthur Maximilian Miller* 241
Mei Hoimat *Martin Egg* 207
Mei, isch dr des a Gfrettle *Michel Eberhardt* 118
Mei Kaffeele *Hans Seitz* 187
Mei Kesseltal *Michel Eberhardt* 114
Mei liebe Mama! *Clara Rothärmel* 346
Mei Muatter sait, ihr Beasa sei *Hans Seitz* 183
Mei Muatt'r *Martin Egg* 207
Meine Dörfle *Hermann Sandtner* 303
Meine Vögla alla *Arthur Maximilian Miller* 252
Mei' Schneckaheisla *Arthur Maximilian Miller* 257
Mei Schtübele *Hermann Sandtner* 304
Mei Vater guckt mi nimma a' *Hyazinth Wäckerle* 59
Memminger Schpeiska't *Hugo Maser* 292
Mi Bärbele *Tone Haslach* 389
Mi freiat d'Hagamoisa *Wilhelm Wörle* 147
Mihlarädla *Arthur Maximilian Miller* 258
Mi Mul, dös hon i it im Sack *Heinrich Wiedemann* 401
Mir hand n'Pfarr', der heisalet *Maria Hefele* 274
Mir hond a Fuetterddischle *Fridolin Holzer* 371
Mir Memminger *Friedrich Wilhelm Hermann* 295
Mi Schweschter hiered hiöt *Fridolin Holzer* 374
Mislestill ischt s no im Dearfle *Toni Gaßner-Wechs* 353
Mit healle Auge us de Möser *Heinrich Wiedemann* 396
Moiezit *Heinrich Wiedemann* 394
Muattersprauch *Wilhelm Wörle* 143
Muatt'rs Leahr *Wilhelm Wörle* 144
Mueter *Toni Gaßner-Wechs* 356
Mugele *Albert Baldauf* 382

Naudlschtich ond Schwaubaschprüch
  Friedrich Wilhelm Hermann 299
Neige *Michel Eberhardt* 123
Nix im Trabb, nix im Trabb *Gottfried Jakob* 109
Noch 'm Krieg (1946) *Heinrich Götzger* 405

Nu gschnell vüra'! da Molla butzt *Johann Georg Scheifele*
222
Nuie Modna *Karl Fackler* 87
Nun, Seelchen mein, Streunerin *Joseph Bernhart* 237

O Hearle, halte's doch a weng *Johannes Kähn* 95
Ohne Hamer, ohne Schlegel *Sebastian Sailer* 24
O hoil'ger Gott, Dreifaltigkeit *Ägidius Kolb* 363
O Hoimetland, o Hoimetland *Franz Keller* 49
O Jeggerle! was fällt ui ei *Sebastian Sailer* 28
O Jesule süaß *Otmar Wirth* 328
O Leut', dees Leba heutzutag *Adam Rauh* 132
Om d' Riebele rom *Hermann Sandtner* 306
O Mei'gottla, o Mei'gottla *Arthur Maximilian Miller* 260
Ond bei allem guete Easse *Ägidius Kolb* 365
Ond leiser weards en Dorf ond Flur *Michel Eberhardt* 119
Ons Schwoba *Alois Sailer* 180
O, wenn i it mei Schätzle hätt' *Wilhelm Wörle* 144
O, Wiesatal, im Sonnaglanz *Wilhelm Wörle* 142

Peter als Gottvater *Sebastian Sailer* 19
Pfingstgebet *Luitpold Schuhwerk* 276
Primaners Ferienfreuden *Georg Weixler* 317

Quitt *Clara Rothärmel* 350

Regale, Regale *Hyazinth Wäckerle* 58
Rieser Heimat *Michel Eberhardt* 113
Ritsche, ratsche, rumpumpum! *Hyazinth Wäckerle* 56
Rumpelklöus *Toni Gaßner-Wechs* 359

Säerspruch *Arthur Maximilian Miller* 244
Sag, Mädla, wia heischt? *Arthur Maximilian Miller* 240
Sag oiner a, wo isch so schea *Georg Mader* 159
Sait mei Muetter: *Karl Dietmann* 203
Sankte Klaus *Georg Mader* 173
Sauber und migele *Georg Weixler* 318
's Bächla *Maria Hefele* 273
's Biörkele *Albert Baldauf* 380
's bös Bibele *Tone Haslach* 391
's Büeble sitzt im hohe Gras *Fridolin Holzer* 369
Schelmaliadla *Gottfried Jakob* 110
Schickt dir der Hemel Traurigkeit *Michael Karl Wild* 100
Schlechte Schrift *Adam Rauh* 132
Schnaderhüpfla für d'Oberländer *Maximilian von Lingg* 331
Schnea *Wilhelm Wörle* 150
Schneckagiebl, Bogafeaschter *Wilhelm Wörle* 137
Schnöschlitte-Fihre *Tone Haslach* 391

ALPHABETISCHES INHALTSVERZEICHNIS

Scho wehet d' Lüftla milder ietzt   *Georg Wagner*   69
's Chrischtkindle   *Wilhelm Wörle*   148
Schtat an am Eck d'Frau Nägele   *Andreas Dirr*   80
Schtaudagögad   *Wilhelm Wörle*   141
Schtot d's Koara schea ond kriagt ma's guat   *Michael Karl Wild*
    99
Schuelprüfung   *Heinrich Unsin*   127
Schwabeland   *Hyazinth Wäckerle*   51
Schwäbische Gögad   *Wilhelm Wörle*   140
Schwäbisch' Häs und Herz   *Lili Knauss-Weinberger*   152
Schwäbischer Seufzer aus Amerika   *Franz Keller*   49
Schwoba semmer, rechte Leit   *Alois Sailer*   180
Schwur   *Lili Knauss-Weinberger*   153
Segen   *Ägidius Kolb*   366
Segenslied   *Ägidius Kolb*   364
Sehnsucht nach dem Frühling   *Georg Weixler*   315
Sei still, ma soll net reda   *Michel Eberhardt*   122
Selbstbildung   *Jakob F. Schmidt*   288
Selig liet und voller Sunne   *Heinrich Götzger*   410
Se wisset net warum!   *Adolf Paul*   66
's gauht der Nacht zua: d' Vögl ziahat
    Arthur Maximilian Miller   254
's grea Mückle   *Georg Wagner*   76
's Gretle sait: *Hyazinth Wäckerle*   57
S' Hasagätla   *Luitpold Schuhwerk*   280
's Hölzle   *Lili Knauss-Weinberger*   154
's isch meah Aubad, Gott sei Dank!   *Arthur Maximilian Miller*
    262
's ischt bloß a Buckl, doch er ka   *Maria Hefele*   273
's ischt halt oineweg meh braver   *Georg Weixler*   315
S' Jauhr isch wia a Neigala   *Luitpold Schuhwerk*   279
's Krippele   *Fridolin Holzer*   372
S' Liabscht auf d'r Welt   *Hans Seitz*   187
's Liacht gauht unter, Nacht muaß weara
    Arthur Maximilian Miller   271
's Närrschsi vrgoht   *Fridolin Holzer*   374
's nui Dächle   *Hugo Maser*   290
Sobald der Mensch geboara ischt   *Johann Georg Scheifele*   215
So ebbes   *Hermann Sandtner*   309
So, Kind'r meinetweag könnet iehr   *Georg Wagner*   73
So leicht isch es wied'r au it   *Martin Egg*   211
Sommers End   *Hermann Sandtner*   301
So Nachbaur, laß Di' au mea seah   *Hugo Kittinger*   192
Sorget nicht!   *Johannes Kähn*   93
So viel ih woiß   *Sebastian Sailer*   27
Später Sommerabend   *Michel Eberhardt*   120
Spätsommer   *Luitpold Schuhwerk*   276
's reinlich' Büable   *Heinrich Unsin*   127

's Rösle   *Fridolin Holzer*   370
's Sauerkraut   *Hermann Sandtner*   307
's Schätzle   *Wilhelm Wörle*   144
's Schoashundla   *Johann Georg Scheifele*   234
S' staut zwar weit em Gata donda   *Luitpold Schuhwerk*   280
Still goat dr Tag an Hörbscht schu na   *Toni Gaßner-Wechs*   358
Stiller isch's im Gäßle wore   *Heinrich Götzger*   408
's Trio   *Adolf Paul*   68
Sturm   *Heinrich Götzger*   407
Sueviade   *Franz Keller*   35
Summerzit   *Heinrich Wiedemann*   395
's war a Rekrut, schwer vo Begriff   *Friedrich Wilhelm Hermann*   299
Sylvester   *Luitpold Schuhwerk*   279

Tote Lieb   *Arthur Maximilian Miller*   242
Trompeta' oder d'rum beata'   *Franz Keller*   47
Troscht   *Hermann Sandtner*   311
Tuat vom Hobl 's Kräutle schneia   *Hermann Sandtner*   307

Überradlet   *Karl Dietmann*   204
Übertrumpft   *Georg Wagner*   71
Uff dei'm giftgrüene Hüetle   *Karl Dietmann*   205
U'glückli   *Hyazinth Wäckerle*   59
Und d Läa tint fahre   *Toni Gaßner-Wechs*   357
Underliats i Nanas Schtible   *Fridolin Holzer*   372
Und grad uff mir   *Fridolin Holzer*   376
Unser Zusamtäle   *Georg Mader*   159
Unteroff'zier, Herr Unteroff'zier!   *Friedrich Wilhelm Hermann*   299
Unt'r meim Gäschtale   *Lili Knauss-Weinberger*   152
Untrüagliche Wetterrögla   *Hugo Kittinger*   195
Urrechte   *Michel Eberhardt*   116

Vaters Aufsatz   *Adam Rauh*   135
Verblose sind d'Blätter   *Heinrich Götzger*   407
Verhangene Nacht   *Arthur Maximilian Miller*   263
Verkündigung   *Otmar Wirth*   323
Verlust über Verlust   *Johann Georg Scheifele*   232
Versle aus dem Schwabengau   *Alfred Weitnauer*   320
Verzag nor net   *Gottfried Jakob*   102
Vierzga   *Hans Seitz*   183
Viehscheid   *Toni Gaßner-Wechs*   358
Voar etle Täg do hat der Schnea   *Maximilian von Lingg*   333
Voarfrüehleng   *Georg Wagner*   69
Vom Baurawerk   *Georg Mader*   168
Vom Mäxle seiner Hos, o weh   *Andreas Dirr*   79

ALPHABETISCHES INHALTSVERZEICHNIS

Vom Schäfertoni z' Peterswörth *Hans Seitz* 185
Vorspruch *Arthur Maximilian Miller* 240
Vrbei send für os Menscha heit *Michel Eberhardt* 124
Vum Hus a Schtuck wit weg *Tone Haslach* 389
Vum Schwobe seit ba vielerloi *Ludwig Scheller* 387

Wallfahrte bin i gange *Alfred Weitnauer* 320
Was i für en Schatz möcht? *Hyazinth Wäckerle* 57
Was isch go, Tone! Wiedt es bald? *Georg Weixler* 317
Was ischt as doch a schäne Zit *Ludwig Scheller* 385
Wear Auga haut, dear siht *Arthur Maximilian Miller* 268
Wear morgens früah vom Bett aufstauht *Hans Seitz* 189
Wear niea durs s'Moos ischt gange *Heinrich Wiedemann* 399
Weck! *Albert Baldauf* 381
Welle glitzrend, Schiffle fahrend *Heinrich Götzger* 409
Weltende *Arthur Maximilian Miller* 271
Wenn d Krottebluma Liehtle haond *Albert Baldauf* 377
Wenn d'Neb'l schpinnet *Ludwig Scheller* 384
Wenn i au koi Beamter bin *Hans Seitz* 186
Wenn i beim Schätzle bi' *Hyazinth Wäckerle* 58
Wenn i i mim Schtible bi *Fridolin Holzer* 369
Wenn so der Aubad kommt *Arthur Maximilian Miller* 262
Wer dappet denn do no bei Nacht umanand?
  Alfred Weitnauer 321
Werneng *Michael Karl Wild* 98
Wia a Blacha, weich und wulla *Luitpold Schuhwerk* 278
Wia schea isch doch im Gras und Kleea *Hermann Sandtner*
  301
Wia schläf di ei', und tua di' dommla! *Johann Georg Scheifele*
  232
Wie i so vor em Krippele stand *Hyazinth Wäckerle* 55
Wiesatal *Wilhelm Wörle* 142
Wieso... Warum... Weg was... – so gauts *Clara Rothärmel*
  340
Willscht an Acker kofa *Michael Karl Wild* 98
Wißa Sunntag! *Toni Gaßner-Wechs* 354
Wo d' Liabe treibt *Friedrich Wilhelm Hermann* 297
Wo hot ds Bleamle, blaß ond schmächte *Michel Eberhardt*
  120
Wo isch der Glanz und wo dia Hella *Otmar Wirth* 326
Wo ma dreiß'g Schtäpfala naufzua gat *Lili Knauss-Weinberger*
  152
Wohl mancher denkt *Georg Mader* 163

Z'aubads, wenn der Neabl kommt *Arthur Maximilian Miller*
  242
Zeit isch, Hansel *Arthur Maximilian Miller* 245
Z' Greanahag im Zusem-Tal *Adolf Paul* 63

Z Moarge   *Toni Gaßner-Wechs*   353
Zum Muttertag   *Clara Rothärmel*   346
Zum nuia Jährle   *Georg Mader*   174
Zur Hoachzet   *Heinrich Unsin*   129
Zur Kirchweih   *Georg Mader*   169
Zur Musi gaht's kotz malefux   *Georg Mader*   166
Z' viel verlangt   *Georg Wagner*   69
Zwingender Schluß   *Karl Fackler*   88
Zwischa de Feichta   *Alois Sailer*   179
Zwischa Felsawänd und Tanna   *Joseph Bernhart*   236
Zwoi Burger sind beim Aubedbier   *Hugo Maser*   292
Zwoi Kurgäscht kummet geg Mittag   *Ludwig Scheller*   388
Zwoi Übel   *Max Gropp*   175
Zwua Wucha voar Johanne   *Gottfried Jakob*   104

Literaturnachweis

1. Allgemeine Veröffentlichungen

Holder, August: Geschichte der schwäbischen Dialektdichtung, Heilbronn 1896. Reprografischer Nachdruck, Jürgen Schweier Verlag Kirchheim/Teck

Kragler, Franz Joseph: Unsere ostschwäbischen Mundartdichter. Ein Beitrag zur Bibliographie der ostschwäbischen Mundartdichtung. In: Schwabenland 2. Jg., 1935, S. 132–142

Layer, Adolf: Schwäbische Mundartdichtung aus zwei Jahrhunderten, Weißenhorn 1976, Anton H. Konrad Verlag

Leipziger, Walter: »Dahoim isch am schönschte!« Ein heiterer Schwabenspiegel, angefertigt von ostschwäbischen Dichtern und etlichen guten und bösen Nachbarn, Augsburg 1936, Verlag Bayerisches Schulmuseum e. V.

2. Werke von Mundartautoren

Baldauf, Albert: Krutt und Rüeba. Westallgäuer Humor in Mundartversen, Weiler im Allgäu 1932, Verlag Gebhard Holzer

Dietmann, Karl: Gedichte aus Krumbach-Hürben, Krumbach 1926, Verlag Karl Ziegler; »Heimatklänge aus Krumbach-Hürben«, ebenda 1927

Dirr, Andreas: Wo send dia alte Zeita na. Gedichte in schwäbischer Mundart, Weißenhorn 1971, Anton H. Konrad Verlag

Eberhardt, Michel: Der alte Brunnen. Schwäbische Gedichte, Nördlingen 1959, Verlag Georg Wagner

Fackler, Karl: Doanaschpritz'r. Heitere Gedichte in donauschwäbischer Mundart, Günzburg 1976, Donau-Verlag

Gaßner, Josef und *Gaßner-Wechs*, Antonie: Bändel und Blacha. Ausgewählte Gedichte in Allgäuer Mundart, Kempten 1958, Volkswirtschaftlicher Verlag GmbH.

Götzger, Heinrich: Stiller Tag. Gedichte in Lindauer Mundart, Lindau 1946, Jan Thorbecke Verlag; 's Lindauer Buebejohr, Lindau 1948, ebenda

Haslach, Tone: Loub und Nodla. Zähmetbäschtetle Versle i iser Schpro, Weiler 1948, Selbstverlag des Verfassers

Hermann, Friedrich Wilhelm: An d'r blaua Saul. Ernste und heitere Gedichte in schwäbischer Mundart, Memmingen 1935, Selbstverlag des Verfassers; Mir Memminger, ebenda 1936; Schpiaglschwaub ond Schwaubaschpiagl. Mei letschts Schträußle. Alte und neue Gedichte in Memminger Mundart, Memmingen 1959, Selbstverlag des Verfassers

Holzer, Fridolin: D'Schnäddrbäs vu Wilar, Weiler 1929, Selbstverlag. – Holzer, Wolfgang und Siegfried: Der Westallgäuer

Heimatdichter Fridolin Holzer, Weiler im Allgäu 1967, Verlag Dr. Wolfgang Holzer

Jäger, Leo: Us d'r Brennterpfanne. Heitere und besinnliche Verse in Westallgäuer Mundart, Scheidegg 1975, Steiner-Druck

Jakob, Gottfried: Allerloi. Gedichte in Rieser Mundart, Nördlingen o. J. (1893), Kommissionsverlag Th. Reischle; Aus'm Rias. Neue Gedichte in Rieser Mundart, Nördlingen 1897, Verlag der C. H. Beck'schen Buchhandlung. – Allerloi aus'm Rias. Gedichte in Rieser Mundart, neu zusammengestellt und mit einer Einführung in des Dichters Lebenswerk von Karl Stirner, Nördlingen 1960, Verlag Hugo Sommer

Kähn, Johannes: Gedichte in Rieser Mundart, Nördlingen 1861, Kommissionsverlag der C. H. Beck'schen Buchhandlung; 2. Auflage 1872, 3. Auflage 1894

Keller, Franz: Doaraschleah von feart und huir. Eine Sammlung von Gedichten in schwäbischer Mundart, Kempten 1872, Verlag der Jos. Kösel'schen Buchhandlung, 6. Auflage 1906; Etle Hagabutza', ebenda 1874, 4. Aufl. 1891; Erdbörla' os 'm Wald, ebenda 1875, 3. Aufl. 1900; Duranand, ebenda 1881, 2. Aufl. 1891; Brau'börla', ebenda 1887; Hoidlbörla', ebenda 1891; Himbörla'. Nachgelassene Gedichte in schwäbischer Mundart, ebenda 1898; Sämtliche Gedichte in schwäbischer Mundart, 2 Bände, 1898

Kittinger, Hugo: Gedichte in schwäbischer Mundart, Neuburg a. d. Kammel 1909, Hans Schlachter'sche Buchdruckerei, 2. Auflage Donauwörth 1929, Druck und Verlag F. & G. Rappl, 3. Aufl. Krumbach 1959

Kolb, Aegidius / *Lidel*, Leonhard: D'schwäbisch Kuche, Kempten 1973, Allgäuer Zeitungsverlag GmbH. – Kolb, Aegidius: Schwäbische Singmesse, Kempten 1973, Allgäuer Zeitungsverlag GmbH.

Lingg, Max: Gmüethle. Gedichte in der Mundart des östlichen und mittleren Allgäu, Kempten 1874, Jos. Kösel'sche Buchhandlung, 2. Auflage 1891

Mader, Georg: Im Hoimgarta. Ein Sammlung schwäbischer Gedichte von einem Bewohner der »Holzwinkel«, Augsburg 1913, Verlag der Math. Rieger'schen Buch- und Kunsthandlung (O. u. F. Himmer); veränderter Nachdruck Zusmarshausen 1975, herausgegeben vom Freundeskreis Georg Mader e. V.

Maser, Hugo: Unterm Memminger Mau. Dichtungen in Memminger Mundart, Memmingen 1924, Verlag der Buchhandlung Jos. Feiner & Co. GmbH

Miller, Arthur Maximilian: Schwäbische Gedichte und Hirtenspiele, Augsburg 1933, Verlag Bayerisches Schulmuseum Augsburg; Schwäbische Gedichte. Mit einem Begleitwort von Joseph Bernhart, o. J., Maximilian Dietrich Verlag Memmingen

Müller, Johannes: Gedichte im schwäbischen Dialekt, Memmingen 1826, Verlag Johann Rehm, 4. Auflage 1877

Paul, Adolf: Ebbes Luschtig's. Schwäbische Gedichte, Günzburg 1907; 12. Auflage o. J., Verlag Hermann Hutter Günzburg

Rauh, Adam: Pfeffernüßla und Zwibeba aus'm Schual- und Kinderleba. Heitere Gedichte in schwäbischer Mundart, Augsburg o. J. (1926), Verlag Bayerisches Schulmuseum Augsburg

Rothärmel, Clara: Kaufbeurer Leckerle, ein Mundartbuch, Kaufbeuren o. J. (1975), Selbstverlag der Verfasserin, Kaufbeuren/Oberbeuren

Sailer, Alois: Wallfahrt ond Doaraschleah. Mundartgedichte aus dem schwäbischen Donauland, Weißenhorn 1977, Anton H. Konrad Verlag

Sailer, Sebastian: Schriften im schwäbischen Dialekte. Gesammelt und gemeinsam herausgegeben von Sixt Bachmann und Dionys Kuen, Buchau 1819, Kuen; 4. Auflage 1893, Verlag Ebner. – Locher, Lorenz, Sebastian Sailer. Jubiläumsausgabe zum 250. Geburtstag des Dichters, Munderkingen/Donau 1965, Selbstverlag Lorenz Locher

Scheifele, Johann Georg (Jörg von Spitzispui): Gedichte in schwäbischer Mundart, Heilbronn 1863, Verlag J. D. Claß; 5. verbesserte und vermehrte Auflage Lindau 1883, Verlag Johann Thomas Stettner; Mucka und Wefzga. Komische Gedichte in schwäbischer Mundart, Lindau 1874, Verlag Johann Thomas Stettner

Scheller, Ludwig: Mi Huimat. Gedichtsammlung in Westallgäuer Mundart, Weiler im Allgäu 1948, Verlag Westallgäuer Heimatverein

Schmidt, Jakob F.: Gedichte in schwäbischer Mundart, Nördlingen 1863, C. H. Beck'sche Buchhandlung

Scholza, Vere: Pfruntar Schtraich und Schprüch i Pfruntar Schprach, Nesselwang 1926, Druck J. Gimber

Schuhwerk, Poldl: »Des hau mer denkt«. Gedichte in schwäbischer Mundart, Türkheim 1974, Selbstverlag des Verfassers

Seitz, Hans: Funken und Schlacken eines Reimschmiedes. Liadla und Lieder, Memmingen 1886, Verlag Ph. Metzler

Unsin, Heinrich: Feldbleamle. Eine Sammlung von Gedichten in schwäbischer und oberbayerischer Mundart, o. O. 1923

Wäckerle, Hyazinth (Fischer, Josef): Gau! Stau! Bleiba lau! Gedichte in schwäbischer Mundart, Augsburg 1875, Verlag Lampart & Comp.; Bis auf's Würzele. Gedichte in schwäbischer Mundart, 2., gänzlich umgearbeitete und sehr vermehrte Auflage von »Gau! Stau! Bleiba lau!«, Augsburg o. J., Verlag Lampart & Comp.; Nägelastrauß. Neue Gedichte in schwäbischer Mundart, ebd. 1881. – Schindlmayr, Hans: Grüaß di Gott, Ländle! Gedichte in schwäbischer Mundart von Hyazinth Wäckerle. Mit Berücksichtigung einer bisher ungedruckten Sammlung, Augsburg 1926, Literarisches Institut von Haas & Grabherr G.m.b.H. & Co., KG. – Hyazinth Wäckerle, Hei, grüeß di Gott, Ländle. Mundartgedichte. Ausgewählt und mit einem biographischen Nachwort versehen von Adolf Layer, Weißenhorn 1975, Anton H. Konrad Verlag

Wagner, Georg: Luschtige Reimereia' aus 'ra schwäbischa' Reimschmiede, Neu-Ulm 1908, Verlag J. W. Helb; Schwartamaga. No' maul a Porzio schwäbische Reimereia, Stuttgart o. J., Union Deutsche Verlagsgesellschaft

Weitnauer, Alfred: Versle aus dem Schwabengau..., Lindau 1946, Verlag Johannes Thomas Stettner; Des Sängers Fluch und andere sehr schöne Balladen auf gut schwäbisch, Lindau 1949, Verlag der Rathausbuchhandlung

Weixler, Georg: Saurampfar und Burzeschtengl. Gedichte in Allgäuer Mundart. Geordnet und herausgegeben von Michel Bickel, Kempten 1938, Allgäuer Druckerei und Verlagsanstalt

Wild, Michael Karl: Riaser G'wächs. Ein Abschiedsgruß an das Ries, Nördlingen 1880, Verlag der C. H. Beck'schen Buchhandlung

Wörle, Wilhelm: I bi a Baur! Schwäbische Gedichte, Augsburg 1935, Druck Joh. Walch; I bleib a Schwaub. Mundartgedichte, Augsburg 1956, Verlag E. Kieser KG (= Mein Schwaben. Schriftenreihe für Kultur- und Heimatpflege 2); D' siadig Liab. Mundartgedichte. Augsburg 1959, Verlag E. Kieser KG (= Mein Schwaben. Schriftenreihe für Kultur- und Heimatpflege, bearbeitet von Richard Ringenberg)

Wörlen, Karl: Riaser Leut in alter Zeit. Ernste und heitere Gedichte in Rieser Mundart, Nördlingen 1953, Selbstverlag des Verfassers

Register der Mundartautoren

Baldauf, Albert 377–383, 417, 469 f.
Benedicter, Benno 477
Bernhart, Joseph 236–239, 417, 467

Dietmann, Karl 203–206, 418, 463 f.
Dirr, Andreas 77–80, 418 f., 477 f.

Eberhardt, Michel 113–124, 419 f., 478 f.
Eberle, Ludwig 474
Egg, Martin 207–212, 420, 476

Fackler, Karl 85–90 420 f., 477
Fleischhut, Karl (Korbinian) 473

Gaßner-Wechs, Toni und Gaßner, Josef 353–361, 421 f., 451, 468
Geisenhof, Maria 475
Götzger, Heinrich 405–416, 451, 470–472
Gropp, Max (Treutwein, Max) 175, 423, 461 f.
Guggemos, Philipp 472
Gulielminetti, Carl 473

Haberstock, Baldrian 473 f.
Haslach, Tone 389–392, 423 f., 470 f.
Heckelmiller, Konrad 468
Hefele, Maria 273–275, 424, 475
Hermann, Friedrich Wilhelm 295–299, 424 f., 466 f.
Holzer, Fridolin 369–376, 425 f., 469

Jäger, Leo 471
Jakob, Gottfried 102–112, 426 f., 457 f.

Kähn, Johannes 93–96, 427, 457
Keller, Franz 35–50, 428, 454 f.
Kittinger, Hugo 190–202, 429, 459

Knauss-Weinberger, Lili 152–156, 429
Kolb, P. Aegidius Rudolf 362–366, 430, 468 f.
Korbinian (Fleischhut Karl) 473

Lastin, Friedrich 453
Lingg, Maximilian von 331–335, 430 f., 454
Lotter, Pius 474

Mader, Georg 159–174, 431 f., 460 f.
Maser, Hugo 289–294, 432 f., 466
Miller, Arthur Maximilian 9–11, 240–272, 433 f., 450, 475 f.
Müller, Johannes 452

Ohmayer, Michael 471

Paul, Adolf 63–68, 434 f., 458

Raiser, Xaver (Scholza Vere) 336–339, 440, 465
Rauh, Adam 132–136, 435, 461
Rist, Anton 474
Rothärmel, Clara 340–350, 435, 474

Sailer, Alois 176–180, 436, 476 f.
Sailer, Sebastian 19–32, 436 f., 451 f.
Sandtner, Hermann 300–312, 437, 467
Scheifele, Johann Georg 215–235, 438, 453
Scheller, Ludwig 384–388, 439, 470
Scherle, Adelheid 466
Schmidt, Jakob F. 287 f., 439, 452 f.
Schnetzer, Wilhelm 465
Scholl-Rohrmoser, Eugenie 468
Scholza Vere (Raiser, Xaver) 336–339, 440, 465

Schuhwerk, Luitpold 276–284, 440, 476
Seitz, Hans 183–189, 440 f., 456
Seitz, Hermann Josef 81–84, 441, 477
Späth, Willi 471

Unsin, Heinrich 127–131, 441 f., 461

Völklein, Friedrich 478

Wäckerle, Hyazinth (Fischer, Josef) 51–62, 442 f., 455 f., 464
Wagner, Georg 69–76, 443 f., 459 f.

Weiß, Joseph 472
Weitnauer, Alfred 320–322, 444 f., 472 f.
Weixler, Georg 315–319, 445, 464 f.
Wiedemann, Heinrich 393–402, 446, 471
Wild, Michael Karl 97–101, 446 f., 449, 457
Wirth, Otmar 323–328, 447, 475
Wörle, Wilhelm 137–151, 447 f., 462 f.
Wörlen, Karl 478

Zirkel-George, Regine 468